编辑说明

扫黑除恶专项斗争是以习近平同志为核心的党中央作出的重大决策部署,意义重大,影响深远。为通过案例指导不断提高涉黑恶案件审判业务水平,确保依法严惩涉黑恶犯罪的标准与尺度统一,《刑事审判参考》编辑部决定出版本期扫黑除恶专辑。本期共设四个栏目:

【指导案例】选辑了各地法院审结的 10 个具有代表性的案例,涉及涉黑犯罪组织以及"软暴力""套路贷"的认定、恶势力与一般共同犯罪的区别等多个司法实践中的难点重点问题,每个案例的裁判理由部分对涉及的主要法律政策问题进行了详细分析,具有较强的指导性和参考性。

【司法规范】汇编了扫黑除恶专项斗争开展以来发布的 9 个法律政策文件,并配发了部分文件的理解与适用,以便读者更好地掌握相关文件的制定背景和条文内容。

【经验交流】刊登了北京市高级人民法院课题组撰写的涉黑涉恶犯罪审判情况统计分析,结合数据对涉黑恶犯罪的特点、审判中的难点重点问题等进行了深入剖析,具有较好的参考价值。

【大案传真】收录了湖南省文烈宏等组织、领导、参加黑社会性质组织案的一、二审文书,文书体例规范、详略得当、重点突出、论理较为充分,可为类似案件的文书制作提供参考。

本专辑立足实践,适合办案时参考使用。由于时间仓促,编辑工作中难免存在疏漏,欢迎广大读者提出宝贵意见和建议。

本刊编辑部

2020 年 5 月

目　录

【指导案例】

REFERENCE TO CRIMINAL TRIAL

刑事审判参考

中华人民共和国最高人民法院
刑事审判第一、二、三、四、五庭／主办

总第123集

法律出版社
LAW PRESS·CHINA

总第123集

刑事审判参考

指导案例

[第 1354 号]

吴学占等人组织、领导、参加黑社会性质组织案

——如何整体把握黑社会性质组织的四个特征

一、基本案情

被告人吴学占,男,1983 年 12 月 2 日出生。2016 年 10 月 1 日因本案被逮捕。

(其他被告人基本情况略。)

山东省聊城市东昌府区人民检察院以被告人吴学占、赵荣荣、李忠、郭树林、郭彦刚、吴风磊、林飞、吴洪艳、杜建岗、吴风志、张博、严建军、程学贺、张书森、么传行犯组织、领导、参加黑社会性质组织罪,强迫交易罪,故意毁坏财物罪,破坏公用电信设施罪,非法侵入住宅罪,非法拘禁罪,故意伤害罪,强制侮辱妇女罪,强奸罪,向聊城市东昌府区人民法院提起公诉。

被告人吴学占及其辩护人对公诉机关指控吴学占犯故意毁坏财物罪的事实和罪名没有异议,对公诉机关指控的其他犯罪均不予认可。

聊城市东昌府区人民法院经审理查明:

(一)组织、领导、参加黑社会性质组织事实

2010 年 1 月 4 日,被告人吴学占成立冠县泰昌投资有限公司(以下简称泰昌公司),从事高利放贷等业务。2012 年 7 月 9 日,泰昌公司变更为山东冠县泰和房地产开发有限公司(以下简称泰和公司),从事高利放贷、借用资质投标建设工程等业务。2011 年 3 月至 2014 年 1 月,被告人赵荣荣、吴风磊、吴洪艳、郭彦刚(吴学占内弟)、郭树林(吴学占表弟)、吴风志先后到该公司工作。2014 年年底,吴学占将被告人李忠、郭树林、郭彦刚、吴风磊、吴风

志等人安排到冠县人民医院，组建保安队，李忠任保安队队长。2013年至2015年，吴学占拉拢杜建岗、林飞、杜某某（已死亡）参加违法犯罪活动。2010年1月至2016年5月，吴学占组织、领导赵荣荣、李忠、郭树林、郭彦刚、吴风磊、林飞、吴洪艳、杜建岗、吴风志，多次实施违法犯罪行为，形成了以吴学占为组织者、领导者，赵荣荣、李忠为积极参加者，郭树林、郭彦刚、吴风志、吴洪艳、吴风磊、林飞、杜建岗为其他参加者的较稳定的犯罪组织。该犯罪组织通过高利放贷，获利1300余万元；强迫华丰公司、金诚公司放弃中标工程，使用两公司名义施工，获取工程款1350万余元；通过强行违规建设加油站、违规开发住宅楼和商业街等违法犯罪活动非法牟利，并用牟取的利益向组织成员支付报酬，向因参与违法犯罪活动受伤或死亡的组织成员支付医疗费、子女抚养费等。该组织通过实施上述违法犯罪活动，干扰、破坏他人正常生活、生产秩序，破坏公司、企业、国家机关正常生产经营和工作秩序，在冠县东古城镇区域内造成严重影响。

（二）以被告人吴学占为首的黑社会性质组织实施的具体犯罪

1.强迫交易事实

（1）2015年4月15日，华丰公司中标冠县人民医院东古城分院病房楼建设项目。被告人吴学占等人采用实名举报违法中标，恐吓、威胁华丰公司职工等方式，强迫华丰公司将中标工程转让给吴学占，并强行以华丰公司的名义施工，获取工程款10 938 052.97元。

（2）2015年9月，金诚公司中标冠县人民医院东古城分院医院大门及附属楼建设项目。同年9月29日16时许，被告人吴学占先打电话威胁金诚公司经理程某某，后纠集被告人郭彦刚等人到金诚公司对程某某进行恐吓、威胁，迫使该公司退出工程建设，吴学占强行以金诚公司的名义承揽该工程，领取工程款2 564 959.04元。

2.故意毁坏财物事实

2015年8月19日凌晨2时许，在被告人吴学占指使下，被告人郭彦刚等4人将被害人刘某的奥迪A6轿车砸坏。经鉴定，车辆损失为151 657元。

3.非法侵入住宅事实

2016年4月1日，被告人赵荣荣为讨要高利放出的贷款，带领被告人吴风磊等人强行将被害人于某某住房门锁更换，并安排被告人郭彦刚等人轮流入住。同月13日上午，被告人吴学占等人雇用搬家公司将于某某住房内的物品搬出。

4.非法拘禁事实

2016年4月14日16时许，被告人赵荣荣纠集被告人郭树林等人到被害人苏某某公司讨要非法高利放出的贷款，将苏某某、于某控制在公司办公楼内。为防止二人逃跑，吃饭时派人轮流盯守，吃完饭后催促二人返回一楼接待室。21时53分，杜某某等人陆续进入接待室，杜某某用污秽语言辱骂苏某某、于某及其家人，将烟头弹到苏某某胸前衣服上，将裤子褪至大腿处裸露下体，朝坐在沙发上的苏某某等人转动身体。后脱下于某的鞋让苏某某闻。杜某某还用手拍打于某面颊，其他人员实施了揪抓于某头发等行为。22时17分，民警接到报警到达现场后，于某、苏某某欲随民警离开接待室，被杜某某等人阻拦。杜某某等人随后卡于某颈部，将其推拉至接待室东南角，于某持尖刀警告无效后，捅刺杜某某等四人，致使一人（杜某某）死亡，二人重伤二级，一人轻伤二级。后被告人吴学占赶到现场。

5.强制侮辱妇女、非法拘禁事实

2013年12月，时任东古城镇镇长武德明（另案处理）安排被告人吴学占对持续信访的王某某看管控制。2013年12月9日21时许，在吴学占的指使下，杜某某伙同郭树林等人翻墙进入王某某家中，用透明胶带将王某某捆绑，强行将其拘禁至一处废弃的办公室内。其间，杜某某等人采用扇脸、脱王某某衣服、捆王某某双手吊离地面等方式对其进行侮辱、殴打，采取强制方法拍摄王某某裸体视频，后将其带到一个小树林里，以挖坑活埋为由对其进行恐吓，同年12月12日晚将王某某放回。

6.故意伤害事实

（1）2014年2月19日，被告人吴学占在开发冠县东古城镇商业街过程中，以郎某某阻挠施工为由，伙同被告人郭树林采用脚踢、扇耳光等方式对郎某某进行殴打，致郎某某轻伤二级。

（2）2015年2月20日16时，在冠县东古城镇水泵厂小区南门，被告人吴学占和杜某某对焦某某将车停放在小区进口不满，采用拳打脚踢的方式殴打焦某某,致焦某某轻伤二级。

(吴学占、李忠实施的个人犯罪事实略。)

聊城市东昌府区人民法院认为,以被告人吴学占为首的犯罪组织具备我国《刑法》规定的黑社会性质组织的四个特征,依法应当认定为黑社会性质组织。吴学占构成组织、领导黑社会性质组织罪,强制侮辱妇女罪,强迫交易罪,故意毁坏财物罪,非法拘禁罪,故意伤害罪,非法侵入住宅罪。赵荣荣等九名被告人构成参加黑社会性质组织罪,以及各自所参与的强制侮辱妇女罪、强迫交易罪、故意毁坏财物罪、非法拘禁罪、故意伤害罪、非法侵入住宅罪等。被告人张博等五人构成非法拘禁罪。依照《中华人民共和国刑法》第二百九十四条等相关条款的规定,判决如下:

被告人吴学占犯组织、领导黑社会性质组织罪,判处有期徒刑十年,并处没收个人全部财产;犯强制侮辱妇女罪,判处有期徒刑九年;犯强迫交易罪,判处有期徒刑六年,并处罚金人民币二十万元;犯故意毁坏财物罪,判处有期徒刑五年;犯非法拘禁罪,判处有期徒刑二年十个月;犯故意伤害罪,判处有期徒刑二年十个月;犯非法侵入住宅罪,判处有期徒刑二年六个月,决定执行有期徒刑二十五年,并处没收个人全部财产。

(其他被告人判决情况略。)

一审宣判后,被告人吴学占等人不服,提出上诉。

山东省聊城市中级人民法院经审理,依法驳回被告人吴学占等人上诉,维持原判。

二、主要问题

如何整体把握黑社会性质组织的四个特征?

三、裁判理由

(一)黑社会性质组织的基础特征是组织特征

黑社会性质组织犯罪的前提和基础是实施主体在刑法上评价为黑社会性质组织的犯罪集团。换言之,黑社会性质组织罪的犯罪主体是多人,该多人构成犯罪集团,该犯罪集团可以在刑法上评价为黑社会性质组织。因此,对黑社会性质组织犯罪的认定，首先要对实施犯罪的主体在刑法上进行组织构成性评判。我国《刑法》规定，黑社会性质组织的组织特征为“形成较稳定的犯罪组织，人数较多，有明确的组织者、领导者，骨干成员基本固定”。据此，黑社会性质组织在组织特征上要满足以下三个条件：

一是组织成员人数较多。《刑法》上，“多”是指三人以上，“较多”是指多少人没有具体的规定或解释，但从语义分析，“较多”肯定比“多”更多，即肯定要多于三人。而且，黑社会性质组织在层级上一般要有三个层级，层级之间一般为金字塔式构造，即越往下人越多，故也要多于三人。2015 年最高人民法院印发的《全国部分法院审理黑社会性质组织犯罪案件工作座谈会纪要》（以下简称 2015 年《纪要》）中提出，组织成员一般在 10 人以上。2018 年 1 月，最高人民法院、最高人民检察院、公安部、司法部联合印发的《关于办理黑恶势力犯罪案件若干问题的指导意见》（以下简称“两高两部”《指导意见》）提出，对黑社会性质组织成员人数问题不宜作出“一刀切”的规定。可见，在人数上，不再以“10 人”为标准，低于 10 人的也可以认定为黑社会性质组织，但是，对于人数较少，如 7 人以下的，认定黑社会性质组织就应特别慎重。

二是组织成员有明确的层级，一般分为三级：组织者、领导者，骨干成员，一般参加者（也称“其他参加者”）。根据“两高两部”《指导意见》，组织者是发起、创建黑社会性质组织，或者对黑社会性质组织进行合并、分立、重组的组织成员，领导者是指实际对整个组织的发展、运行、活动进行决策、指挥、协调、管理的组织成员，在大多数黑社会性质组织中，组织者也是领导者。在外在形式上，黑社会性质组织的组织者、领导者，既包括通过一定形式产生的有明确职务、称谓的组织者、领导者，也包括在黑社会性质组织中被公认的事实上的组织者、领导者。骨干成员，是指直接听命于组织者、领导者，并多次指挥或积极参与实施有组织的违法犯罪活动或者其他长时间在犯罪组织中起重要作用的犯罪分子，是积极参加者中地位更高、作用更大的人员。一般参加者，是指按照组织者、领导者或者骨干成员的安排，实施具体违法犯罪活动的犯罪分子。参加违法犯罪活动的次数可以是一次，也可以是多次，但其地位和作用明显小于骨干成员和积极参加者。

三是犯罪组织稳定。所谓“稳定”,是指犯罪组织存续时间较长、主要成员固定。存续时间,是指自犯罪组织形成到案发的时间。犯罪组织的形成时间,一般根据犯罪组织举行成立仪式或者进行类似活动的时间来认定。没有上述活动的,可以根据足以反映其初步形成核心利益或强势地位的重大事件发生时间进行认定。没有明显标志性事件的,也可以根据涉案犯罪组织为维护、扩大组织势力、实力、影响、经济基础或按照组织惯例、纪律、活动规约而首次实施有组织的犯罪活动的时间进行认定。在司法实践中,犯罪组织举行成立仪式或者进行类似活动的很少,往往以犯罪组织形成过程中的重大事件或首次实施有组织的犯罪活动的时间来确定组织形成时间。在存续时间上,一般应在一年以上,一年以下的,认定黑社会性质组织应特别慎重。主要成员较为固定,是指组织者、领导者和骨干成员、积极参加者在犯罪组织存续期间没有频繁变动。而且,大多数黑社会性质组织还具有成文或不成文的组织纪律、活动规约,有组织纪律、活动规约的,其稳定性更加明显。

本案中,以被告人吴学占为首的犯罪组织成员共10人,以成立泰昌公司为标志,可以认定为自2010年1月4日成立,至案发存续时间长达六年多,可以认定为形成稳定的犯罪组织。吴学占是泰昌公司的负责人,并实际组织实施违法犯罪活动,是该组织的组织者、领导者。被告人赵荣荣是泰昌公司会计,并组织实施部分违法犯罪活动;被告人李忠负责管理部分组织成员,积极参加违法犯罪活动,二人均为该组织的骨干成员。其他组织成员郭树林、郭彦刚、吴风磊、林飞、吴洪艳、杜建岗、吴风志受吴学占或者赵荣荣、李忠指使参加部分违法犯罪活动,系一般参加者。因此,以吴学占为首的犯罪组织具备黑社会性质组织的组织特征。综上,对于黑社会性质组织的这一基础性特征,应当从人数、层级、稳定性三个方面综合分析评判。

(二)黑社会性质组织的显性特征是行为特征

犯罪是对行为违法性的评价,离开了行为,则不存在犯罪。黑社会性质组织犯罪也不例外。黑社会性质组织犯罪在犯罪行为上,要求以暴力或软暴力手段,有组织地多次实施违法犯罪活动,形成对人民群众的欺压和残害。软暴力,是指暴力、威胁色彩虽不明显,但实际是以组织的势力、影响和犯罪能力为依托,以暴力、威胁的现实可能性为基础,足以使他人产生恐惧、恐慌,进而形成心理强制或者足以影响、限制人身自由、危及人身财产安全或者影响正常生产、工作、生活的手段,包括但不限于所谓的"谈判"、"协商"、"调解"以及滋扰、纠缠、哄闹、聚众造势等手段。

本案中,以被告人吴学占为首的黑社会性质组织形成后,在长达六年多的时间内,多次实施强迫交易、故意毁坏财物、非法侵入住宅、非法拘禁、强制侮辱妇女、故意伤害等违法犯罪活动,特别是,对苏某某实施非法拘禁时,杜某某用污秽语言对其进行辱骂,将烟头弹到苏某某胸前衣服上,向苏某某裸露下体,严重亵渎人伦;对被害人王某某实施的强制侮辱犯罪,采用扇脸、脱去王某某衣服、捆住其双手吊离地面等方式对其进行侮辱、殴打,采取强制方法拍摄王某某裸体视频,并将其带到小树林中,以挖坑活埋为由对其进行恐吓,对王某某的残害令人发指;向于某某讨要高利贷时,实施了更换于某某住房门锁、派人轮流入住、通过中间人进行协商谈判等软暴力手段。可见,以吴学占为首的犯罪组织的违法犯罪活动,符合黑社会性质组织的行为特征。综上,黑社会性质组织的最显性特征是行为特征,既要看犯罪组织实施的犯罪手段、违法犯罪的次数,还要看该组织违法犯罪活动对当地群众的危害程度。

(三)黑社会性质组织的突出特征是经济特征

黑社会性质组织是犯罪集团的高级形态,具有特定的犯罪目的。一般而言,黑社会性质组织的主要犯罪目的是追求经济利益,支持组织活动,豢养组织成员,也必须有一定的经济基础,这是进行违法犯罪活动、维系犯罪组织的必要条件。因此,无论是哪个领域、哪个地区的黑社会性质组织,其犯罪的目的可能有很多,但经济利益必然是其主要目的之一,其实施的违法犯罪活动可能很多,但始终会以攫取最大化的经济利益为主要目标。对于获取经济利益的数额,2015 年《纪要》提出,各高级人民法院可以根据本地区的实际情况,对黑社会性质组织所应具有的"经济实力"在 20 万—50 万元幅度内,自行划定一般掌握的最低数额标准。"两高两部"《指导意见》提出,不能一般性地要求黑社会性质组织所具有的经济实力必须达到特定规模或特定数额,即不再对经济实力设定明确的数额标准。但是,经济利益或者经济实力毕竟要以客观数量予以呈现,因此,办案时仍应把握一个符合当地经济发展状况的客观标准。

本案中,被告人吴学占黑社会性质组织自成立起就是以追求经济利益为目的,其中,仅两起强迫交易犯罪所获工程款就达1300余万元,仅向苏某某高利放贷所获经济利益就达50余万元,该组织通过违法犯罪活动积聚了大量财富,具有较强的经济实力。而且,非法侵入住宅、非法拘禁、故意伤害也是为了维护和实现经济利益而实施的违法犯罪活动,即使是故意毁坏财物,也是吴学占为维护经济利益而实施的泄愤报复行为。综上,经济特征是黑社会性质组织的突出特征,应当从犯罪组织的经济来源、组织成员个人及其家庭生活来源、违法犯罪活动获取的非法利益等方面综合判断。

(四)黑社会性质组织的本质特征是危害性特征

社会危害性是犯罪行为的本质特征。黑社会性质组织作为犯罪集团的高级形态,其所具有的社会危害性远远高于其他犯罪。普通犯罪侵害的对象和危害后果都是直接的、具体的、特定的,而黑社会性质组织犯罪,除侵害对象及对侵害后果具体、直接、特定外,还要求具有间接的、不特定的、抽象的侵害对象和侵害后果,即"在一定区域或者行业内,形成非法控制或者重大影响,严重破坏经济、社会生活秩序"。而且,直接具体特定的侵害对象与后果与间接抽象不特定的侵害对象与后果间具有因果关系,也就是说,"在一定区域或者行业内,形成非法控制或者重大影响,严重破坏经济、社会生活秩序"是该组织实施的具体违法犯罪活动形成的整体效应和后果。可见,间接抽象不特定的侵害对象与后果是黑社会性质组织具有的独特的社会危害后果,是黑社会性质组织的本质特征。这是黑社会性质组织在单独评价组织成员所犯个罪外,整体评价为黑社会性质组织罪的法理基础所在。

在司法实践中,这一抽象的社会危害性特征需要以具体的、直观的事实来确定,为此,最高人民法院、最高人民检察院及相关部门以司法解释、会议纪要等形式作出了一些规定。"两高两部"《指导意见》中列举了七种具体情形和一种兜底情形:(1)致使在一定区域内生活或者在一定行业内从事生产、经营的多名群众,合法利益遭受犯罪或严重违法活动侵害后,不敢通过正当途径举报、控告的;(2)对一定行业的生产、经营形成垄断,或者对涉及一定行业的准入、经营、竞争等经济活动形成重要影响的;(3)插手民间纠纷、经济纠纷,在相关区域或者行业内造成严重影响的;(4)干扰、破坏他人正常生产、经营、生活,并在相关区域或者行业内造成严重影响的;(5)干扰、破坏公司、企业、事业单位及社会团体的正常生产、经营、工作秩序,在相关区域、行业内造成严重影响,或者致使其不能正常生产、经营、工作的;(6)多次干扰、破坏党和国家机关、行业管理部门以及村委会、居委会等基层群众自治组织的工作秩序,或者致使上述单位、组织的职能不能正常行使的;(7)利用组织的势力、影响,帮助组织成员或他人获取政治地位,或者在党政机关、基层群众自治组织中担任一定职务的;(8)其他形成非法控制或者重大影响,严重破坏经济、社会生活秩序的情形。同时指出,鉴于黑社会性质组织非法控制和影响的"一定区域"的大小具有相对性,不能简单地要求"一定区域"必须达到某一特定的空间范围,而应当根据具体案情,并结合黑社会性质组织对经济、社会生活秩序的危害程度加以综合分析判断,也就是说,黑社会性质组织非法控制和影响的"一定区域",可以是一个市、县以及更大区域,也可以是一个乡镇、办事处以及一个村、居委会所辖区域。

本案中,被告人吴学占黑社会性质组织通过实施违法犯罪活动,高利放贷、暴力或软暴力讨债,干扰建筑企业承揽工程,强迫中标企业转让工程,在冠县东古城镇范围内形成了重大影响,严重破坏了当地的经济、社会生活秩序,危害性特征明显。综上,危害性特征应当从违法犯罪活动的时间、次数、强度、受害人的数量、对特定区域内的生产生活秩序的影响程度等方面综合判断。

(五)黑社会性质组织认定标准应坚持依法、实质、稳定原则

黑社会性质组织的认定,需要对四个特征进行综合评判和整体的衡量。一是坚持依法认定原则。对于依照法律和事实,犯罪组织在四个特征的任何一个特征上明显不符合法定标准和要求时,不能人为拔高认定为黑社会性质组织。同时,对于四个特征都符合法定标准,仅仅在某个特征的某一细节上存在一定欠缺的,如黑社会性质组织形成的标志不明显等,不能纠缠于细枝末节,降格为一般集团犯罪。二是坚持实质判断原则。危害性特征是黑社会性质组织的本质特征,要以危害性特征为实质判断的核心,对危害性

特征非常典型,其他特征不十分典型的犯罪组织,如人数相对较少,存续时间相对较短,层级不十分鲜明,获取的经济利益数额不大等,也可以认定为黑社会性质组织。三是坚持标准相对稳定原则。除法律政策作出调整外,对黑社会性质组织四个特征的认定标准,应保持相对稳定,不能因人为因素时宽时严。即使因政策调整认定标准发生变化的,也要在可以掌握的变化幅度内,尽量选择与以往标准接近的变化标准,将变化幅度控制在最小范围内。如对于组织特征中人数的标准,自2015年以来,一直按照2015年《纪要》要求,掌握的是"10人"标准,尽管2018年1月印发的"两高两部"《指导意见》提出对人数不宜"一刀切"的要求,但也不要调整幅度过大,仍应以"10人"为参考标准,可在1—3人限度内适度降低人数标准。对于已经制定了经济特征获取经济利益数额标准的地区,调整的幅度也要适度,尽可能保持标准的相对稳定性。保持黑社会性质组织认定标准的稳定,有利于被告人对司法裁判的接受,有利于对社会公众的教育引导,也有利于树立司法的公信与权威。

本案中,一审、二审法院对黑社会性质组织四个特征的认定标准,既契合"两高两部"《指导意见》精神,也符合2015年《纪要》的要求,保持了对黑社会性质组织认定标准的相对稳定性。

（撰稿:山东省高级人民法院　刘振会
审编:最高人民法院刑三庭　周　川）

[第 1355 号]

谢培忠等人组织、领导、参加黑社会性质组织案

——如何准确界定涉黑组织形成的标志性事件

一、基本案情

被告人谢培忠,男,1967 年 3 月 16 日出生,案发前系广东省汕头市龙湖区新溪镇西南村党委书记、党委委员。2018 年 6 月 15 日因本案被逮捕。

(其他被告人基本情况略。)

广东省佛山市人民检察院以被告人谢培忠等 39 人犯组织、领导、参加黑社会性质组织罪,故意伤害罪,聚众斗殴罪,聚众冲击国家机关罪,故意毁坏财物罪,聚众扰乱社会秩序罪,走私国家禁止进出口的货物罪,走私普通货物罪,非法持有枪支、弹药罪,非法采矿罪,寻衅滋事罪,行贿罪,向佛山市中级人民法院提起公诉。

被告人谢培忠及其辩护人提出:谢培忠等人不构成组织、领导、参加黑社会性质组织罪,谢培忠犯罪团伙只是一个走私犯罪集团,将谢培忠当选为村委会主任作为所谓黑社会性质组织形成的时间没有事实及法律依据。

佛山市中级人民法院经公开审理查明:

(一)组织、领导、参加黑社会性质组织

自 20 世纪 90 年代开始,被告人谢培忠在广东省汕头市龙湖区新溪镇经营海边泳场、承包建筑工程,其胞兄被告人谢良中共同参与经营,开始积累了巨额财富。谢培忠又雇请被告人谢培光、郑静壮、谢培炮加入,逐渐形成稳定的利益团体。为牟取更大利益,垄断当地建筑工程,壮大势力及扩大影响力,2005 年年初,谢培忠设法当选为汕头市龙湖区新溪镇西南村村委会主任,通过操纵选举等非法手段陆续安排多名亲信混入村“两委”,把持基层群

众自治组织,并指使或者直接参与实施多起故意伤害、聚众斗殴等犯罪活动,抢占当地工程项目,自此标志着以谢培忠为组织者、领导者的带有黑社会性质的犯罪集团开始成型。尔后,谢培忠为了壮大势力,不断招揽同村的亲友、村委干部等人加入组织,被告人谢潮彬、谢文财等人先后加入。2016年3月,谢培忠为了实施走私护私违法犯罪活动,又许以丰厚报酬,不断吸收同村及周边的村民为组织成员,并招揽汕头市龙湖区新溪镇涂池村村委会主任被告人王海荣及其手下被告人王伟权等人加入,形成了以谢培忠为组织、领导者,以谢良中、谢文财、谢培炎、谢桂涛、谢潮彬、谢培光、郑淑平为骨干成员,谢树强、谢培炮、郑静壮、郑云光、蔡成忠、王海荣、王伟权、谢华锋、谢俊江、谢桂金等为积极参加者,施勤富、谢两足、黄秀雄、蔡建成、杨木成、谢景生、谢潮浩、谢春伟、谢创荣、王旭东、谢伟波、王冬歆、谢培劝、蔡镇雄、蔡汉卜、谢文锋、谢泽莹、谢燕萍、谢利浩、谢浩钿、谢燕彬和陈晓东(另案处理)等为一般参加者的黑社会性质组织。谢培忠为规范该组织的管理,订立"纪律"约束组织成员:(1)一级对一级负责,不能越级汇报情况,下级必须服从上级安排;(2)各司其职,不能打听其他工作岗位的情况,不能将集团的事情对外讲;(3)上岗工作不允许开小差、脱岗,不能喝酒,只能用对讲机、发放的手机联系;(4)不允许组织成员吸毒,吸毒要被开除;(5)组织成员的加入或者退出,必须经谢培忠批准。在该组织中,谢培忠作为组织者、领导者,对组织事务和成员具有全面的管理权;谢良中、谢文财、谢培炎等骨干成员在谢培忠领导下,除了多次参与暴力性、群体性的组织犯罪,还分别负责消化犯罪所得、人员招揽、管理、考勤、工资发放、内外联络、暴力实施、聚众造势、事后协调等,其余各被告人则在谢培忠或者骨干成员的直接管理下参与组织实施的违法犯罪活动。

被告人谢培忠犯罪组织成立后,先后实施了多起故意伤害、聚众斗殴、故意毁坏财物、聚众扰乱社会秩序、聚众冲击国家机关、寻衅滋事等暴力犯罪,为非作恶,欺压、残害群众;干扰、破坏党和国家机关的工作秩序,损害当地政府机关的执法权威;扰乱社会秩序,致使企业的正常生产、经营无法进行;利用国家工作人员的包庇和纵容,走私护私,盗采国家矿产,大肆攫取财富;谢培忠利用担任西南村主任及党委书记(2011年任村委书记)的便利,通过胁迫、威胁、恐吓、收集并组织填写空白选票等方法操纵选举，帮助组织成员在西南村“两委”担任主任、副书记、委员等职务，从而把持、控制基层自治组织。该组织在新溪镇及周边地区称霸一方，已经形成非法控制并造成重大影响，严重破坏当地经济、社会生活秩序，致使群众因害怕遭到打击报复，对组织成员的违法犯罪行为不敢举报。

以被告人谢培忠为组织者、领导者的黑社会性质组织形成后，实施的具体犯罪事实包括：故意伤害案三宗，致三人轻伤，两人轻微伤；三次持械聚众斗殴，致二人轻微伤；两次聚众冲击国家机关派出所及镇政府；聚众扰乱社会秩序一次，造成被害单位严重损失；故意毁坏财物一次，数额较大；长期替其他走私集团提供保护，收取保护费，获利超过1亿元，其间向走私集团购买走私入境的30株罗汉松、5株茶花树，偷逃应缴税额共计人民币494 624.17元，并用同样方式购买国家禁止进出口的日本黑松12株；非法持有枪支仿六四手枪1支及40发子弹；非法采砂，牟取非法利益达400万元；寻衅滋事一次，致被害人轻伤；向国家工作人员行贿共计人民币335万元、港币10万元。

[（二）故意伤害的事实略。]

（三）聚众斗殴的事实

2005年，蔡慈雄将汕头市龙湖区新溪镇七合村白水围金鸿路东侧工业用地（现系汕头市创业混凝土有限公司所在地）的建筑工程交给被告人谢培忠承接。同年7月28日上午，新溪镇七合村村民谢名居等人因对七合村白水围一地块的招投标手续有异议，去到现场要求工地停工及解释。谢培忠得知情况后，伙同谢良中、郑静壮、“第仔”、“牛嘛”（后二人另案处理）等人去到现场，谢培忠从其驾驶的汽车后备厢拿出一把刀砍伤被害人谢名居，后谢良中、郑静壮、“第仔”、“牛嘛”等人用拳脚殴打谢名居，致谢名居受伤逃跑，其他七合村村民因害怕被打均逃离现场。案发后，谢培忠赔偿了谢名居人民币3万元。经鉴定，谢名居损伤构成轻微伤。

[（四）其他聚众斗殴事实及（五）聚众冲击国家机关、故意毁坏财物事实略。]

（六）聚众扰乱社会秩序、故意伤害的事实

2011年6月左右，中交厦门公司为承建汕头市东海岸新城新津片区，在汕头市新溪镇西南村坝尾成立了项目部开展工作。被告人谢培忠、谢良中为了从中交厦门公司获得工程，先后采用了以西南村村委会名义向中交厦门公司发出《停工通知书》、在项目部附近通道上挖坑和堆砌石头阻碍项目部车辆通行、打砸项目部多辆汽车等手段向中交厦门公司施压，仍未能如愿。

2011年8月10日，被告人谢良中接到被告人谢培光的电话称其鱼塘涵管被压坏，意识到可借此机会向中交厦门公司展示其与被告人谢培忠在新溪片区的影响力从而与中交厦门公司谈判承接工程，遂指使被告人谢文财、谢培光带人去中交厦门公司借讨说法的名义闹事。谢文财、谢培光纠集郑淑平、谢培炮、谢华锋和谢文广（另案处理），于当日14时许驾车到中交厦门公司东海岸新城项目部，在项目部内，谢文财、谢培光、郑淑平、谢培炮、谢华锋、谢文广等人以鱼塘涵管被中交厦门公司的施工车辆压坏为借口要求赔偿损失，谈判未果后，谢文财等人动手殴打中交厦门公司员工黄永泉、曹道仁和蔡聪知等人。新溪边防派出所民警接报警后到场处警，但谢文财等人并未理会民警劝阻。在谢文财等人闹事的同时，谢桂涛、郑静壮、谢潮彬、谢俊江等聚集附近村民约上百人陆续到达项目部，其间项目部的监控摄像头被挪移，监控摄像设备的电源被掐断，有人高喊煽动性言语，还将处警民警强行抬离项目部办公室，场面一度失控。

蔡聪知在被殴打的过程中，随手捡起水果刀自卫，将殴打自己的谢文广腰部刺伤。为了报复蔡聪知，被告人谢文财、谢培光、谢培炮、郑淑平、谢华锋一起殴打蔡聪知，其中谢文财用木棒打中蔡聪知头部，致蔡聪知倒地昏迷不醒，急需送医院治疗。救治蔡聪知的救护车到场时，谢文财又煽动项目部外聚集的人员阻碍救护车进入，并伙同谢培光、郑静壮、谢俊江与部分在场人员合力阻拦救护车。被告人谢良中在得知上述情况后，也赶到项目部指挥村民围堵，并和被告人谢潮彬一起向中交厦门公司施压，要求中交厦门公司赔偿人民币15万元才同意放行救护车。中交（汕头）东海岸新城投资建设有限公司负责人被迫同意赔偿要求后，谢良中、谢培光、谢文财等人才允许在场围堵人员放行。至当日18时20分许，参与围堵的人员陆续离开项目部，围堵持续时间长达4小时。

上述事件造成了中交厦门公司东海岸新城项目部内的办公设备、施工设备、视频监控设备等财物被损毁，对员工心理和生活产生了极大负面影响，中交厦门公司的生产经营活动长时间内无法恢复正常。另外，中交厦门公司员工蔡聪知、曹道仁、黄永泉及新溪边防派出所民警均有不同程度受伤。经法医鉴定，蔡聪知属于轻伤一级。蔡聪知、黄永泉的受伤导致经济损失共计人民币 93 482.64 元。案发后，蔡聪知、中交厦门公司出于稳定生产建设环境、避免同类型恶性事件再次发生的考虑，分别出具了《关于同意酌情从轻处理“8 · 10”涉事村民的意见》《关于同意不追究涉事者赔付责任的函》作为谢文财涉嫌故意伤害案的谅解材料。2012 年 11 月 23 日，谢文财因打伤蔡聪知一事被汕头市龙湖区人民法院以故意伤害罪判处有期徒刑三年，缓刑四年。

(七)走私国家禁止进出口的货物，走私普通货物的事实

2013 年 8 月，被告人谢培忠经与走私集团首要分子郑某明(另案处理)密谋后，决定利用谢培忠组织势力所控制的汕头市龙湖区新溪镇西南村新津河码头、汕头市澄海区坝头镇莱芜码头停靠走私船只，并安排该组织成员为运载走私货物的货车提供保护，按每护送一个集装箱走私货物收人民币 5000 元的标准收取走私集团保护费。2013 年 8 月至 2018 年 5 月，该组织帮助郑某明走私集团走私冻品超过 2 万个集装箱，获利超过人民币 1 亿元。

[(八)其他非法持有枪支、弹药、非法采矿、寻衅滋事、行贿的事实略。]

广东省佛山市中级人民法院认为，被告人谢培忠等人组成的犯罪组织人数较多，有明确的组织、领导者，骨干成员固定；多次有组织地通过实施违法犯罪手段获取经济利益，具有较强的经济实力；多次以暴力、威胁手段，有组织地进行犯罪活动，为非作恶，欺压、残害群众；通过实施违法犯罪活动，并利用国家工作人员的包庇、纵容，称霸一方，已经对当地一定区域形成了非法控制，造成重大影响，严重破坏了经济、社会生活秩序。因此，谢培忠犯罪组织完全具备了我国《刑法》规定的黑社会性质组织的特征要件，谢培忠是该黑社会性质组织的组织者、领导者，其行为构成组织、领导黑社会性质组织罪，并依法对该组织所犯的全部罪行承担罪责……依照《中华人民共和国刑法》第二百九十四条第一款、第四款、第五款，第二百九十二条第一款，

第二百九十条第一款、第二款,第二百三十四条第一款,第二百七十五条,第一百五十一条第三款,第一百五十三条第一款,第一百二十八条第一款,第三百四十三条第一款,第二百九十三条第一款第(一)项,第三百八十九条第一款,第三百九十条,第六十九条,第二十五条,第二十六条,第四十七条,第五十二条,第五十三条,第五十五条,第五十六条,第五十九条,第六十四条;《中华人民共和国刑事诉讼法》第十五条等规定,判决如下:

……

4. 被告人谢培忠犯组织、领导黑社会性质组织罪,判处有期徒刑十五年,剥夺政治权利五年,并处没收个人全部财产;犯故意伤害罪,判处有期徒刑二年九个月;犯聚众斗殴罪,判处有期徒刑五年六个月;犯聚众冲击国家机关罪,判处有期徒刑八年;犯故意毁坏财物罪,判处有期徒刑一年,并处罚金人民币一万元;犯聚众扰乱社会秩序罪,判处有期徒刑五年;犯走私国家禁止进出口的货物罪,判处有期徒刑八年,并处罚金人民币五十万元;犯走私普通货物罪,判处有期徒刑五年,并处罚金人民币五十万元;犯非法持有枪支、弹药罪,判处有期徒刑一年六个月;犯非法采矿罪,判处有期徒刑五年,并处罚金人民币二百万元;犯寻衅滋事罪,判处有期徒刑一年;犯行贿罪,判处有期徒刑十一年,并处罚金人民币二十万元,决定执行有期徒刑二十五年,剥夺政治权利五年,并处没收个人全部财产。

(其他被告人判决情况略。)

一审宣判后,被告人谢培忠等人提出上诉。

广东省高级人民法院经二审审理认为,原审判决认定事实清楚,证据确实、充分,对各原审被告人定罪准确,量刑适当。审判程序合法。裁定驳回被告人谢培忠等人的上诉,维持原判。

二、主要问题

如何准确界定黑社会性质组织形成的标志性事件?

三、裁判理由

本案是一起具有重大社会影响的黑社会性质组织犯罪案件,涉及扫黑除恶专项斗争十大重点领域中的三大领域，即“把持基层政权、操纵破坏基层换届选举”“在工程项目建设等过程中煽动闹事”“强揽工程、滥开滥采”。根据在案事实和证据，组织特征、经济特征、行为特征及危害性特征方面均符合《刑法》第二百九十四条的规定，应当认定为黑社会性质组织，这一点没有争议。本案的难点在于如何确定以被告人谢培忠为首的黑社会性质组织的时间起点。谢培忠等人实施犯罪时间跨度长，至2013年开始实施走私护私违法犯罪活动时，犯罪组织所具备的黑社会性质组织的四个特征已经十分明显，但如果认为该黑社会性质组织此时才刚刚形成，那么就无法全面、客观地反映该组织所造成的社会危害，谢培忠等人在此之前多次有组织实施的聚众斗殴、聚众冲击国家机关、故意伤害等犯罪就会被排除在组织犯罪之外，显然不符合实际。因此，确定黑社会性质组织的形成时间起点，对于准确认定相关犯罪的性质具有重要意义。

如果简单地理解法条，则一个犯罪组织只有在“四个特征”同时具备之时，才是真正形成黑社会性质组织之日，但这在司法实务中无法操作，不具有现实可能性。犯罪组织的形成、发展、壮大直至最终成为组织特征、经济特征、行为特征、非法控制特征典型完备的黑社会性质组织，是一个渐进的过程，往往没有明显的性质转变的时间节点。我们认为，认定一个犯罪组织属于黑社会性质组织，指的是它最终必须完全具备上述四个特征，但不能据此要求它在形成伊始就已然完全具备四个特征，最高人民法院、最高人民检察院、公安部、司法部联合发布的《关于办理黑恶势力犯罪案件若干问题的指导意见》（以下简称《指导意见》）第六条实际上也体现了这一精神。根据该条规定，对于黑社会性质组织的形成时间，有成立仪式的看成立仪式，无成立仪式的看标志性事件，无标志性事件的就看首次有组织犯罪。之所以将成立仪式（或者类似活动）作为最优先确定的判断依据，是因为此类行为可以直接表明犯罪分子已经按照共同的不法宗旨或意图纠合在一起，并且初步确定了组织的层级架构和运行方式，尽管此时可能还不具备一定经济实力或者还未形成具体的危害后果，但如果之后该犯罪组织经过发展、升级已经具备《刑法》第二百九十四条规定的四个特征，则可以将成立仪式发生的时间点作为黑社会性质组织形成的时间起点。标志性事件与成立仪式有类似的作用和效果,在没有成立仪式(或者类似活动)的情况下,可以将该事件作为判断时间起点的依据。比较《指导意见》第六条中规定的三种审查判断依据,第三种情形("组织者、领导者与其他组织成员首次共同实施该组织犯罪活动的时间")在执法办案时运用最多,但成立仪式、标志性事件的优势在于相对更加明确、直观,在司法实践中一般不会引起争议。

成立仪式,是一种意图明确、行为具体的客观事实,判断起来最为简单,而标志性事件的认定则要相对复杂一些,需要司法工作人员结合具体案件事实和证据综合判断。所谓标志性事件,顾名思义,是指具有显著特征并使主体易于识别的事件,《指导意见》第六条中对标志性事件作了进一步限定,"足以反映其初步形成非法影响"。结合司法实践情况,在黑社会性质组织犯罪的语境下,标志性事件不仅包含对涉案犯罪组织树立恶名、排除竞争等具有重要影响的违法犯罪活动,也包括反映涉案犯罪组织实力壮大,已初步形成较稳定获利来源的重大事件,如为涉足某一行业或领域而成立公司、企业等经济实体,还包括能够反映涉案犯罪组织已经具备一定社会影响的重大事件,如捞取政治光环、把控基层政权、获取政治资本等。我们认为,在甄别、确定标志性事件时,至少应当从以下三个方面来分析判断:第一,该事件一般是组织、领导者亲自组织或直接参与实施的违法犯罪事实或者其他重大事件;第二,该事件对于涉案犯罪组织进一步发展做大或者在一定区域或行业内开始初步形成非法影响具有明显作用,客观上为该组织实施后续违法犯罪活动打下基础;第三,标志性事件一般发生在首次有组织犯罪之前或者本身就是首次有组织犯罪。

本案中,以被告人谢培忠为首的黑社会性质组织未举行成立仪式,因此,在认定该组织形成时间的问题上,需要首先明确该案中有无标志性事件,如果没有,则应确定首次组织犯罪发生于何时。本案审判过程中,有观点认为谢培忠等人于2005年7月为争抢工程项目而组织实施的聚众斗殴案件应为标志性事件,该黑社会性质组织的形成时间应从此时起算。该观点最终未被采纳,主要考虑是:尽管该起聚众斗殴犯罪是谢培忠为组织利益而亲自组织实施,且影响恶劣,客观上起到了为该黑社会性质组织进一步"扬名立万"的作用,带有标志性事件的部分特点,但通观全案,可以发现谢培忠犯罪组织在当地形成初步的重大影响并非始于本次犯罪。西南村村民郑传兴、谢俊兴、卓奕树、庄楚雄等人的证言以及被告人谢文财、郑静壮、蔡成忠、谢培炮、郑云光等人的供述均证明，谢培忠等人通过贿买选票、威胁恐吓等手段操纵选举和村委会，使该组织能够在当地树立恶名并建立庞大关系网，组织成员肆意妄为，出事后可以通过关系“摆平”，进而发展到敢于封锁道路走私的程度，而当地村民遭受欺压、残害后，因害怕打击报复不敢举报或者举报无果。由此可见，早在2005年年初，谢培忠当选村委会主任并安插组织成员进入“村两委”之时，该犯罪组织即已把持了基层组织政权，在当地广为人知并对群众形成威慑。谢培忠犯罪组织的规模、势力之所以能够在此后迅速壮大，均与把持基层政权密切相关。此外，经审理查明，本案首次的组织犯罪并非此起聚众斗殴，而应当是2005年5月组织成员郑云光、谢桂涛、郑淑平持刀砍伤西南村村民谢维平的故意伤害案（经谢培忠、谢潮彬出面“协调”，被害人一方到公安机关销案）。如果将2005年7月的聚众斗殴案视为黑社会性质组织的时间起点，则无法完整评价2005年5月故意伤害案的性质与危害。

综上，法院审理后认为，将被告人谢培忠于2005年年初通过不法手段当选为村主任认定为该黑社会性质组织形成的标志性事件更加符合本案实际情况，不仅能够突出谢培忠黑社会性质组织把持农村基层组织、操纵破坏基层换届选举、欺压、残害村民，破坏社会管理秩序的违法犯罪特点，而且可以更加全面地评价该组织所造成的严重社会危害。

（撰稿：广东省高级人民法院　陈小飞　刘锦平
审编：最高人民法院刑三庭　周　川）

[第 1356 号]

龚品文等人组织、领导、参加黑社会性质组织案

——如何准确把握黑社会性质组织行为特征中对“软暴力”的强度要求以及“占股分利”模式下的组织特征

一、基本案情

被告人龚品文,男,1981 年 12 月 27 日出生。2005 年 8 月 9 日因限制他人人身自由被行政拘留七日;2008 年 9 月 11 日因为赌博提供条件被罚款人民币 500 元、收缴提供赌博用资金人民币 4 万元和违法所得人民币 21 000 元;2010 年 7 月 30 日因犯故意伤害罪被判处有期徒刑八个月,缓刑一年。2018 年 5 月 23 日因本案被逮捕。

被告人刘海涛,男,1980 年 7 月 24 日出生。2008 年 9 月 11 日因为赌博提供条件被行政拘留十五日,并处罚款人民币 3000 元、收缴提供赌博用资金人民币 10 300 元和违法所得人民币 1200 元。2018 年 4 月 19 日因本案被逮捕。

(其他被告人的基本情况略。)

江苏省常熟市人民检察院以被告人龚品文、刘海涛、马海波、王海东、赵杰、王德运、陈春雷、崔海华、梁立志分别犯组织、领导、参加黑社会性质组织罪,开设赌场罪,寻衅滋事罪,非法拘禁罪,侵犯公民个人信息罪,窝藏罪,故意伤害罪,强迫交易罪,诈骗罪,敲诈勒索罪,聚众斗殴罪,向常熟市人民法院提起公诉。

被告人龚品文辩称其不构成组织、领导黑社会性质组织罪;其辩护人提出:龚品文从未发起、创立组织,其和刘海涛仅是合作关系,股份可随意退出,对成员没有过分制约,本案组织并不完全具备四个特征,没有达到称霸

一方,形成非法控制的影响后果,龚品文不构成组织、领导黑社会性质组织罪。

被告人刘海涛及其辩护人提出:刘海涛的行为不构成领导黑社会性质组织罪。

江苏省常熟市人民法院经审理查明:

(一)组织、领导、参加黑社会性质组织的事实

自2013年以来,被告人龚品文、刘海涛在常熟市从事开设赌场、高利放贷活动,并主动结识社会闲杂人员,逐渐积累经济实力。自2014年7月起,龚品文、刘海涛组织被告人马海波、赵杰、王海东、王德运、陈春雷等人,形成了以龚品文、刘海涛为首的较为稳定的犯罪组织,并于2015年4月间实施了首次有组织犯罪。2016年下半年、2017年8月被告人梁立志、崔海华分别加入。

该组织人数众多,组织者、领导者明确,骨干成员固定。被告人龚品文为该组织的组织者、领导者;被告人刘海涛为该组织的领导者;被告人马海波、赵杰、王海东、王德运、陈春雷等人为骨干成员;被告人崔海华、梁立志等人为一般参与者。该组织内部分工明确,龚品文、刘海涛负责决策和指挥整个组织的运转;马海波、赵杰、王海东、王德运、陈春雷受龚品文、刘海涛的指派开设赌场谋取利益,并在赌场内抽取"庄风款"、放水、记账,按照龚品文、刘海涛的指派为讨债而实施非法拘禁、寻衅滋事、敲诈勒索、强迫交易等违法犯罪行为,崔海华、梁立志参与寻衅滋事违法犯罪行为。

该组织为规避侦查,强化管理,维护自身利益,逐步形成了"红钱按比例分配""放贷本息如实上报,不得做手脚"等不成文的规约,对成员的行动进行约束。在借款时使用同伙名义,资金出借时留下痕迹,讨债时规避法律。建立奖惩制度,讨债积极者予以夸奖,讨债不积极者予以训斥。

该组织通过有组织地实施开设赌场、高利放贷等违法手段聚敛资产,具有较强的经济实力。其中,该组织通过开设赌场非法获利的金额仅查实的就达人民币300余万元。另外,在上述被告人处搜查到放贷借条金额高达人民币4000余万元,资金流水人民币上亿元。对非法手段聚敛的财产进行分配;对组织的违法犯罪活动支出,如购买GPS等装备,因讨债被砸坏汽车玻

璃以及被刑事拘留后聘请律师的费用按照比例分担。

该组织为维护其非法利益，以暴力、威胁等手段，有组织地实施了开设赌场、寻衅滋事、非法拘禁、强迫交易、敲诈勒索等违法犯罪活动，在讨债过程中通过安装GPS定位器非法获取公民个人信息，为非法获取利益长期实施“软暴力”行为，给被害人和有关群众形成了心理强制，为非作恶，欺压群众，严重破坏社会治安，妨害社会管理秩序，在常熟市原虞山镇、碧溪街道、东南街道、古里镇、辛庄镇、梅李镇、沙家浜镇、海虞镇、支塘镇、尚湖镇及周边地区造成了重大的社会影响。

[（二）具体犯罪事实略。]

江苏省常熟市人民法院认为，被告人龚品文、刘海涛等人聚集形成较稳定的犯罪组织，有组织地通过违法犯罪活动获取经济利益并用以支持该组织的活动，同时以暴力、威胁或者其他手段，有组织地进行开设赌场、寻衅滋事、非法拘禁、敲诈勒索等违法犯罪活动，为非作恶，欺压群众，严重破坏经济、社会生活秩序，造成了重大影响，其行为已构成组织、领导、参加黑社会性质组织罪。各被告人另构成开设赌场罪、寻衅滋事罪、非法拘禁罪……依照《中华人民共和国刑法》第二百九十四条等相关规定，判决如下：

1. 被告人龚品文犯组织、领导黑社会性质组织罪，判处有期徒刑七年六个月，剥夺政治权利二年，并处没收个人全部财产；犯开设赌场罪，判处有期徒刑六年，并处罚金人民币十万元；犯寻衅滋事罪，判处有期徒刑五年；犯非法拘禁罪，判处有期徒刑二年三个月；犯窝藏罪，判处有期徒刑一年；犯强迫交易罪，判处有期徒刑十个月，并处罚金人民币一万元；犯敲诈勒索罪，判处有期徒刑二年，并处罚金人民币一万元，数罪并罚，决定执行有期徒刑二十年，剥夺政治权利二年，并处没收个人全部财产。

2. 被告人刘海涛犯领导黑社会性质组织罪，判处有期徒刑七年，剥夺政治权利二年，并处没收个人全部财产；犯开设赌场罪，判处有期徒刑五年，并处罚金人民币八万元；犯寻衅滋事罪，判处有期徒刑四年九个月；犯非法拘禁罪，判处有期徒刑一年九个月；犯强迫交易罪，判处有期徒刑十个月，并处罚金人民币一万元；犯敲诈勒索罪，判处有期徒刑二年九个月，并处罚金人民币二万元，数罪并罚，决定执行有期徒刑十八年，剥夺政治权利二年，并处没收个人全部财产。

（其他被告人判决情况略。）

一审宣判后，被告人龚品文、刘海涛等人不服，提出上诉。

江苏省苏州市中级人民法院经审理认为，原审判决认定事实清楚，证据确实、充分，适用法律正确，量刑适当。各上诉人的上诉理由不能成立。故裁定驳回上诉，维持原判。

二、主要问题

（一）如何根据“欺压、残害群众”的内在要求准确把握黑社会性质组织行为特征中对“软暴力”的强度要求？

（二）如何认识“占股分利”模式下的组织特征？

三、裁判理由

（一）如何把握黑社会性质组织“软暴力”的强度要求

在《刑法》第二百九十四条第五款规定的黑社会性质组织的四个特征中，行为特征（暴力性特征）是一项极为重要的判断标准。所谓“行为”，是指黑社会性质组织为增强组织实力，扩大非法影响，攫取非法利益而有组织、有目的实施的一系列具体违法犯罪活动，这些违法犯罪活动不仅本身构成黑社会性质组织的“行为特征”，而且为判断黑社会性质组织的“危害性特征”提供重要参考。实践中，一般不会将一个行为特征不明显，未造成严重危害后果的犯罪组织认定为黑社会性质组织，因此，对行为特征中违法犯罪活动强度的把握是实践中判断一个犯罪组织是否成立黑社会性质组织的一项重要考量内容。

2018 年最高人民法院、最高人民检察院、公安部、司法部联合印关的《关于办理黑恶势力犯罪案件若干问题的指导意见》（以下简称“两高两部”《指导意见》）明确指出，黑社会性质组织实施的违法犯罪活动包括非暴力性的违法犯罪活动，但暴力或以暴力相威胁始终是黑社会性质组织实施违法犯罪活动的基本手段，并随时可能付诸实施。暴力、威胁色彩虽不明显，但实际是以组织的势力、影响和犯罪能力为依托，以暴力威胁的现实可能性为基础,足以使他人产生恐惧、恐慌进而形成心理强制或者足以影响、限制人身自由、危及人身财产安全或者影响正常生产、工作、生活的手段,属于《刑法》第二百九十四条第五款第(三)项中的"其他手段",包括但不限于所谓的"谈判"、"协商"、"调解"以及滋扰、纠缠、哄闹、聚众造势等手段。最高人民法院、最高人民检察院、公安部、司法部联合发布《关于办理实施"软暴力"的刑事案件若干问题的意见》也明确规定,"软暴力"手段属于《刑法》第二百九十四条第五款第(三)项"黑社会性质组织行为特征"以及2018年"两高两部"《指导意见》第十四条"恶势力"概念中的"其他手段"。

该规定在2009年最高人民法院、最高人民检察院、公安部印发《办理黑社会性质组织犯罪案件座谈会纪要》(以下简称2009年《纪要》)、2015年最高人民法院印发《全国部分法院审理黑社会性质组织犯罪案件工作座谈会纪要》(以下简称2015年《纪要》)的基础上进行了扩大解释,前后几份规范性文件虽然均将"硬暴力"及"软暴力"作为黑社会性质组织实施违法犯罪活动的手段,但2015年《纪要》特别强调"在黑社会性质组织所实施的违法犯罪活动中,一般应有一部分能够较明显地体现出暴力或以暴力相威胁的基本特征"。与之不同的是,2018年"两高两部"《指导意见》对于这种暴力性特征予以淡化,而将足以对他人产生心理强制的行为均作为黑社会性质组织的行为特征。因此,实践中把握黑社会性质组织所实施的"软暴力"的强度应以相关行为是否足以对群众造成实质性的心理强制为根本落脚点,具体来说,可以从以下几方面进行把握。

1. 黑社会性质组织实施的"软暴力"应具有长期性

正如贝卡利亚所言:"我们的精神往往更能抵御暴力和极端的但短暂的痛苦,却经受不住时间的消磨,忍耐不住缠绵的烦恼,因为,我们可以暂时地自我收缩以抗拒暴力和短暂的痛苦。然而,这种强烈的伸缩性却不足以抗拒时间与烦恼的长期和反复的影响……"由此看来,一方面,在施加心理强制强度方面,"软暴力"本身可以带来不逊于"硬暴力"的效果;另一方面,也要承认,"软暴力"的暴力程度不及"硬暴力",仅实施数量较少的"软暴力"行为是很难给他人造成心理强制,进而达到欺压、残害群众的程度。与"硬暴力"给当事人直接带来肉体损害或疼痛不同,通过"软暴力"施压主要是给被害人施加精神折磨，这种精神折磨要达到精神压制的程度需要时间的积累，是一个由量变到质变的过程。因此，“软暴力”行为的强度与危害影响要达到与“硬暴力”同质化的程度需要相当量的积累。

2. 黑社会性质组织实施的“软暴力”一般应具有多样性

在黑社会性质组织犯罪中，受害群众所遭受的心理压力来自多个方面，一方面，由于“软暴力”本身的暴力、威胁色彩不够明显，手段强度不及“硬暴力”，因此仅实施单一手段的“软暴力”行为，往往不足以对受害群众施加强烈的心理压制；另一方面，手段单一的“软暴力”行为不足以体现黑社会性质组织的犯罪能力，违法犯罪手段单一往往说明犯罪组织发展尚不成熟，势力尚未壮大，组织较为涣散，犯罪能力不强，尚不足以使受害群众产生足够强烈的心理恐惧，难以达到足以影响、限制人身自由、危及人身财产安全或者影响正常生产、工作、生活的暴力强度，不能满足成立黑社会性质组织所要求具备的行为特征。

3. 黑社会性质组织实施的“软暴力”应体现出明显的组织性特征

黑社会性质组织之所以能够严重危及人身财产安全或者影响正常生产、工作、生活，成为社会毒瘤，就在于其具有明显的组织性，这是黑社会性质组织犯罪区别于一般单纯犯罪最显著的特点，也是组织、领导、参加黑社会性质组织行为本身就具备刑事可罚性的逻辑基础。一方面，组织性是黑社会性质组织具备较强犯罪能力的重要保障，如果相关“软暴力”行为无法体现出组织策划、团体协作、分工实施等组织性特征，表明相关“软暴力”行为具有一定的自发性、随意性，由于“软暴力”行为本身暴力强度不够，如果缺少组织痕迹，零散实施，则必然难成气候，无法达到与黑社会性质组织相称的暴力强度；另一方面，行为的组织性也是黑社会性质组织能够通过违法犯罪活动给受害群众施加心理威慑的重要依靠，正是通过组织性的体现，使受害群众认识到自身所面临的不法侵害不是来源于单纯的个人，而是来源于一个缜密组织，才更加放大了心理恐惧。虽然面临的“软暴力”行为暴力特征不明显，但因为感知到行为的组织性，使受害群众更加容易丧失与违法犯罪行为进行对抗的理性与信心，陷入心理受强制的境地，达到黑社会性质组织的犯罪目的。实践中，一般可以从多人实施、统一着装、显露文身、特殊标识等特征加以判断,也包括其他各种以明示或者暗示方式,足以使对方感知相关行为组织性的行为。

4. 黑社会性质组织实施的"软暴力"应有能够直接构成犯罪的行为,并造成明显的实害后果

由于"危害性特征"本身就是判断一个犯罪组织能否成立黑社会性质组织的重要方面,因此,对于以实施"软暴力"为主要行为特征的涉黑组织来说,必然要求其实施"软暴力"已经造成了足够严重的危害后果。对于危害性特征的把握,2018年"两高两部"《指导意见》规定的八种情形,主要包括致使多名合法利益遭受犯罪或者严重违法活动侵害的群众不敢通过正当途径维护权益;对一定行业的生产经营形成垄断,或者对涉及一定行业的准入、经营、竞争等经济活动形成重要影响;致人重伤或致多人轻伤;通过违法犯罪活动敛财数额巨大;干扰、破坏正常生产经营造成重大损失;严重干扰、破坏党政机关和基层群众自治组织的工作秩序等。由于"软暴力"行为暴力特征本身不够明显,要评价实施"软暴力"的严重后果,一般按照实施"软暴力"行为造成上述两种以上危害后果来进行把握比较妥当。另外,为体现黑社会性质组织行为的暴力性特征和对群众造成心理威慑的强度,在"软暴力"行为中,应有能够直接构成犯罪的部分,而不能全部都只是单纯的违法行为。

需要特别指出的是,黑社会性质组织实施的"软暴力"与"硬暴力"不是泾渭分明,互相排斥的关系,而是互相包容,随时转化的关系。"软暴力"与"硬暴力"都是黑社会性质组织为实现组织利益而采用的手段,其目的是相同的,给群众造成心理压制的后果也是相同的。在具体实施过程中,很难精准把握行为的强度界限,因此,"软暴力"会随时向"硬暴力"转化,黑社会性质组织成员对此应有明确认识且并不排斥。

具体到本案,该犯罪组织及其成员利用开设赌场、非法高利放贷等手段快速聚敛大量财富,并利用组织势力和形成的便利条件,在几年的时间里通过"软暴力"手段实施了大量寻衅滋事、非法拘禁、强迫交易、敲诈勒索等违法犯罪活动。其中,寻衅滋事行为仅认定的就多达120余起,非法拘禁10起,这些行为均系组织成员为确立强势地位、实现非法债权、谋取经济利益、

维护非法权威，按照组织惯常的行为模式与手段所实施，间接造成1名受害人因受逼迫跳楼身亡，3家企业停产，直接致使20余名被害人不敢报案或有家难回，逼迫两名受害群众变卖房产，另有两人在长期的心理压制下罹患抑郁症。这些"软暴力"违法犯罪行为波及常熟市十余个街道，其中多起寻衅滋事因持械或造成轻伤以上后果直接构成犯罪，在非法拘禁、强迫交易和敲诈勒索行为中，绝大部分直接构成犯罪，实害后果非常明显。另外，本案中大部分违法犯罪活动都系经谋划后结伙实施，组织成员多人出场摆势，长期实施各种纠缠滋扰及打砸毁坏财物行为，相关"软暴力"行为因处理难、打击难，使许多受害人产生报警也无济于事的绝望心理，该组织还通过在派出所、看守所等处的造势行为，降低司法机关公信力，变相给群众施加心理强制。可以说，通过实施一系列有组织的"软暴力"行为，其对受害群众施加的心理强制程度已与"硬暴力"无异，已经符合黑社会性质组织的行为特征。结合该组织的组织、经济及危害性特征，将其认定为黑社会性质组织是正确的。

（二）如何认识"占股分利"模式下的组织特征

随着时代的发展，黑社会性质组织的内部组织模式也出现了一些新的变化，在司法实践中发现，与以往靠直接给予金钱或物质奖励来豢养成员，鼓动犯罪的做法不同，在一些公司化或准公司化运作的黑社会性质组织中，采用"占股分利"方式来纠合组织成员，维系组织框架的现象越来越普遍。所谓"占股分利"，类似于现代公司治理结构中的"股权激励"，是指组织内部成员按照占股比例来对犯罪收益进行分配，组织的领导者通过掌握股权分配比例来实现对组织成员的控制和奖惩。在该种模式下，由于犯罪后果与个人收益紧密相关，往往更能调动组织成员的犯罪积极性，其内部组织结构也更为稳定。

本案中，各组织成员参股放贷，而被告人龚品文、刘海涛作为该黑社会性质组织的组织者、领导者，对参股人员及比例具有决策权。在非法放贷过程中，由于组织成员系互相占股出资及分利，故组织人员利益相互交织，关系日趋紧密，架构不断成熟，各组织成员对所谓"替谁帮忙、找谁商量"均有明确认识。且无论组织中哪些成员前去实施违法犯罪活动，相关非法利益的实现均惠及全体出资的组织成员，形成了明显的组织利益。在组织架构中，以是否掌握股权分配权为参照，可以发现首要分子非常明显；以是否占股及占股比例大小为参照，可以发现骨干成员基本固定，人员规模逐渐增大。综上，"占股分利"只是涉黑组织准公司化运营的一个幌子，其本质为纠合组织成员，形成共同利益，对保持组织正常运转起到重要作用，是黑社会性质组织组织特征的一个重要体现。综上，本案认定该组织有一定规模，人员基本稳定，有明确的组织者、领导者，骨干成员固定，内部层次分明是有事实依据的。

（撰稿：江苏省苏州市中级人民法院　李秀康

审编：最高人民法院刑三庭　周　川）

[第 1357 号]

方悦等人组织、领导、参加黑社会性质组织案

——“套路贷”黑社会性质组织的司法认定

一、基本案情

被告人方悦,男,1992 年 9 月 20 日出生。2017 年 9 月 22 日被逮捕。

被告人徐前真,男,1985 年 5 月 23 日出生。2017 年 9 月 22 日被逮捕。

(其他被告人、被告单位基本情况略。)

江苏省无锡市锡山区人民检察院以被告人方悦、徐前真、方阳阳、方明喜、方修东、曹全、廖本波、陈宝红、单有君、陈奇、方志明、李国辉、秦文春、王国启、岳一超、岳翠玖、牛绪永、王守影、蔡祥雷、单宝君、胡月、宋立明、孙成来、李磊、李国旗、许豆豆、方志响、方贺全、方贺军、方明柱、胡猛、方志友、陈少东、曹坤红、庞雨停、王立豹、方克飞、岳文保、被告单位无锡市乾宏信息咨询服务有限公司等分别犯组织、领导、参加黑社会性质组织罪,非法拘禁罪,敲诈勒索罪,寻衅滋事罪,侵犯公民个人信息罪,向无锡市锡山区人民法院提起公诉。

被告人方悦、徐前真及其辩护人提出的辩护意见主要是:方悦、徐前真系合法投资并经营乾宏公司等公司开展小额贷款业务,没有对当地的小额贷款行业形成垄断、控制,也没有欺压、残害群众,方悦、徐前真的行为不构成组织、领导黑社会性质组织罪。

无锡市锡山区人民法院经审理查明:

(一)组织、领导、参加黑社会性质组织的事实

2016 年 2 月至 2017 年 8 月间,被告人方悦、徐前真利用无锡市乾宏信息咨询服务有限公司(以下简称乾宏公司)、无锡海嘉投资有限公司(以下简

称海嘉公司)、乾府公司、无锡市乾多多投资有限公司、无锡乾友投资有限公司(以下简称乾友公司)、无锡乾富投资有限公司(以下简称乾富公司)、无锡市万友投资有限公司(以下简称万友公司)七家公司结成“乾”字头公司联盟,假借民间小额贷款之名,通过“签订虚假借据收据”“肆意认定违约”等方式,采用非法拘禁、敲诈勒索、寻衅滋事、纠缠、滋扰、恐吓等手段实施“套路贷”犯罪。被告人方悦、方阳阳、方明喜、方修东等人招揽被告人陈宝红、方志明、胡月、宋立明、孙成来等安徽省颍上县十八里铺镇的老乡及社会闲散、刑满释放人员,在各“乾”字头公司内部成立“贷后部”进行非法催讨,逐步形成了以方悦、徐前真为组织、领导者,以方阳阳、方明喜、方修东、曹全、廖本波为积极参加者,被告人陈宝红、单有君、陈奇、方志明、李国辉、秦文春、王国启、岳一超、岳翠玖、牛绪永、王守影、蔡祥雷、单宝君、胡月、宋立明、孙成来、李磊、李国旗、许豆豆、方志响、方贺全、方贺军、方明柱、胡猛、方志友、陈少东、曹坤红、庞雨停、王立豹、方克飞、岳文保等数十人为一般参加者的黑社会性质组织。该黑社会性质组织骨干成员固定、层级结构明确,盘踞在无锡市市中心梁溪区一带,并涉足江阴、宜兴等地,人数众多、资金雄厚、势力庞大,组织成员均遵守组织、领导者制定的规章、纪律,实施了非法拘禁、敲诈勒索、寻衅滋事、恐吓、威胁、强行入住、喷漆、堵门锁、滋扰、纠缠等违法犯罪活动,攫取了高额非法利益,对借款人、亲属及周围邻居造成了心理强制和不安影响,使人民群众的合法利益遭受重大侵害,在持续性时间段内严重破坏了无锡、江阴、宜兴一定区域内的社会生活秩序和经济秩序,在各地造成了恶劣的社会影响。

(二)非法拘禁的事实

2017年3月至8月间,被告人方悦、徐前真利用乾宏、海嘉、乾府等公司非法经营零用贷等小额贷款业务,并通过成立专门的贷后部门催讨非法债务而谋利,被告人方阳阳、方明喜、方修东通过乾友、万友、乾富公司和方悦、徐前真的公司结成小联盟,共同催讨,将被害人强行带走后看管在酒店房间、公司办公室等地,采用威胁恐吓、殴打、限制人身自由等手法向被害人逼要非法债务。涉案11名被害人被非法拘禁短则日余,长则11天,其间,各被告人或言语威胁、或暴力殴打、或体罚、或虐待,逼迫被害人偿还虚增债务。

（具体非法拘禁的事实略。）

（三）敲诈勒索的事实

2016年4月至2017年8月间，被告人方悦、徐前真利用乾宏、海嘉、乾府等公司非法经营零用贷等小额贷款业务，并通过成立专门的贷后部门催讨非法债务而谋利，被告人方阳阳、方明喜、方修东通过乾友、万友、乾富公司和方悦、徐前真的公司结成小联盟，共同催讨，采用非法限制人身自由、殴打、威胁、滋扰等手法，持远高于被害人实际借款金额的"高条"（虚增债务）向被害人及其亲属逼要非法债务，从被害人及其亲属处索得钱款。方悦、徐前真等从十余名被害人及其家属处共敲诈勒索钱财120余万元。

（具体敲诈勒索的事实略。）

（四）寻衅滋事的事实

2017年7月至8月间，被告人方悦、徐前真在经营乾宏、海嘉、乾府等公司期间，违法向个人放贷并通过成立专门的贷后部门催讨非法债务而谋利，被告人方阳阳、方明喜、方修东通过乾友、万友、乾富公司和方悦、徐前真的公司结成小联盟，向被害人共同催讨非法债务。

2017年7月20日至8月9日左右，被告人廖本波、陈宝红、单有君、王国启、方阳阳、胡月、孙成来、方志响、方贺军、方贺全等人在乾宏、海嘉、乾友、万友公司负责人的安排下，以王袁伟向海嘉公司还款逾期违约，即在乾宏、万友、乾友等公司的借款也违约为由，至无锡市锡山区羊尖镇被害人王袁伟开办的烤漆厂，轮流在办公室看管王袁伟，采用汽车堵厂门、言语威胁、殴打等方式，持"高条"向王袁伟逼要非法债务，严重影响该厂的正常生产经营。其间，王袁伟因害怕个人生活和烤漆厂的正常运作受到影响，被迫从厂内采购生产用品的货款中紧急挪用了29 000元支付给陈宝红，并按照四家公司的要求，被迫签下了9万元的虚假"借条"（含"高条"和催讨费用）。

2017年8月5日晚至次日凌晨，被告人廖本波、陈宝红、李磊、方志响、方贺军等人将被害人周亚中带至无锡市梁溪区五河苑旁小树林内，对周亚中拳打脚踢、扇巴掌，持"高条"向周亚中逼要债务，要求周亚中承认虚增的17万元债务，凌晨3时许，周亚中才乘隙逃走。经鉴定，周亚中左侧第4根、第5根肋骨骨折，构成轻伤二级。

（其他寻衅滋事的事实略。）

（五）侵犯公民个人信息的事实

2015年至2017年间，被告人徐前真在经营乾宏公司期间，为了拓展公司电销借贷业务，先后以索要、购买、交换等方式从路愉佳、何冠佳、彭新、荣舟涛、金华等人处非法获取公民个人信息，并交由公司业务员拨打电话推销公司借贷产品，涉案公民个人信息共计301 000余条。

（其他具体事实略。）

无锡市锡山区人民法院认为，被告人方悦、徐前真为了称霸一方，获取非法经济利益，组织、领导被告人方阳阳、方修东、方明喜、廖本波、陈宝红、单有君、陈奇、方志明、李国辉、秦文春、王国启等人，有组织地实施了非法拘禁、敲诈勒索、寻衅滋事等一系列违法犯罪活动，为非作恶，欺压残害群众，逐步形成以方悦、徐前真为组织、领导者，骨干成员基本固定，人数众多，有较为明确的分工和组织纪律，通过违法放贷、非法催讨债务获取高额经济利益，具有一定经济实力的犯罪组织。各被告人明知该组织以实施违法犯罪为主要活动，仍参与其中，通过暴力、软暴力手段进行非法催讨而获利，应根据各自的实际行为分别认定构成组织、领导、参加黑社会性质组织罪。各被告人根据在犯罪组织中地位、作用、具体的犯罪行为，另分别构成非法拘禁罪、敲诈勒索罪、寻衅滋事罪……依照《中华人民共和国刑法》第二百九十四条第一款、第四款、第五款，第二百三十八条第一款、第三款，第二百五十三条之一，第二百七十四条，第二百九十三条第一款，第二十五条第一款，第二十六条，第六十七条第三款，第六十九条，第五十六条，第五十九条第一款，第六十四条及《最高人民法院关于审理黑社会性质组织犯罪的案件具体应用法律若干问题的解释》第三条第一款、第七条，《最高人民法院、最高人民检察院关于办理敲诈勒索刑事案件适用法律若干问题的解释》第一条、第二条、第四条，《最高人民法院、最高人民检察院关于办理寻衅滋事刑事案件适用法律若干问题的解释》第二条、第三条，《最高人民法院、最高人民检察院关于办理侵犯公民个人信息刑事案件适用法律若干问题的解释》第四条、第五条、第十二条之规定，判决如下：

1. 被告人方悦犯组织、领导黑社会性质组织罪，判处有期徒刑九年，剥夺政治权利二年，并处没收个人全部财产；犯非法拘禁罪，判处有期徒刑二年三个月；犯敲诈勒索罪，判处有期徒刑十一年，并处罚金人民币十万元；犯寻衅滋事罪，判处有期徒刑三年，决定执行有期徒刑十九年，剥夺政治权利二年，并处没收个人全部财产。

2. 被告人徐前真犯组织、领导黑社会性质组织罪，判处有期徒刑七年，剥夺政治权利一年，并处没收个人全部财产；犯非法拘禁罪，判处有期徒刑一年九个月；犯敲诈勒索罪，判处有期徒刑十年，并处罚金人民币十万元；犯寻衅滋事罪，判处有期徒刑二年；犯侵犯公民个人信息罪，判处有期徒刑五年，并处罚金人民币三万元，决定执行有期徒刑十八年，剥夺政治权利一年，并处没收个人全部财产。

（其他被告人、被告单位的判决情况略。）

一审宣判后，被告人方悦、徐前真、王国启、曹全以其行为不构成组织、领导、参加黑社会性质组织罪为由，向无锡市中级人民法院提出上诉。

无锡市中级人民法院经审理认为，原审判决认定事实清楚，证据确实、充分，定罪准确，量刑适当，审判程序合法。各上诉人及辩护人的上诉理由和辩护意见均不能成立。故裁定驳回上诉，维持原判。

二、主要问题

如何准确认定“合法公司”外衣下涉“套路贷”黑社会性质组织的特征？

三、裁判理由

随着社会的不断发展，黑社会性质组织也呈现出了较多新的样态。与传统黑社会性质组织惯常实施的打架斗殴、争抢地盘、收取保护费、欺行霸市、强取豪夺等违法犯罪行为不同的是，当前的黑社会性质组织呈现出表面合法化、手段隐蔽化、控制科学化等特征。本案中以被告人方悦为首的犯罪组织即是一例。该犯罪组织的行为人着眼于通过“套路贷”攫取高额经济利益，成立公司以取代传统的“帮会”，并以“合法公司”作为外衣，以公司下设的各个部门取代“堂口”，以向组织成员发放工资取代“生活费”，甚至重视对组织成员进行专门的培训，以便逃避法律的制裁。在具体实施犯罪活动时，行为人通过让被害人出具书面材料、拍照、拍摄视频等各种方式,以掩盖行为的非法性,使犯罪行为极具隐蔽性、欺骗性、模糊性。在本案的审理过程中,如何准确界定以方悦为首的犯罪组织的性质问题,需要紧密结合黑社会性质组织的四个特征加以分析。

(一)重点从对组织成员的控制来把握"组织特征"

黑社会性质组织的组织特征是指形成较稳定的犯罪组织,人数较多,有明确的组织者、领导者,骨干成员基本固定。2009年最高人民法院、最高人民检察院、公安部印发的《办理黑社会性质组织犯罪案件座谈会纪要》(以下简称2009年《纪要》)、2015年最高人民法院印发的《全国部分法院审理黑社会性质组织犯罪案件工作座谈会纪要》(以下简称2015年《纪要》)以及2018年最高人民法院、最高人民检察院、公安部、司法部印发的《关于办理黑恶势力犯罪案件若干问题的指导意见》(以下简称2018年《意见》)中,对于黑社会性质组织的成立时间、成员人数及组织纪律等方面进行了补充。鉴于黑社会性质组织的发展是一个渐进的过程,故不宜作出"一刀切"的规定。组织形成后,在一定时期内持续存在,就应当认定为"形成较稳定的犯罪组织",而对于组织纪律、活动规约,应当结合制定、形成相关纪律、规约的目的与意图来进行审查判断,凡是为了增强实施违法犯罪活动的组织性、隐蔽性而制定或自发形成,并用以明确组织内部人员管理、职责分工、行为规范、利益分配、行动准则等事项的成文或不成文的规定、约定,均可认定为黑社会性质组织的组织纪律、活动规约。

本案中,组织成员对外以公司员工自居,在庭审中称自己只是在公司打工,并没有举办过各类入会仪式,从公司离职也没有明确的限制条件。表面看来,被告人方悦等人成立的公司对员工的管理符合人力资源市场的一般规律,具有形式上的合法性。但从本质上看,该组织通过等级制度、工作纪律和奖惩规则对成员存在隐秘的控制,这是该组织之所以被认定为"较稳定的犯罪组织"的主要原因。具体而言:(1)设立严明的等级制度。该组织内设立专门负责非法催讨的贷后部,贷后部设组长,组织成员按照组长的派单,两人一组上门催讨,组长可对具体催讨行为进行安排、指挥,催讨所得钱款交给贷后部组长,由组长交给公司负责人,公司负责人根据提成规则将提成钱款交给组长,再由组长向组员分发提成。(2)规定明确的催讨行为规则。方悦、徐前真等人商议制定了专门的“贷后管理十个严禁”“保密承诺书”;要求组织成员在催讨时需拍摄喷漆、堵门锁、高音喇叭喊话的照片、视频,并发送到公司微信群中向公司负责人或组织领导者汇报工作;规定催讨人员要对被催讨的客户负责,若在看管期间客户逃跑,催讨人员个人需负担客户的债务;还规定“一人一地看管时间不超过 24 小时”、要“轮流、换地看管”“打人不能打出明显外伤引起警方的注意或给公司造成不必要的麻烦”等,以便逃避法律制裁。(3)制定有效的奖惩措施。该组织规定,催讨利润由公司与催讨人员六四分成或五五分成,催讨数额和分成数额挂钩,以激励催讨人员穷尽各种手段尽力催讨;组织为催讨人员配备催讨所用的汽车、喷漆灌、胶水、伸缩棍,报销油费和看管人员所支出的住宿费;要求组织成员缴纳押金,对于泄露客户信息等影响公司利益的,则予以罚款等处罚。

传统的黑社会性质组织对成员的控制主要通过建立等级制度、制定严格的组织纪律和奖惩规则来展开,而通过高薪来豢养专业的催讨人员,通过等级制度和纪律规则确保对组织成员行为的控制,通过掌握利益分配权力来防止组织成员的背叛,尽管手段方法发生些许变化,但其维护组织严密性、稳定性的效果相同。本案中,被告人方悦等人正是用高薪引诱以及利益分配规则使数十名组织成员在较长的时间内为了组织的利益实施了多起违法犯罪行为。对于组织成员,他们关注的重点是如何通过非法的催讨获取更高的提成,从而欣然接受组织的各项纪律、规约并遵照执行。

(二)重点从公司存续的目的来把握“经济特征”

黑社会性质组织的经济特征,是指有组织地通过违法犯罪活动或者其他手段获取经济利益,具有一定的经济实力,以支持该组织的活动。2009 年《纪要》、2015 年《纪要》、2018 年《意见》均认为:黑社会性质组织的敛财方式具有多样性,除了直接地通过违法犯罪活动或其他不正当手段获取,还包括了“投资、控股、参股、合伙等方式通过合法的生产、经营活动获取”等。因此,在司法实践中需要重点通过对相关组织所涉公司存续的目的来具体分析,确定其是否属于黑社会性质组织。

本案中,被告人方悦等人于 2016 年 2 月至 2017 年 8 月间先后在无锡市梁溪区成立七家“乾”字头的公司，这些公司均办理了各项工商登记手续，明确经营范围仅限于“信息咨询、投资咨询”，并在无锡市市中心繁华地段的商务楼内租用办公地点正式挂牌营业。同时，公司内部还设立风控部、业务部、会计部、贷后部，分工明确、人员到位，营造出一种正规、专业的公司形象。然而，方悦等人借助这些公司实际实施的主要行为却是在经营范围之外的“小额放贷”业务。方悦等人的放贷模式主要是以“无抵押、零门槛”的零用贷、打卡、空放等为诱饵，诱骗被害人签订虚高借款合同、房屋租赁合同及各项承诺书，并以“保证金”“上门费”“中介费”等名义收取各种费用；在贷款协议中设置苛刻的履约条件和期限后，随意解释违约条款，故意制造违约机会，单方面肆意认定违约，并通过非法拘禁、敲诈勒索、威胁、恐吓等方式进行催讨。2019年4月9日起施行的最高人民法院、最高人民检察院、公安部、司法部联合发布的《关于办理“套路贷”刑事案件若干问题的意见》对“套路贷”进行了进一步明确，方悦等人实施的行为即是典型的“套路贷”犯罪。具体而言，此类“套路贷”犯罪具备以下四个特征：

一是制造民间借贷假象。本案中，行为人对外以“小额贷款”的名义进行宣传，以低息、无抵押、无担保、零门槛、快速放款等为诱饵吸引被害人借款，继而以“行业规则”“不签不放款”等虚假理由诱使被害人基于错误认识签订“高低条”（“低条”一般为实际借款金额，“高条”通常为“低条”金额的两至三倍，行为人通常会谎称“高条”只有在借款人违约时才会作为还款的依据），金额虚高的“借贷”协议（如以先前借贷违约等理由要求被害人签署），空白房产买卖（抵押）、租赁合同（往往将承租人一栏空白不填，租金部分则填写为已交付，以便成为行为人将来非法占有被害人房屋、对抗侦查的借口）等明显不利于被害人的各类协议。在此基础上，行为人按照虚高“借贷”协议的金额将资金全部转入被害人账户，或者要求被害人手持现金和虚高借据录像拍照等方式，制造现金支付痕迹、银行流水、第三方支付记录等资金虚假给付事实，后采取各种手段将其中全部或者部分资金收回，致被害人实际上并未取得或者只是取得少部分上述钱款。通过上述手段，制造出一种借款、放款手续齐备、正规的民间借贷假象。

二是恶意虚增债务。本案中，被害人除了签署“高低条”虚增债务之外，在实际放款时则还要扣除“中介费”“上门审核费”“服务费”“违约金”“保证金”等各种名义的费用,总计高达“低条”金额30%左右。当被害人无力偿还时,行为人通过安排其所属公司或者指定的关联公司、关联人员为被害人偿还“借款”,继而与被害人签订金额更大的虚高“借贷”协议或相关协议,通过这种“转单平账”“以贷还贷”等方式不断垒高“债务”。可见在“套路贷”犯罪中,行为人期待获得的不是普通高利贷的高额利息,而是通过各种套路非法占有被害人数倍于借款本金的财物。

三是故意制造违约或肆意认定违约。本案中,被告人方悦等人以设置苛刻违约条款和违约陷阱(如借款合同约定还款时间明确到几分几秒),通过刻意躲避、失踪、拒接电话等方式故意造成被害人违约,甚至还在假意答应延期还款的同时,立即派遣催讨人员上门催讨并认定违约。同时,行为人还会制造各种借口(如借款人在联盟内的一家违约即系在多家公司的借款均构成违约,借款人向“乾”字头公司联盟以外的公司借款即构成违约),单方面肆意认定被害人“违约”,强行要求被害人偿还虚假债务。

四是软硬兼施“索债”。被告人方悦等人招揽刑满释放、社会闲散人员组建了“贷后部”,常用的催讨手段包括将被害人强行扣留并殴打、威胁、体罚逼迫还款,24小时贴身跟随式看管,强行入住被害人家中并恶意滋扰,在被害人家门口喷油漆、堵门锁、砸玻璃、高音喇叭辱骂,在被害人的工作场所寻衅滋事等。

本案的黑社会性质组织正是通过实施“套路贷”犯罪迅速敛财,从起初的一家乾宏公司不断壮大,直至在无锡市成立了七家“乾”字头公司,投入的400余万元本金在短短的一年半内不断获益,共非法放贷3100余万元。该组织,一方面,将通过违法犯罪活动获取的经济利益主要用于开办分公司、子公司;另一方面,形成紧密的联盟,排挤其他同类竞争公司,在整个无锡地区的小额贷款公司中具有较强的影响力和话语权。

(三)重点从违法犯罪的主要手段来把握“行为特征”

黑社会性质组织的行为特征是指以暴力、威胁或者其他手段,有组织地多次进行违法犯罪活动,为非作恶,欺压、残害群众。随着扫黑除恶工作的深入和司法打击力度的加强,以纯粹硬暴力手段实施的抢劫、故意杀人、故意伤害、聚众斗殴等违法犯罪活动往往很容易受到司法机关的及时惩处，有不少黑恶势力犯罪组织越来越注重削弱其违法犯罪活动的暴力属性，更多采用“轻微暴力”与“软暴力”相结合的行为方式，以威胁、恐吓、滋扰、纠缠、哄闹、聚众造势等手段对他人产生心理强制或影响。本案中，“软暴力”是被告人方悦等人催讨债务的重要违法犯罪手段。对此，2019年4月9日，最高人民法院、最高人民检察院、公安部、司法部联合出台的《关于办理实施“软暴力”的刑事案件若干问题的意见》中，进一步明确了黑恶势力犯罪中“软暴力”的具体界定标准。结合方悦等人的行为模式，可以看到行为人实施的“软暴力”主要分为以下三类：

一是威胁恐吓特定的对象。方悦等人采用言语威胁、24小时贴身跟随等方式对被害人进行非法催讨。这些行为虽然没有直接造成被害人身体上的重大、可见性的伤害后果，但是足以使被害人产生恐惧从而形成心理强制。

二是滋扰他人的工作、生活。行为人上门催讨时采用了在大门、墙壁上喷漆，用胶水堵塞门锁，半夜砸窗玻璃，高音喇叭辱骂，张贴海报，断水断电，非法侵入他人住宅，围堵工作场所等手法，对被害人及其家属、邻居、工作单位均造成了严重的影响。

三是聚众造势，扰乱社会秩序。“乾”字头联盟公司在共同催讨时，为了展示组织的实力、震慑被害人及同行，往往会一呼百应，迅速集结数十人到场造势、以斗殴相威胁。在已查明的具体犯罪事实中，在向其中一名被害人催讨时，该组织纠集了20余名组织成员在无锡市南禅寺商业区展示实力，与其他小贷公司人员约架并在现场以武力对峙，严重扰乱了当地的社会秩序。

可见，司法实践中对黑社会性质组织行为特征的认定不仅要关注违法犯罪行为对他人生命、健康和财产权利造成的损害，还应当关注行为对他人是否形成心理强制。应当看到，在黑社会性质组织违法犯罪活动中，无论行为手段如何隐蔽、多变，暴力或者以暴力相威胁，始终是黑社会性质组织能够对社会公众形成心理强制的重要原因。以本案为例，尽管被告人方悦等人将“软暴力”作为讨债的主要手段，但被害人周亚中被殴打致轻伤二级、部分被害人遭非法拘禁及被殴打、体罚、虐待的事实，也说明暴力手段仍是该组织的重要选项，这种暴力手段并不需要每次行动都要使用，而是表现为一旦需要使用，随时可以使用，这种随时可以付诸实际的暴力手段正是黑社会性质组织让人畏惧、屈服的重要原因。因此，本案中以方悦为首的犯罪组织虽以“合法公司”为外衣，采取的犯罪行为也相对隐蔽，但这种以“软暴力”为主，暴力与“软暴力”相结合的手段，仍然符合黑社会性质组织要求的行为特征。

（四）重点从公司的规模和影响力来把握“危害性特征”

黑社会性质组织的危害性特征，是指通过实施违法犯罪活动，或者利用国家工作人员的包庇或者纵容，称霸一方，在一定区域或者行业内，形成非法控制或者重大影响，严重破坏经济、社会生活秩序。2009 年《纪要》明确了可以认定为“在一定区域或者行业内，形成非法控制或者重大影响，严重破坏经济、社会生活秩序”的八种情形，2015 年《纪要》和 2018 年《意见》对这八种情形又进一步作出了解释，并重点强调了黑社会性质组织非法控制和影响的“一定区域”的大小具有相对性，应当根据具体案情、综合分析判断。

本案中，仅被告人方悦、徐前真先后成立的乾宏、海嘉及其子公司乾府、乾多多四家公司非法放贷就高达 2599 人次，涉及金额 2608 万余元，已查明各被告人的非法获利 127 万余元，而其余大量的借款人由于恐惧、不愿多事、无法取得联系等原因未能到司法机关说明情况。方悦、徐前真组织、领导的黑社会性质组织主要盘踞在无锡市梁溪区市中心地段，已归案的组织成员高达 38 人。“乾”字头公司在无锡市小额贷款行业领域内，从资金规模、势力范围、成员数量上均远超其他类似公司，而且采用聚众造势、武力对峙手段对其他竞争者进行震慑和打压，对该行业形成重大影响。案发期间，该组织在催讨非法债务过程中，实施非法拘禁犯罪 11 起（最短的半天，最长的 11 天）；实施敲诈勒索犯罪 12 起，敲诈得款 120 余万元；实施寻衅滋事犯罪 6 起，其中一名被害人被殴打致轻伤二级。同时，2015 年至 2017 年间，徐前真利用乾宏公司，先后以索要、购买、交换等方式从他人处非法获取公民个人信息共计 301 000 余条。众多被害人的正常生产、经营、生活被严重破坏，合法利益遭受不法侵害，各被害人由于身陷“套路”，无法凭借自身能力证明“虚增债务”的虚假性或向司法机关提供有效的犯罪线索，而被迫不敢通过正当的途径举报、控告。结合上述情形，能够认定本案的犯罪组织具备黑社会性质组织的“危害性特征”。

随着扫黑除恶工作的不断深入，国家对黑恶势力犯罪的打击力度不断加大，黑社会性质组织的表现形式将会更趋于多样化、隐蔽化，借助“合法公司”来掩盖非法目的即是犯罪分子使用的一种典型手段。对此，应当透过现象看本质，准确把握黑社会性质组织的四个特征，才能准确定罪量刑，做到不枉不纵。

（撰稿：江苏省无锡市锡山区人民法院　林　琳
江苏省无锡市中级人民法院　孙　炜　韩　锋　黄　辛
审编：最高人民法院刑三庭　周　川）

[第1358号]

黄图望等人组织、领导、参加黑社会性质组织案

——借助黑社会性质组织势力谋取经济利益,是否属于参加黑社会性质组织

一、基本案情

被告人黄图望(绰号"月亮"),男,1980年11月26日出生。2017年1月6日被逮捕。

被告人郑剑波,男,1986年7月10日出生。2016年10月10日被逮捕。

(其他被告人基本情况略。)

海南省人民检察院第一分院以被告人黄图望犯组织、领导黑社会性质组织罪,故意杀人罪,聚众斗殴罪,故意伤害罪,寻衅滋事罪,强迫交易罪……被告人郑剑波犯参加黑社会性质组织罪,寻衅滋事罪,向海南省第一中级人民法院提起公诉。

被告人黄图望及其辩护人提出:以黄图望为首的犯罪组织不具备黑社会性质组织的四个特征,黄图望不构成组织、领导黑社会性质组织罪。

被告人郑剑波及其辩护人提出:郑剑波只是借用"月亮帮"的势力,为达到控制加气砖市场从而实现非法获利的目的,才与被告人黄图望、薛峰峰三人共同商量合作加气砖生意。郑剑波跟黄图望是朋友关系、合作关系,并不是服从与被服从、管理与被管理的黑社会性质组织上的隶属关系,郑剑波没有加入黑社会性质组织;郑剑波只跟黄图望合作加气砖市场,并没有参与该黑社会性质组织的其他犯罪活动。因此,郑剑波只构成寻衅滋事罪,不是黑社会性质组织成员,不构成参加黑社会性质组织罪。

海南省第一中级人民法院经审理查明:

（一）组织、领导、参加黑社会性质组织的事实

20世纪90年代，被告人黄图望、王保翔、黄雷、叶锦忠（另案处理）等人在海南省五指山市陆续加入了以蔡林忠（另案处理）为首的“黑鬼帮”。2001年间，因蔡林忠被砍伤，该帮人员随之解散。2005年，黄图望回到五指山市重新纠集原“黑鬼帮”成员叶锦忠、黄雷、王保翔等人，并陆续聚拢被告人黄图展、黄克理、黄尧杰、王栋、王静等五指山市番茅村宗族势力，通过实施强迫交易、故意伤害、聚众斗殴等暴力犯罪活动，在五指山市区的势力和影响逐步扩大，上述人员逐渐形成了具有一定规模的组织，逐步确立了黄图望的领导地位。2010年前后，被告人梁正武、黄林壮、王卫、王秀弟（另案处理）等人又陆续加入该组织，并吸纳了五指山市的一批无业青年、在校和辍学学生，组织势力逐步发展，该组织共有成员40余人，骨干成员较为固定，层级分明，组织所有成员均视黄图望为组织“老大”，并以黄图望的绰号将该组织称为“月亮帮”，梁正武在组织中的地位、权威仅次于黄图望。自2011年起，该组织开始利用其组织恶名和势力在五指山市新市场一带开设赌场，并通过采取暴力、威胁、滋扰等手段插手五指山市新市场拆迁工程和非法控制五指山市加气砖市场、吊车市场，大肆实施聚众斗殴、故意伤害、寻衅滋事等犯罪活动，逐步形成了以黄图望、梁正武为组织者、领导者，被告人黄林壮、黄图展、黎石培、黄克理、黄雷、王栋、郑剑波、薛关皇、陈明军为骨干成员，被告人王保翔、黄尧杰、王晓嘉、王卫、周代华、王开拓、黄小福、蔡嘉珍、符启帆、陈积厚为积极参加者，被告人王招锋、王泰鹏、纪新城、王静、梁建明、陈泽文、黄亮、黄更、黄世堂、黄林颖、符财彪、李德臻等人为一般参加者的黑社会性质组织。

该组织非法持有仿制枪支2支和砍刀、斧头、匕首等作案工具，为该组织实施暴力活动提供保障。该组织为控制和管理组织成员，逐步形成组织内部规约，组织成员必须听从被告人黄图望和梁正武的安排做事，低级别成员要尊重高级别成员，组织成员要团结，兄弟被欺负要打回来，组织成员不得吸毒等。该组织为便于管理和笼络成员，为组织成员安排食宿、提供免费的娱乐消遣，对被关押的组织成员提供生活费，对受伤的组织成员提供医疗费等。

该组织通过实施垄断加气砖市场和吊车市场、开设赌场、对按摩店、商铺索取“保护费”、替人追债等违法犯罪活动，非法获利共计约199万元，具有一定的经济实力，其中，非法控制五指山市加气砖市场获利约60万元；非法控制五指山市吊车市场获利约52万元；开设赌场获利约32万元；对按摩店、商铺索取“保护费”获利约13万元；插手五指山市新市场拆迁，承揽工程获利约30万元；插手民间纠纷、债务纠纷，获利约12万元。上述获利部分用于维持组织生存和发展。

该组织为树立非法权威，维护其非法利益，为非作恶，在五指山市三月三大道林苑宾馆、越丰路、什曼桥一带有组织地实施故意杀人、故意伤害、聚众斗殴、寻衅滋事、敲诈勒索、开设赌场、强迫交易、非法持有枪支、弹药、非法拘禁、故意毁坏财物、窝藏等一系列违法犯罪活动，共致1人死亡、2人重伤、14人轻伤、14人轻微伤。该组织通过实施上述违法犯罪活动，称霸一方，并通过暴力、威胁、滋扰等手段控制五指山市加气砖、吊车市场，插手民间纠纷、债务纠纷，严重扰乱了五指山市的经济、社会生活秩序。

[（二）至（七）的其他违法犯罪事实略。]

（八）该组织为非法控制五指山市加气砖市场而实施的寻衅滋事等违法犯罪事实

2012年，被告人黄图望、郑剑波和陵水铸城砖厂经销商薛峰峰（另案处理）为牟取经济利益，合谋由黄图望负责安排其帮派成员采取威胁、恐吓等手段，拦截、驱赶其他经销商的运砖车，逼迫其他经销商退出五指山市的加气砖市场，进而形成非法控制，并约定薛峰峰负责向五指山市各工地供应加气砖，销售价格不得低于每立方280元以及黄图望和郑剑波的获利分配方式。2012年至2013年间，薛关皇等人按照黄图望的指令听从郑剑波、薛峰峰的安排，多次带领该帮派成员以恐吓、暴力威胁等方式拦截、驱赶运砖车，导致陵水建邦砖厂、三亚大业砖厂等周边市县的经销商不敢再往五指山市销售加气砖。直至2016年，薛峰峰发现其他经销商又开始将加气砖运往五指山市销售，为继续非法控制五指山市加气砖市场，同时为了逃避法律打击，薛峰峰再次和黄图望、郑剑波合谋，决定采取驾车故意剐蹭其他经销商的运砖车并报警，再以运砖车超载为由要求交警扣车的方式，迫使其他经销商的运砖车不敢进入五指山市。薛峰峰同时还纠集其老乡吴定明（另案处理）、黄少林（另案处理）等人一起参与合作，所得利润黄图望、郑剑波、薛峰峰、吴定明、黄少林五人分成。2016年3月至4月间，薛关皇、黄克理等人听从郑剑波、薛峰峰的安排，以上述方式连续实施了多起寻衅滋事案。经鉴定，2012年至2016年薛峰峰共往五指山市销售加气砖55 976.27立方，累计非法获利194.5945万元。黄图望、郑剑波二人从中实际非法获利约60万元。

[（九）寻衅滋事具体事实略。]

海南省第一中级人民法院认为，被告人黄图望组织、领导黑社会性质组织，以暴力、威胁等手段，多次实施违法犯罪活动，严重破坏社会生活秩序；纠集他人多次拦截、恐吓他人，持凶器随意殴打他人；开设赌场，情节严重；结伙故意伤害他人身体，致一人重伤；以暴力、胁迫方式勒索他人财物，数额巨大；非法持有枪支2支，军用子弹43发，情节严重；以暴力、威胁手段强买商品；明知是犯罪的人而为其提供隐藏处所、财物，帮助其逃匿，其行为已构成组织、领导黑社会性质组织罪，故意杀人罪，寻衅滋事罪，开设赌场罪，聚众斗殴罪，故意伤害罪，敲诈勒索罪，非法持有枪支、弹药罪，强迫交易罪，窝藏罪，故意毁坏财物罪，非法拘禁罪……被告人郑剑波积极参加黑社会性质组织，多次参与组织的违法犯罪活动且作用突出；多次拦截、恐吓他人，持凶器随意殴打他人，任意损毁他人财物，其行为已构成参加黑社会性质组织罪、寻衅滋事罪。在共同犯罪中，应依法按照各被告人在案件中地位、作用定罪处罚。根据本案的事实、性质和情节，依照《中华人民共和国刑法》第二百九十四条第一款、第四款、第五款，第一百二十八条第一款，第二百二十六条第（一）项、第（五）项，第二百三十四条，第二百三十八条第一款、第三款，第二百七十四条，第二百七十五条，第二百九十二条，第二百九十三条，第三百零三条第二款等及《最高人民法院关于审理黑社会性质组织犯罪的案件具体应用法律若干问题的解释》《最高人民法院、最高人民检察院关于办理赌博刑事案件具体应用法律若干问题的解释》《最高人民法院关于对为索取法律不予保护的债务非法拘禁他人行为如何定罪问题的解释》《最高人民法院关于审理非法制造、买卖、运输枪支、弹药、爆炸物等刑事案件具体应用法

律若干问题的解释》的有关规定,判决如下:

1. 被告人黄图望犯组织、领导黑社会性质组织罪,判处有期徒刑十二年,剥夺政治权利三年,并处没收个人财产十五万元;犯故意杀人罪,判处有期徒刑十年,剥夺政治权利一年;犯寻衅滋事罪,判处有期徒刑十年,并处罚金十二万元;犯开设赌场罪,判处有期徒刑七年,并处罚金十万元;犯聚众斗殴罪,判处有期徒刑六年;犯非法持有枪支、弹药罪,判处有期徒刑五年;犯故意伤害罪,判处有期徒刑六年;犯敲诈勒索罪,判处有期徒刑六年,并处罚金二万五千元;犯强迫交易罪,判处有期徒刑二年,并处罚金五千元;犯窝藏罪,判处有期徒刑二年;犯故意毁坏财物罪,判处有期徒刑一年六个月;犯非法拘禁罪,判处有期徒刑六个月。与前罪有期徒刑二年实行数罪并罚,决定执行有期徒刑二十五年,剥夺政治权利四年,并处没收个人财产十五万元,罚金二十五万元。

……

10. 被告人郑剑波犯参加黑社会性质组织罪,判处有期徒刑五年;犯寻衅滋事罪,判处有期徒刑八年,并处罚金人民币八万元。决定执行有期徒刑十一年,并处罚金人民币八万元。

(其他被告人的判决情况略。)

宣判后,被告人黄图望、郑剑波等27人提出上诉。

海南省高级人民法院经审理,依法裁定驳回黄图望、郑剑波等人的上诉,维持原判。

二、主要问题

借助黑社会性质组织势力谋取经济利益,是否属于参加黑社会性质组织?

三、裁判理由

被告人为谋取非法利益,与黑社会性质组织合作,其行为是否属于参加黑社会性质组织,司法实践中容易产生争议。2015年《全国部分法院审理黑社会性质组织犯罪案件工作座谈会纪要》(以下简称2015年《纪要》)规定,为维护或扩大自身利益而临时雇佣、收买、利用黑社会性质组织实施违法犯罪活动的人员，不属于黑社会性质组织的成员。准确理解前述规定中的“自身利益”和“临时雇佣、收买、利用黑社会性质组织实施违法犯罪活动”，对于准确认定借助黑社会性质组织势力谋取非法利益的行为性质，做到不枉不纵、平衡量刑具有重要作用。我们认为，该类行为是否属于参加黑社会性质组织，主要应从参加黑社会性质组织的构成条件和行为特征方面进行分析。

（一）参加黑社会性质组织的构成条件

2015年《纪要》规定，主观上没有加入黑社会性质组织的意愿，受雇到黑社会性质组织开办的公司、企业、社团工作，未参与或参与少量黑社会性质组织的违法犯罪活动的人员不属于黑社会性质组织成员。2018年最高人民法院、最高人民检察院、公安部、司法部印发的《关于办理黑恶势力犯罪案件若干问题的指导意见》（以下简称2018年《意见》）进一步放宽了认定组织成员的条件，去掉了“参与少量”的限制，将该条的后半部分改为“未参与黑社会性质组织违法犯罪活动”。同时对参加黑社会性质组织的主客观要求仍沿用了之前规范性文件的规定，即知道或者应当知道是以实施违法犯罪为基本活动内容的组织，仍加入并接受其领导和管理的行为。

分析前述规定不难看出，是否“接受组织领导和管理”，应结合主观上是否有将自己置于黑社会性质组织管控之下的意愿，客观上是否有接受黑社会性质组织领导和管理的事实来判断和认定。首先，这个主观意愿不以组织成员认为自己参加的是黑社会性质组织为认定标准，只要加入者知道或者应当知道该组织具有一定规模，且该组织是以实施违法犯罪为基本活动内容即可。其次，实践中，由于各黑社会性质组织的组织形态不同、规约不同，行为人的加入阶段不同，有专门仪式或类似活动的，可以认为是有加入黑社会性质组织的明确的主观意愿，而没有明确的形式或表示，但是具有认可黑社会性质组织规约、听从黑社会性质组织领导和管理等客观行为的，也可以推定行为人有加入组织的主观意愿。再次，认定主观意愿要特别注意把握与组织有经济合作的组织成员与单纯“雇佣、收买、利用黑社会性质组织”的非组织成员之间的区别。认可组织规约是组织成员和非组织成员的主要区别，组织成员会受组织规约的约束，包括受制于组织纪律、组织层级领导关系、组织发展方向等，而单纯的借势发展者不受组织规约制约，只关注自我利益；是否听从组织领导也是组织成员和非组织成员的又一重要区别。虽然某些组织成员听从组织领导可能不是直接表现为简单的服从，而是通过分工、合作谋取自身利益的最大化，但是在这种长期的合作关系中，获取自身获利的同时也为组织获取了利益，亦符合组织的发展方向，不影响其行为是为组织利益而实施的认定，亦不影响其听从组织领导的认定。而非组织成员则不受组织领导，只是为了实现自身利益，一次或几次与黑社会性质组织合作，但双方并无稳定联系，所实施的违法犯罪活动大多无关组织发展方向。能够管理、调动某些下级组织成员，是认定组织成员与非组织成员的又一区别。需要注意的是，管理、调动某些组织成员主要是根据组织规约或者行为人在组织中的威望和地位，这种组织内部的地位具有长期性和稳定性。而仅与黑社会性质组织临时合作的非组织成员也可能会管理、调动一些组织成员，但主要是依靠利益收买，有利则聚无利则散。最后，接受黑社会性质组织的领导和管理，主要表现为在黑社会性质组织的领导和管理下为组织实施违法犯罪活动。包括：由组织者、领导者直接组织、策划、指挥参与实施的违法犯罪活动；由组织成员以组织名义实施，并得到组织者、领导者认可或者默许的违法犯罪活动；多名组织成员为逞强争霸、插手纠纷、报复他人、替人行凶、非法敛财而共同实施，并得到组织者、领导者认可或者默许的违法犯罪活动；组织成员为组织争夺势力范围、排除竞争对手、确立强势地位、谋取经济利益、维护非法权威或者按照组织的纪律、惯例、共同遵守的约定而实施的违法犯罪活动。

（二）黑社会性质组织积极参加者的认定标准

2009年最高人民法院、最高人民检察院、公安部印发的《办理黑社会性质组织犯罪案件座谈会纪要》对积极参加者的行为特征作了规定，2018年《意见》进一步规定，参加黑社会性质组织并具有以下三种情形之一的，一般应当认定为“积极参加黑社会性质组织”：一是要多次积极参与黑社会性质组织的违法犯罪活动。二是积极参加的是较为严重的黑社会性质组织犯罪，且作用突出。这里的“较为严重的黑社会性质组织的犯罪”，既包括故意杀人、故意伤害、绑架等性质严重的暴力性犯罪，也包括造成重大财产损失或者恶劣社会影响的其他严重犯罪。而“作用突出”应理解为在犯意形成、共同犯罪行为完成以及危害结果发生等方面具有的突出性、决定性作用。三是“在黑社会性质组织中起重要作用”，即对整个黑社会性质组织的人员、财物、事务等重要事项具有“主要管理权”，且对犯罪组织的维系、运行、活动确实起到重要作用的成员。

(三)关于被告人郑剑波行为性质的认定

本案中，海南省人民检察院第一分院以参加黑社会性质组织罪、寻衅滋事罪对被告人郑剑波提起公诉，郑剑波及其辩护人均不认可该项指控，认为其跟被告人黄图望只是朋友、合作关系，不是黑社会性质组织成员，只有寻衅滋事行为，不应认定参加黑社会性质组织。从审理查明的案情来看，郑剑波没有加入“月亮帮”的仪式或类似活动，也没有证据显示郑剑波有加入“月亮帮”的明确意思表示，并且除垄断加气砖市场外，其没有参与“月亮帮”的其他违法犯罪活动。郑剑波跟黄图望一起垄断加气砖市场，共分利益，有合作关系，从形式上看似乎其不构成参加黑社会性质组织罪。但是，要认定郑剑波有无参加黑社会性质组织的行为，还应抽茧剥丝，对其与“月亮帮”成员的关系以及其为垄断加气砖市场而参与实施的犯罪行为进行深入分析。

法院经审理后认定了从2012年至2016年被告人郑剑波为垄断加气砖市场实施的10起寻衅滋事和一起非法携带管制刀具的违法犯罪事实。据被告人黄图望供述，他是2011年通过叶锦忠认识的郑剑波，之后经常在一起打牌、喝酒。郑剑波也认识帮里的小弟，平时会请帮里的小弟去喝酒吃饭，有时也给他们钱花，因此帮里的小弟比较认可郑剑波，也听郑剑波的话，平时都称郑剑波为“波哥”，郑剑波有事就叫帮里的小弟跟其去做。黄图望在跟郑剑波协商好一起合作垄断加气砖市场及利益分配比例后，当着郑剑波的面要求其他“月亮帮”成员听从郑剑波的指挥。首先，为垄断五指山市加气砖市场，郑剑波带领“月亮帮”成员实施了多起寻衅滋事犯罪事实。据“月亮帮”成员交代，新入帮成员都是由介绍人交代该听谁的话，郑剑波长期与“月亮帮”成员共同活动，也知道该帮的帮规。“月亮帮”的组织者、领导者(老大)黄图望亲自要求手下成员听郑剑波的话，郑剑波不仅欣然接受，而且此后多次指挥“月亮帮”成员实施违法犯罪，这些事实既表明郑剑波认可该犯罪组织的活动规约,同时也表明郑剑波已经在组织内拥有了一致认可的稳定地位。一方面,其听从、接受黄图望的领导;另一方面,帮内"小弟"薛关皇等人听从郑剑波指挥,长期跟随郑剑波"做事",郑剑波在该犯罪组织中已经具有稳固的位置。其次,从2012年至2016年,长达近五年的时间里,郑剑波凭借在"月亮帮"中的威望,带领部分组织成员以"月亮帮"的名义先后11次实施寻衅滋事、非法携带管制刀具等违法犯罪活动,并且在这些活动中起组织指挥作用,造成恶劣的社会影响,可见其与"月亮帮"并非临时的合作关系,而是已经深度融入该黑社会性质组织。最后,五年间,"月亮帮"通过垄断加气砖市场获得非法利益60万元,这部分利益是"月亮帮"黑社会性质组织经济实力的重要组成部分,郑剑波在自己敛财的同时,也为该犯罪组织的发展壮大提供经济支撑,符合组织的发展方向,因而郑剑波自身获利并不影响其为组织利益实施违法犯罪的认定。综上,应当认定郑剑波已构成参加黑社会性质组织罪,并在此基础上进一步区分其系一般参加者还是积极参加者。

本案中,被告人郑剑波接受黑社会性质组织的领导、管理,多次组织指挥"月亮帮"成员实施违法犯罪活动,所起作用突出,应当被认定为黑社会性质组织的积极参加者。

(撰稿:海南省高级人民法院　徐来花
审编:最高人民法院刑三庭　周　川)

[第 1359 号]

张礼琦包庇、纵容黑社会性质组织案

——如何准确把握包庇、纵容黑社会性质组织罪的主客观方面、罪数处断及追诉时效

一、基本案情

被告人张礼琦,男,1973 年 9 月 6 日出生,曾任中共温岭市公安局委员会委员、浙江省温岭市公安局副局长、浙江省台州市公安局城市管理警察支队副支队长(主持工作)、支队长、台州市公安局纪委副书记。2017 年 7 月 24 日被逮捕。

浙江省东阳市人民检察院以被告人张礼琦犯包庇、纵容黑社会性质组织罪,向东阳市人民法院提起公诉。

被告人张礼琦及其辩护人提出:张礼琦没有包庇、纵容陈才强等人的黑社会性质组织,其部分行为不属于包庇、纵容的行为,部分行为甚至不是犯罪行为;指控的部分行为,即便构罪,已过诉讼时效;量刑处理上不应适用《刑法修正案(八)》。

东阳市人民法院经审理查明:

被告人张礼琦身为国家机关工作人员,明知陈才强团伙在浙江省温岭市有组织地长期从事违法犯罪活动,不依法履行职责,对陈才强(另案处理)等人组织、领导的黑社会性质组织实施的违法犯罪活动,多次进行包庇、纵容,或者积极帮助该组织领导者和成员逃避查禁或打击,一度致使对该黑社会性质组织的查禁工作受阻,为其充当“保护伞”。具体事实如下:

1. 2008 年 2 月 14 日,被告人张礼琦利用其职权,要求释放涉嫌寻衅滋事的陈才强等人,后又授意陈才强作不如实供述。同晚,张礼琦对叶新立等

寻衅滋事案违法审批不予立案。案件移送打黑办后，张礼琦打听案情并透露给陈才强，告知陈才强逃避侦查对策。后该案陈才强未被打击。

2. 2011 年，被告人张礼琦得知温州市公安局着手调查陈才强等人涉黑的违法犯罪行为，向陈才强透露警务秘密，告知陈才强逃避侦查对策，向办案单位打听案情并透露给陈才强，导致对陈才强涉黑案的调查无法继续。

3. 2013 年，被告人张礼琦将浙江省公安厅向台州市公安局纪委下转的关于陈才强涉黑的信访件内容透露给陈才强。

4. 2016 年年初，被告人张礼琦得知省公安厅再次调查陈才强即将消息透露给陈才强。陈才强被抓后，张礼琦与陈才强家属及律师等人商量应对省厅调查的策略。

……

9. 2008 年 5 月 14 日，被告人张礼琦受陈才强请托后，要求看守所所长对涉嫌聚众斗殴的蔡建波出具变更强制措施的建议，所长没有同意。

10. 2010 年 5 月，被告人张礼琦受陈才强请托，授意派出所释放因吸毒抓被的方志国，但派出所仍对方志国作出行政拘留、强制隔离戒毒的处罚。

东阳市人民法院认为，被告人张礼琦作为国家机关工作人员，包庇、纵容黑社会性质组织进行违法犯罪活动，情节严重，其行为已触犯刑律，构成包庇、纵容黑社会性质组织罪。根据张礼琦犯罪的事实、性质、情节和对于社会的危害程度，依照《中华人民共和国刑法》第二百九十四条第三款之规定，判决如下：

被告人张礼琦犯包庇、纵容黑社会性质组织罪，判处有期徒刑八年。

一审宣判后，被告人张礼琦提出上诉。

金华市中级人民法院经审理，依法裁定驳回上诉，维持原判。

二、主要问题

（一）如何把握本罪的追诉时效及如何准确适用《刑法》修正前后的相关规定？

（二）如何准确认定包庇、纵容黑社会性质组织罪？

（三）行为人包庇、纵容黑社会性质组织的犯罪行为，同时触犯其他包庇类、渎职类罪名,如何定罪处罚?

三、裁判理由

(一)连续犯追诉时效的认定

黑社会性质组织犯罪一个明显的特点是犯罪的时间跨度普遍较长,而包庇、纵容黑社会性质组织犯罪也往往伴随着黑社会性质组织持续若干年,故审理此类案件中经常碰到关于具体犯罪的追诉时效及新旧法律规定的适用问题。本案中,被告人张礼琦实施的10起包庇、纵容黑社会性质组织犯罪的时间跨度从2007年至2015年,且各犯罪事实相互间隔,而2011年《刑法修正案(八)》对包庇、纵容黑社会性质组织罪的法定刑幅度进行了修正,辩护人就犯罪追诉时效及新旧法律规定适用提出意见。

我们认为:(1)《最高人民检察院关于对跨越修订《刑法》施行日期的继续犯罪、连续犯罪以及其他同种数罪应如何具体适用刑法问题的批复》规定,对于开始于1997年9月30日以前,继续到1997年10月1日以后终了的继续犯罪,应当适用修订《刑法》一并进行追诉;对于开始于1997年9月30日以前,连续到1997年10月1日以后的连续犯罪,或者在1997年10月1日前后分别实施同种类数罪,其中罪名、构成要件、情节以及法定刑均没有变化的,应当适用修订《刑法》,一并进行追诉;罪名、构成要件、情节以及法定刑已经变化的,也应当适用修订《刑法》,一并进行追诉,但是修订《刑法》比原《刑法》所规定的构成要件和情节较为严格,或者法定刑较重的,在提起公诉时应当提出酌情从轻处理意见。连续犯是指行为人基于数个同一的犯罪故意,连续多次实施数个性质相同的犯罪的行为,触犯同一罪名的犯罪形态。本案中,被告人张礼琦所包庇的黑社会性质组织一直处于持续状态,其本身实施的包庇、纵容行为亦一直处于连续状态,虽然其10起犯罪事实的直接目的各有不同,但从整体来看,均基于包庇、纵容同一黑社会性质组织的目的,故应当根据前述批复的精神,按照修正后的《刑法》规定定罪处罚。(2)根据法律规定,追诉期限从犯罪之日起计算;犯罪行为有连续或者继续状态的,从犯罪行为终了之日起计算。在追诉期限内又犯罪的,前罪追诉期限从犯后罪之日起计算。本案中,被告人张礼琦的10起犯罪行为属于连续犯,最后一起发生于2016年,故不存在已过追诉期限问题,应追究其全部犯罪行为的刑事责任。

(二)关于包庇、纵容黑社会性质组织罪的认定

1. 关于包庇、纵容黑社会性质组织罪主观方面的认定

一是本罪主观上只能是故意,过失不构成本罪。其中“包庇”行为仅为直接故意,“纵容”则可以是直接故意,也可以是放任态度的间接故意,间接故意表现为消极不作为。本案中,被告人张礼琦的包庇、纵容行为均为明显的直接故意。

二是对于包庇、纵容对象的认知程度问题,即是否需要认识到其包庇、纵容的是黑社会性质组织及其违法犯罪活动。从司法实践来看,黑社会性质组织发展是一个渐进的过程,有时还会以合法外衣予以隐匿,准确认知其性质非常困难,故法律不可能要求行为人对黑社会性质组织有确定的认识。因此,2009年最高人民法院、最高人民检察院、公安部印发的《办理黑社会性质组织犯罪案件座谈会纪要》明确规定,只要行为人知道或者应当知道是从事违法犯罪活动的组织即可。我们认为,在认定行为人主观明知时,要综合考虑行为人对包庇、纵容对象的形态、规模、成员、行为方式的了解程度,以及本人与组织成员交往的密切程度等。如果行为人确实不知道,则不能认定本罪,应按其他符合犯罪构成要件的罪名定罪处罚。本案中,以陈才强为组织者、领导者的黑社会性质组织形成于2000年左右,被告人张礼琦包庇、纵容行为则始于2007年,当时以陈才强为首的黑社会性质组织已在温岭当地形成了一定社会影响,2007年10月陈才强请托张礼琦为涉嫌犯聚众斗殴罪的蔡建波办理取保候审手续,2008年乾宫KTV案发生后,因影响恶劣曾移交打黑办侦查,张礼琦作为时任温岭市公安局的领导多次向打黑办打听案件,还告知陈才强逃避侦查对策,足见其熟悉该组织,且介入程度深。因此,张礼琦对陈才强犯罪组织的认知程度,不仅知道该组织是从事违法犯罪活动的组织,对于该组织可能为黑社会性质组织也可认定为明知。

2. 关于包庇、纵容黑社会性质组织罪客观方面的认定

第一,包庇和纵容行为的表现和区别。《最高人民法院关于审理黑社会性质组织犯罪的案件具体应用法律若干问题的解释》第五条对“包庇”“纵

容”加以定义的同时,也列举了行为的表现形式。包庇行为是积极作为,纵容行为是在有查禁义务情况下,消极不作为。本案中,在第1至第4起犯罪事实中,如被告人张礼琦打招呼违规释放犯罪嫌疑人、透露警务秘密、帮助逃避处罚等,这些行为一度阻碍对该黑社会性质组织的查禁工作,符合前述解释所指的通过积极方式实施的包庇行为。第1起事实中的对寻衅滋事犯罪事实批准不予立案,符合前述解释所指的以消极不作为方式实施的纵容行为。

第二,在审查本罪时还应注意以下两个方面:一是本罪是行为犯,原则上只要行为人在客观上实施了包庇、纵容黑社会性质组织行为的,即构成本罪且属既遂,不要求其包庇、纵容的行为最终使黑社会性质的组织逃脱追究责任,故辩护人所提的未成功帮助蔡建波办理取保候审、未成功让方志国逃脱处罚因此并非犯罪的辩护意见不能成立。二是行为人包庇、纵容的是黑社会性质组织及其违法犯罪活动,而不能是一般的犯罪组织或违法犯罪行为。

(三)行为人包庇、纵容黑社会性质组织的犯罪行为,同时触犯其他包庇类、渎职类罪名,应根据法条竞合的处理原则选择罪名

在司法实践中,行为人包庇、纵容黑社会性质组织的行为,同时可能符合包庇、纵容黑社会性质组织罪、包庇罪、帮助犯罪分子逃避处罚罪、滥用职权罪的构成要件,该如何认定罪数需要研究。行为人如果为黑社会组织性质成员提供隐藏处所、财物,帮助其逃避或者指使他人作伪证等包庇行为,既触犯包庇、纵容黑社会性质组织罪,必定也触犯包庇罪、帮助犯罪分子逃避处罚罪等。同时,其作为国家机关工作人员,如果利用职务之便采用各种方法包庇黑社会性质组织的,无疑是滥用职权,如达到一定的危害损失后果,又构成滥用职权罪。本案中,被告人张礼琦存在违法授意放人、教唆不如实交代、审批不予立案、通知或授意出逃、泄露警务秘密、出谋划策等包庇、纵容行为,上述行为已触犯多个罪名,应以处罚较重的包庇、纵容黑社会性质组织罪定罪处罚。

(撰稿:浙江省高级人民法院　茹　鹏
浙江省金华市东阳市人民法院　黄兰蔚
审编:最高人民法院刑三庭　周　川)

[第 1360 号]

吴强等人敲诈勒索、抢劫、贩卖毒品、故意伤害案

——如何区分恶势力犯罪集团和普通犯罪集团

一、基本案情

被告人吴强,男,1996 年 10 月 4 日出生。2017 年 4 月 21 日被逮捕。

(其他被告人基本情况略。)

江苏省南通市通州区人民检察院以被告人吴强犯抢劫罪、敲诈勒索罪,被告人季凯文、姜东东、曹立强犯抢劫罪,被告人季少廷犯敲诈勒索罪、贩卖毒品罪,被告人曹静怡、李颖、邵添麒、曹兵犯敲诈勒索罪,向南通市通州区人民法院提起公诉。审理中,南通市通州区人民检察院追加起诉吴强犯故意伤害罪,同时追加认定本案是以吴强为首带有恶势力性质的犯罪集团。

被告人吴强辩称:本案因没有稳定的组织,没有相对固定的成员和相对固定的收入,不能认定为犯罪集团。其辩护人提出:本案是否属于持枪抢劫存疑。

南通市通州区人民法院经审理查明:

2017 年 2 月初,被告人吴强、季少廷为谋取非法利益,与被告人曹兵共同计议,商定通过约熟人吃饭时“劝酒”,诱使被害人酒后驾驶机动车,而后制造交通事故,以被害人系酒后驾驶机动车欲报警相要挟,索要他人钱财。后被告人曹静怡、李颖明知吴强等人欲实施上述违法犯罪活动而积极加入,并在吴强、季少廷的组织、安排下,逐步形成相对稳定、分工明确的犯罪团伙开始实施敲诈勒索犯罪。

被告人吴强通过被告人邵添麒将季某峰、徐某炜(均系未成年人,另案处理)带入团伙。2017 年 2 月底 3 月初开始,季某峰、徐某炜紧密跟随吴强,并由吴强负责二人的住宿、生活及日常开销。在短时间内,快速形成以吴强为首要分子,被告人季少廷等人为其他成员的犯罪集团。吴强纠集被告人

季少廷、曹静怡、李颖、邵添麒、曹兵以及季某峰、徐某炜等人,以威胁、恐吓等手段,先后五次实施敲诈勒索犯罪行为。后吴强发现赌场内流动资金较多,且参与赌博人员害怕处理一般不敢报警,遂纠集被告人季凯文、曹立强、姜东东及季某峰、徐某炜、应某维等人持气手枪、管制刀具、电棍等,采用暴力手段实施抢劫。具体犯罪事实如下:

(一)敲诈勒索事实

1. 2017年2月18日下午,被告人季少廷出面约被害人曹帅帅在江苏省南通市经济技术开发区世贸广场吃饭。其间,季少廷安排被告人曹静怡、李颖故意劝曹帅帅饮酒。后曹帅帅酒后驾驶汽车离开,被告人吴强、曹兵驾驶汽车尾随并故意与曹帅帅碰撞,制造交通事故。吴强以曹帅帅系酒后驾驶机动车欲报警相要挟,向曹帅帅索要人民币50 000元。后曹帅帅的母亲及姨妈赶至现场,经双方"协商"由曹帅帅向吴强支付"赔偿款"人民币5000元。

2. 2017年2月的一天晚上,被告人吴强出面约被害人熊春波等人在南通市通州高新技术产业开发区希格马KTV唱歌。其间,吴强安排被告人曹静怡、李颖故意劝被害人熊春波等人饮酒。后熊春波酒后驾驶汽车离开,被告人季少廷故意与熊春波碰撞,制造交通事故。季少廷以熊春波系酒后驾驶机动车欲报警相要挟,向熊春波索要人民币3000元,后熊春波向季少廷支付"赔偿款"人民币3000元现金。

(其他敲诈勒索的事实略。)

(二)抢劫事实

2017年3月13日夜至14日凌晨,被告人吴强提议抢劫南通市通州区川姜镇义成小区一棋牌室内参赌人员的赌资,季某峰、徐某炜等人赞同。同月14日下午,吴强和季某峰、徐某炜三人购买了口罩、帽子,又准备气手枪(未充压缩气体、未装钢珠)、砍刀、电棍、伸缩甩棍等工具。后季某峰纠集被告人姜东东及应某维(系未成年人,另案处理),徐某炜纠集被告人季凯文,季凯文又纠集被告人曹立强。当日23时许,吴强等七人来到棋牌室楼下并设法持作案工具进入棋牌室,因发现没有进行大规模赌博,且被打牌的被害人陈菊发现而离开现场。此次进屋期间,吴强单独偷了被害人倪东人民币150元。

在离开的途中,被告人季凯文和季某峰提议返回实施抢劫,众人都表示同意，遂再次持作案工具进入棋牌室。被害人陆美红到客厅发现被告人吴强等七人后，随即返回其打牌的里屋把门关上。季凯文持砍刀上前将门踹开，吴强等人分别手持气手枪、砍刀等作案工具恐吓被害人，要求交出随身钱财。在抢得人民币2100余元后，吴强等七人离开现场，离开时吴强还踹了倪东一脚，威胁对方不准报警。经鉴定，扣押涉案枪支为气手枪，以压缩气体为动力，可发射6毫米0.86克钢珠弹丸，弹丸比动能为2.05J/cm^2，对人体具有致伤力。

（故意伤害、贩卖毒品的事实略。）

江苏省南通市通州区人民法院认为，被告人吴强、季少廷、曹静怡、李颖、邵添麒、季凯文、姜东东、曹立强、曹兵等人与另案处理的季某峰、徐某炜、应某维等人为共同实施犯罪而组成较为固定的犯罪组织，其间采取暴力、威胁等手段，在一定区域内多次实施敲诈勒索、抢劫等犯罪活动，且在实施犯罪过程中目的明确、分工明细，可认定为犯罪集团。本案中，吴强等人从聚集在一起开始作案，到最后实施持枪抢劫犯罪，时间较短，所实施的犯罪行为不符合恶势力犯罪集团的认定要求，故不能认定为恶势力犯罪集团，按一般犯罪集团对各被告人定罪量刑……吴强伙同季凯文、姜东东、曹立强等人持枪抢劫他人钱财，上述四被告人的行为均已构成抢劫罪；吴强伙同季少廷、曹静怡、李颖、邵添麒、曹兵等人，多次实施敲诈勒索他人钱财，数额较大，上述六被告人的行为均已构成敲诈勒索罪；吴强故意伤害他人身体，致人轻伤，其行为已构成故意伤害罪；季少廷明知是毒品而少量贩卖，其行为已构成贩卖毒品罪。依照《中华人民共和国刑法》第二百六十三条第（七）项，第二百七十四条，第二百三十四条第一款，第三百四十七条第一款、第四款，第二十五条第一款，第二十六条，第五十五条第一款，第五十六条第一款，第六十九条第一款、第三款，第六十四条；《最高人民法院关于审理抢劫案件具体应用法律若干问题的解释》第五条；《最高人民法院、最高人民检察院关于办理敲诈勒索刑事案件适用法律若干问题的解释》第一条、第三条、第八条等规定，判决如下：

被告人吴强犯抢劫罪，判处有期徒刑十二年，剥夺政治权利二年，并处罚金人民币四千元；犯敲诈勒索罪，判处有期徒刑二年，并处罚金人民币一万元;犯故意伤害罪,判处有期徒刑十个月,决定执行有期徒刑十三年六个月,剥夺政治权利二年,并处罚金人民币一万四千元。

(其他被告人判决情况略。)

一审宣判后,被告人均未上诉,检察机关亦未抗诉。一审判决已发生法律效力。

二、主要问题

如何区分恶势力犯罪集团和普通犯罪集团?

三、裁判理由

恶势力犯罪集团是一个随着司法实践不断深入而产生的概念,用以理顺由"恶"到"黑"的演进脉络,标定恶势力与黑社会性质组织之间的中间发展阶段,进而充分运用《刑法》总则关于犯罪集团的规定实现依法从严惩处,防止此类犯罪组织继续发展,形成新的黑社会性质组织。此前,最高人民法院、最高人民检察院、公安部印发的《办理黑社会性质组织犯罪案件座谈会纪要》虽然提出"对符合犯罪集团特征的,要按照犯罪集团处理,以加大对'恶势力'团伙依法惩处的力度",但是并未直接界定恶势力犯罪集团。扫黑除恶专项斗争伊始,最高人民法院、最高人民检察院、公安部、司法部联合制定印发的《关于办理黑恶势力犯罪案件若干问题的指导意见》(以下简称《指导意见》)对恶势力犯罪集团进行了定义,即"恶势力犯罪集团是符合犯罪集团法定条件的恶势力犯罪组织"。之后,最高人民法院、最高人民检察院、公安部、司法部印发的《关于办理恶势力刑事案件若干问题的意见》(以下简称《意见》)在《指导意见》的基础上对恶势力犯罪集团的定义作出了进一步明确,"恶势力犯罪集团,是指符合恶势力全部认定条件,同时又符合犯罪集团法定条件的犯罪组织"。

从前述定义来看,恶势力犯罪集团与普通犯罪集团的界限较为清晰,主要审查在符合犯罪集团法定条件的同时,是否还符合恶势力的全部认定条件。但综合比较分析,便可发现由于犯罪集团是三人以上为共同实施犯罪而组成的较为固定的犯罪组织,其当然具备"一般为三人以上""多次实施违法犯罪活动”等特征;同时,恶势力主要实施和伴随实施的违法犯罪活动许多又是多发性违法犯罪,普通犯罪集团亦常会涉及。因此,单从“人数”、“行为次数”和“罪名”等形式特征出发,很难对恶势力犯罪集团和普通犯罪集团作以准确区分,容易导致恶势力犯罪集团认定的扩大化。

那么如何解决恶势力犯罪集团与普通犯罪集团的区分问题呢?我们认为,恶势力与普通犯罪团伙、恶势力犯罪集团与普通犯罪集团的区别都可从“恶”与“黑”的关系入手加以把握。具体来说,恶势力是黑社会性质组织的雏形,恶势力犯罪集团是恶势力的下一个发展形态,如果不加以限制和打击,二者都有可能发展成为黑社会性质组织。《指导意见》和《意见》在恶势力的定义中,使用“尚未形成黑社会性质组织的违法犯罪组织”这一表述,正是对“恶”与“黑”演进关系和内在联系的明示。基于这种内在联系和演进关系,恶势力、恶势力犯罪集团在主观方面虽然没有同黑社会性质组织一样强烈的自我发展要求,但二者实施违法犯罪活动一般都会不同程度带有“形成非法影响、谋求强势地位”的意图,并在这一意图的支配下完成“量”的积累,最终实现由“恶”到“黑”的蜕变。换言之,恶势力、恶势力犯罪集团“形成非法影响、谋求强势地位”的意图在一定程度上可以看作黑社会性质组织“争霸一方”总体意图的“前奏”。在客观方面,相对于黑社会性质组织行为特征中的“为非作恶,欺压、残害群众”和危害性特征中的“形成非法控制或者重大影响”,恶势力、恶势力犯罪集团实施违法犯罪活动必然带有“为非作恶,欺压百姓”的特征,并且“造成较为恶劣的社会影响”。而普通犯罪团伙、普通犯罪集团则尚不具有前述“恶”与“黑”的演进关系,因此不具备恶势力、恶势力犯罪集团实施违法犯罪活动的全部主客观特征,在打击方式上也不需要通过“定恶”来增强否定性评价,提升惩治力度。

在司法实践中,恶势力、恶势力犯罪集团实施违法犯罪活动的主客观特征往往通过危害结果、行为公开性、违法犯罪手段等事实要素表现出来,需要结合具体案情综合分析、把握:一是由于恶势力、恶势力犯罪集团具有“形成非法影响、谋求强势地位”的意图,其实施违法犯罪活动所造成的危害往往具有复合性,不仅侵犯公民人身、财产权利,还破坏市场经济秩序或者社会管理秩序。二是恶势力、恶势力犯罪集团由于不同程度带有“形成非法影响、谋求强势地位”的意图,且需要“在一定区域或者行业内,造成较为恶劣的社会影响”,其所实施的违法犯罪活动必然具有一定的公开性。三是恶势力、恶势力犯罪集团实施违法犯罪活动必然带有“为非作恶,欺压百姓”的特征。其中,“欺压百姓”要求恶势力、恶势力犯罪集团实施违法犯罪活动应当以暴力、威胁为主要手段,带有欺凌、强制、压迫的性质。

具体到本案,被告人吴强等人为共同实施敲诈勒索等侵犯财产犯罪,在短时间内形成以吴强为首要分子,重要成员较为固定的犯罪组织,多次有预谋地实施敲诈勒索、抢劫等犯罪活动,造成严重社会危害,依法应当认定为犯罪集团。关于吴强等人是否同时符合恶势力的认定标准,进而认定为恶势力犯罪集团,从本案查明事实来看,吴强等人虽然在犯罪人数、构成犯罪的类型(敲诈勒索系恶势力主要实施的违法犯罪活动、抢劫系恶势力伴随实施的违法犯罪活动)、犯罪次数等形式特征上与恶势力犯罪集团相符,但其实施犯罪活动明显仅是为了牟取不法经济利益,缺乏“形成非法影响、谋求强势地位”的意图,也不具有“为非作恶,欺压百姓”的特征。在敲诈勒索犯罪中,吴强等人的主要犯罪手段是约熟人吃饭,设局“劝酒”造成被害人酒后驾车,再“碰瓷”制造交通事故,利用被害人害怕报警处理的心理,通过所谓的“协商”“私了”实现对他人财物的非法占有。从物色被害人到达成犯罪目的,吴强等人预备、实施犯罪的整个过程都是在较为隐蔽的情况下进行,极力避免被他人察觉而“穿帮”。在唯一一起抢劫犯罪中,吴强等人同样抱有刻意隐匿踪迹的心理。比如,吴强等人起意抢劫赌场的重要原因是参赌人员害怕被处理一般不敢报警,持气手枪、砍刀等作案工作第一次进入现场后又随即离开的原因之一是被被害人陈菊发现。综上,吴强等人在单纯“谋财”意图的支配下实施敲诈勒索、抢劫犯罪,“为非作恶,欺压百姓”的特征尚不明显,犯罪手段、行为方式与典型的恶势力犯罪集团存在明显差异,实际侵犯的法益基本也都集中在公民财产权利方面。故吴强等人实施违法犯罪活动的特征与恶势力犯罪集团的认定要求不符,应作为普通犯罪集团依法处理。

(撰稿:江苏省南通市中级人民法院　李梦龙
审编:最高人民法院刑三庭　周　川)

[第 1361 号]

周方健等人聚众斗殴、寻衅滋事、开设赌场案

——如何准确区分恶势力与一般共同犯罪

一、基本案情

被告人周方健,男,1998 年 3 月 30 日出生。2017 年 5 月 22 日因犯故意伤害罪被判处有期徒刑六个月,缓刑一年。2018 年 7 月 24 日因本案被逮捕。

被告人杨世超,男,1999 年 10 月 10 日出生。2018 年 9 月 6 日被逮捕。

被告人陈龙,男,2000 年 3 月 31 日出生。2018 年 7 月 24 日被逮捕。

被告人解伟伟,男,1987 年 10 月 8 日出生。2007 年 2 月 5 日因犯盗窃罪被判处有期徒刑三年,2012 年 12 月 4 日因犯故意伤害罪被判处有期徒刑四年六个月。2018 年 7 月 24 日因本案被逮捕。

被告人殷超,男,1993 年 3 月 7 日出生。2012 年 8 月 29 日因犯盗窃罪、寻衅滋事罪被判处有期徒刑一年三个月。2018 年 7 月 24 日因本案被逮捕。

被告人胡汉超,男,1993 年 7 月 4 日出生。2015 年 3 月 11 日因犯聚众斗殴罪、寻衅滋事罪被判处有期徒刑二年二个月。2018 年 7 月 24 日因本案被逮捕。

被告人石川,男,1997 年 9 月 16 日出生。2018 年 11 月 8 日被逮捕。

(其他被告人的基本情况略。)

安徽省滁州市琅琊区人民检察院以被告人周方健、杨世超、陈龙、解伟伟、殷超、胡汉超、石川系恶势力犯罪;周方健犯聚众斗殴罪、寻衅滋事罪、开设赌场罪,杨世超、陈龙、解伟伟、殷超、胡汉超、石川、金伟、靖跟虎犯聚众斗殴罪,方清枫、罗伟、邵大伟、谈杨犯开设赌场罪向滁州市琅琊区人民法院提起公诉。

被告人周方健、杨世超、陈龙、解伟伟、殷超、胡汉超、石川及各自辩护人对起诉书指控的犯罪事实及罪名无异议,对检察机关认定周方健等7名被告人系恶势力犯罪提出异议。

滁州市琅琊区人民法院经审理查明:

(一)聚众斗殴的事实

1. 2016年8月底的一天晚上,被告人周方健与杨世超、陈龙等人在滁州市琅琊区某歌厅唱歌。其间,周方健与被告人金伟因琐事发生争吵,后约定在滁州市琅琊区扬子路某酒店门口打架。周方健到其租住处拿了3把砍刀,带杨世超、陈龙、解伟伟前往约定地点。被告人胡汉超应周方健要求开车送周方健等4人前往打架地点。金伟则邀集被告人靖跟虎及王晓春(另案处理)等人帮忙,并让靖跟虎把砍刀带上。当日22时许,靖跟虎携带砍刀与金伟等人会合,将砍刀藏于路边草丛中,等候周方健等人。周方健带人到达约定地点后,持刀下车,并喊:"给我砍。"杨世超、陈龙、解伟伟持刀从车内冲出追砍金伟等人,金伟等人见状四处逃窜,周方健等人未能追撵到金伟等人。

2. 2018年4月7日20时许,被告人周方健与殷超、石川等人到滁州市琅琊区某酒吧喝酒。其间,周方健因曾遭王晓春辱骂及张强等人殴打,遂提议寻找王晓春等人打架报复。周方健还邀集濮家毅(另案处理)前往。濮家毅应邀带人与周方健等人会合,前往扬子路去寻找王晓春等人。在扬子路某网吧门前,周方健让其他人在外等候,其进入网吧找人。周方健在网吧看到曾与张强持刀将其砍伤的周磊,遂上前持刀捅周磊。当时正在网吧上网的陈龙见状准备帮忙,被周方健拦住。在外等候的殷超、石川、濮家毅等人进入网吧时,周方健已持刀将周磊捅伤。经鉴定,周磊身体损伤程度为轻伤二级。

(二)寻衅滋事的事实

2017年10月13日23时许,被告人周方健等人在滁州市琅琊区某酒吧喝完酒后,遇到素不相识的钱晓虎、张金凤等人,周方健误认为对方骂他,便持刀抵着张金凤,钱晓虎上前质问,周方健持刀朝钱晓虎左上臂捅去,将钱晓虎衣服划破。

(三)开设赌场的事实

自2018年4月以来,被告人方清枫、罗伟、邵大伟、谈杨在滁州市琅琊区某桌游店以"德州扑克"方式开设赌场。谈杨、邵大伟负责提供场地及赌具，方清枫、罗伟负责召集赌客。同年5月中旬，方清枫邀集被告人周方健到赌场看场护场，周方健从赌场抽头盈利中提取10%作为报酬。陈龙等人在赌场内帮忙，但未收取报酬。

（四）违法事实

1. 2016年秋天，周方健酒后与赵一休发生矛盾，遂邀人到滁州市南谯区某赌场寻找赵一休，图谋报复。周方健在赌场没找到赵一休，持刀将赌场桌子台面砍坏并将玻璃门砸碎后离开。

2. 2017年4月，毛玉兵请周方健、杨世超等人到滁州市琅琊区某酒吧喝酒，毛玉兵将杨世超等人安排好后离开，周方健因有事也离开。后周方健回到酒吧，发现其朋友没有吃喝的东西，感觉没面子，便掏钱购买酒菜给杨世超及毛玉兵的朋友消费，并打电话质问毛玉兵。周方健等人从酒吧出来后到大排档继续喝酒，毛玉兵来找周方健，二人发生争吵，周方健持刀朝毛玉兵臀部捅了一刀，后双方私了。

3. 2017年7月底，周方健和杨世超在滁州市琅琊区某酒吧因琐事和邱劲松发生争执，邱劲松纠集多人用鱼叉将周方健左手臂捅伤。次日傍晚，周方健和杨世超遇见邱劲松，周方健追打邱劲松，杨世超拿板凳砸邱劲松，但没砸到。后周方健追上朝邱劲松臀部捅了一刀，邱劲松未报警。

4. 2017年9月，周方健酒后到滁州市创业南路附近某赌场，陈玉军在赌场看了周方健一眼，周方健用手朝陈玉军头部打了一下，在赌场帮忙的张强驾车路过，说了周方健一句，周方健伸手要打张强，张强驾车离开。

滁州市琅琊区人民法院认为，被告人周方健虽纠集他人多次违法犯罪，但参与人员系临时纠合不固定，未造成较为恶劣的社会影响，现有事实、证据尚不足以认定周方健等人构成恶势力。对周方健、杨世超、陈龙、解伟伟、殷超、胡汉超、石川构成恶势力的指控不能成立。周方健纠集他人持械聚众斗殴，持凶器随意殴打他人，并伙同他人开设赌场，其行为已分别构成聚众斗殴罪、寻衅滋事罪、开设赌场罪，依法数罪并罚；被告人杨世超、陈龙、解伟伟、殷超、胡汉超、石川伙同他人积极参加持械聚众斗殴，其行为均已构成聚众斗殴罪……依照《中华人民共和国刑法》第二百九十二条第一款，第二百九十三条第一款,第三百零三条第二款,第十七条第一款、第三款,第二十五条第一款,第二十七条,第六十五条第一款,第六十七条第三款,第六十九条,第七十七条第一款,第六十四条之规定,判决如下:

1. 撤销安徽省滁州市琅琊区人民法院(2016)皖1102刑初74号判决中被告人周方健犯故意伤害罪,判处有期徒刑六个月,宣告缓刑一年的缓刑部分;被告人周方健犯聚众斗殴罪,判处有期徒刑四年六个月;犯寻衅滋事罪,判处有期徒刑一年;犯开设赌场罪,判处有期徒刑六个月,并处罚金人民币八千元,数罪并罚,决定执行有期徒刑五年三个月,并处罚金人民币八千元。

2. 被告人杨世超犯聚众斗殴罪,判处有期徒刑一年八个月。

3. 被告人陈龙犯聚众斗殴罪,判处有期徒刑二年三个月。

4. 被告人解伟伟犯聚众斗殴罪,判处有期徒刑三年三个月。

5. 被告人殷超犯聚众斗殴罪,判处有期徒刑三年八个月。

6. 被告人胡汉超犯聚众斗殴罪,判处有期徒刑三年三个月。

7. 被告人石川犯聚众斗殴罪,判处有期徒刑一年八个月。

(其他被告人判决情况略。)

一审宣判后,滁州市琅琊区人民检察院抗诉提出,原判认定被告人金伟系累犯属适用法律不当,滁州市人民检察院支持该抗诉意见。

被告人殷超、金伟、靖跟虎以量刑过重为由提出上诉。

滁州市中级人民法院经审理认为,原判认定事实清楚,定罪准确,量刑适当,审判程序合法。认定被告人金伟系累犯不当,依法对金伟改判,并驳回殷超、靖跟虎的上诉,维持原判对周方健等人的判决。

二、主要问题

如何准确区分恶势力与一般共同犯罪?

三、裁判理由

恶势力犯罪比一般共同犯罪具有更大的社会危害性,对恶势力犯罪既要毫不动摇地坚持依法严惩方针,也要严格依法办案,准确认定恶势力,坚决防止人为拔高或降低认定标准。本案是一起对检察机关指控恶势力犯罪未予认定的案件。被告人周方健分别纠集杨世超、陈龙、解伟伟、殷超、胡汉超、石川等人,共同实施聚众斗殴、寻衅滋事、开设赌场等违法犯罪活动,检察机关以恶势力及所涉具体罪名对周方健等七名被告人提起公诉。法院经审理认为,周方健等人不属于"经常纠集在一起"共同实施违法犯罪,不构成恶势力,应按照一般共同犯罪处理。那么如何区分准确区分恶势力与一般共同犯罪呢?我们认为,对犯罪特征的梳理是正确适用法律的有效途径,准确把握恶势力的法律特征,是区分恶势力与一般共同犯罪的关键。

(一)恶势力的概念和法律特征

恶势力的提法由来已久,但作为具有司法功能的概念,是在2009年12月9日最高人民法院、最高人民检察院、公安部印发的《办理黑社会性质组织犯罪案件座谈会纪要》(以下简称2009年《纪要》)中作出规定,和黑社会性质组织犯罪一起被列为从严惩处的重点。2018年1月,为期3年的扫黑除恶专项斗争在全国开展,最高人民法院、最高人民检察院、公安部、司法部联合发布《关于办理黑恶势力犯罪案件若干问题的指导意见》(以下简称2018年《指导意见》),对2009年《纪要》中规定的恶势力概念进行了调整,在人员特征上将"纠集者、骨干成员相对固定"修改为"纠集者相对固定";在犯罪特征方面增加了"欺压百姓";在组织定位上将"尚未形成黑社会性质组织的犯罪团伙"修改为"尚未形成黑社会性质组织的违法犯罪组织";列举了恶势力惯常实施和可能附随实施的违法犯罪类型,增加了在司法文书中可以使用恶势力的表述等规定。2018年《指导意见》印发后,不少地方的政法机关认为恶势力不是具体的罪名,也没有单独的刑罚适用,即使将一些临时纠合的共同犯罪拔高认定也无关紧要,故而实践中对恶势力认定标准把握不统一的问题较为突出。2019年4月,最高人民法院、最高人民检察院、公安部、司法部又联合发布《关于办理恶势力刑事案件若干问题的意见》(以下简称2019年《恶势力意见》),对办理恶势力案件的实体和程序问题作出更为具体的规定,恶势力的概念、范围和认定标准进一步清晰,对司法机关办理恶势力犯罪案件具有重要指导意义。

刑法作为社会控制的手段,应当积极回应司法需求并参与社会转型期的犯罪治理,但在罪刑法定的时代背景下,对严重违法犯罪从严惩处的政策导向不能随意改变或者超越犯罪的本质属性，否则就会背离法治社会的精神和要求。就恶势力犯罪而言，尽管其不是《刑法》中单独存在的罪名，但是准确界定恶势力犯罪事关扫黑除恶工作的精准开展，对相关事实认定和法律适用，仍然要围绕其所涉具体罪名、本质特征和法律属性，依照《刑法》总则关于共同犯罪和犯罪集团的规定进行。坚持从严惩处的立场，并不意味着对恶势力及其具体犯罪的司法认定标准就可以放宽或者降低，过度扩大或拔高认定恶势力犯罪，都将导致扫黑除恶专项斗争偏离法治轨道运行。从犯罪形态由低向高的发展演变看，恶势力处在一般共同犯罪向黑社会性质组织发展的过渡阶段，准确认定恶势力就必然涉及与一般共同犯罪和黑社会性质组织的区分。组织、领导、参加黑社会性质组织罪已有明确的立法根据和详细的认定标准，长期的司法实践也积累了较丰富的经验判断，因而就恶势力的认定而言，虽然需要兼顾与黑社会性质组织的区别，但更主要的是要解决与一般共同犯罪的区分，防止将不具有恶势力属性的一般共同犯罪拔高认定。2018年《指导意见》、2019年《恶势力意见》等司法文件中的相关规定是认定恶势力的规范根据，为准确区分恶势力和一般共同犯罪，应当在既有司法文件规定的框架内，重点把握恶势力以下法律特征：

1. 共同实施违法犯罪活动的人员具有一定的稳定性。虽然2018年《指导意见》在人员结构上将2009年《纪要》中规定的“纠集者、骨干成员相对固定”修改为“纠集者相对固定”，但是2019年《恶势力意见》又进一步明确，在多次实施的违法犯罪中，包括纠集者在内，至少有两名相同的成员多次共同参与实施。换言之，恶势力成员纠合在一起应具备一定的延续性、长期性和稳定性。如此定义恶势力的人员特征，就是要严格规制恶势力标准、防止拔高认定的直接体现。恶势力，顾名思义，既要有多次违法犯罪其成“恶”的一面，也要有相对稳定其成“势”的要求，如果仅仅是纠集者相对固定，但每次违法犯罪均是由不同的人员临时组合，作案后即散伙，下一次违法犯罪又随机组合，则难以在一定区域或者行业形成有影响的“势力”，按照一般共同犯罪处理即可，因此纠集者相对固定和部分成员相对稳定是恶势力犯罪在人员特征上区别于一般共同犯罪的门槛条件。需要注意的是，如果恶势力违法犯罪事实有充分证据证明，仅是因为部分成员尚未归案，或者因法定情形不予追究法律责任,或者所参与实施的违法犯罪活动已受到行政或刑事处罚的,即使被告人不足三人,也不影响恶势力的认定。

2. 以暴力、威胁或者“软暴力”等手段实施违法犯罪活动。在恶势力违法犯罪过程中,暴力、威胁是最为常见的手段特征,其社会危害性也通常具体表现在这个方面,这一点没有争议。同时也应当看到,实践中恶势力犯罪手段日趋多样,传统的暴力性手段呈现逐渐减少趋势,很多是采用滋扰、纠缠、哄闹、聚众造势等手段以实现其不法目的。当这种非暴力手段“足以使他人产生恐惧、恐慌进而形成心理强制,或者足以影响、限制人身自由、危及人身财产安全,影响正常生活、工作、生产、经营”时,可以说其对人身财产安全、社会治安秩序和经济秩序的危害程度与暴力、威胁手段并无显著差别,也可以形成恶势力“为非作恶,欺压百姓”的特殊社会危害。需要注意的是:第一,“软暴力”应当“以暴力、威胁的现实可能性为基础”,其边界不应无限扩大;第二,“软暴力”仅是违法犯罪的方式、手法,案件是否属于恶势力犯罪,还应当根据恶势力的各项具体认定标准来审查判断。

3. 在一定区域或者行业内多次实施违法犯罪活动,为非作恶、欺压百姓。恶势力与一般共同犯罪的行为性质均具有不法性,二者在犯罪特征上的区别在于,恶势力通常表现为在一定区域或者行业内侵害不特定对象的人身权利和财产权利,扰乱经济、社会生活秩序,动机多为逞强斗狠、恃强凌弱、强索硬要、插手纠纷、排除竞争等,行为往往具有公开性,危害后果往往具有多重性,这是恶势力区别于其他一般共同犯罪的本质特征,也是认定恶势力犯罪的关键所在,在审查时需要重点把握。2019 年《恶势力意见》列举了强迫交易等七种恶势力惯常实施以及其他十余种可能伴随实施的违法犯罪类型,同时还反向列举了排除认定恶势力的情形,目的就是要在实务操作层面上对恶势力具有的“为非作恶、欺压百姓”这一本质特征进行反复强调。对于单纯为牟取不法经济利益而实施的违法犯罪活动,不具有为非作恶、欺压百姓特征的,或者因民间矛盾纠纷而引发以及其他确属事出有因的违法犯罪活动,构成什么罪就按照什么罪判处刑罚,不能拔高作为恶势力案件处理。应当注意的是,关于“一定行业”的理解,可以参照 2009 年《纪要》中的相关规定,既包括合法行业,也包括黄、赌、毒等非法行业。此外,认定恶势力时还需要注意“多次实施违法犯罪”的时间跨度问题,对于多次违法犯罪之间的间隔较久,或者只是在明显较短时间内实施多次违法犯罪的,由于难以体现违法犯罪的“持续性”“经常性”,故一般不作为恶势力犯罪处理。

4. 具备向黑社会性质组织发展的过渡性特征。2009年《纪要》将恶势力定位为“黑社会性质组织的雏形”,2019年《恶势力意见》将恶势力定位为“尚未形成黑社会性质组织的违法犯罪组织”,不管是哪种表述,均肯定了恶势力呈现出向黑社会性质组织动态发展的趋势。根据所处发展阶段的不同,恶势力既有松散型的违法犯罪团伙形态,也有紧密型的犯罪集团形态,有的则最终发展为黑社会性质组织。恶势力的动态发展形态,决定了其与黑社会性质组织的危害性特征一脉相承,虽然尚未达到黑社会性质组织“称霸一方”“形成非法控制或重大影响”的程度,但通过违法犯罪也已经对正常的经济社会管理秩序形成对抗,并在一定区域或行业内“造成较为恶劣的社会影响”。

(二)被告人周方健纠集他人多次实施违法犯罪不符合恶势力的法律特征,不构成恶势力,应按照一般共同犯罪处理

第一审法院经审理查明,在检察机关指控的被告人周方健纠集他人实施的违法犯罪活动中,有2起聚众斗殴犯罪、1起寻衅滋事犯罪、1起开设赌场犯罪;起诉书所附周方健的4起违法事实,在审理期间经补充调查,均不构成犯罪。在案4起犯罪和4起违法活动中,周方健全部参与,被告人陈龙参与2起聚众斗殴犯罪和1起在赌场看场的违法活动,被告人杨世超参与1起聚众斗殴犯罪以及1起殴打他人违法活动,被告人解伟伟、殷超、胡汉超、石川分别参与1起聚众斗殴犯罪活动。对照2019年《恶势力意见》中关于恶势力人员特征的规定,能否认定陈龙是周方健多次违法犯罪中较为固定的成员是本案恶势力犯罪能否成立的关键所在。如果仅从违法犯罪的“人员、次数”方面看,周方健、陈龙等人在形式要件上貌似符合2019年《恶势力意见》中关于“恶势力一般为3人以上,纠集者相对固定……包括纠集者在内,至少应有2名相同的成员多次参与实施违法犯罪活动”的规定,但是通过对陈龙参与违法犯罪的具体情况以及对周方健纠集他人实施违法犯罪的危害后果和社会影响等方面综合分析,周方健、陈龙等人的行为与恶势力“经常

纠集在一起”的人员特征和危害特征方面的要求还有明显差距。

首先,从被告人陈龙参与被告人周方健违法犯罪活动的时间间隔和行为方式看,在本案第一起2016年8月的聚众斗殴事实中,周方健邀集了被告人陈龙、杨世超、谢伟伟、胡汉超等人参与犯罪。此后,2016年秋天至2017年9月间的4起违法事实,以及2017年10月的寻衅滋事犯罪事实中,周方健邀集他人或者本人单独继续实施违法犯罪,但均未邀集陈龙参与其中,可见二人联系并不紧密。2018年4月的本案第二起聚众斗殴事实中,周方健邀集了被告人殷超、石川等人寻找王晓春等人进行报复,陈龙既没有参与周方健的事前犯意共谋,周方健也未邀集陈龙参加,陈龙只是偶然间在案发现场看到周方健与他人打架后才提出帮忙,但是被周方健拦住,故该起犯罪不应认定周方健与陈龙存在相互纠集的情形。2018年5月,周方健伙同他人开设赌场,陈龙在赌场帮忙看场,但陈龙既没有从赌场抽头盈利,也没有跟随周方健在赌场实施伤害、敲诈勒索等违法犯罪,检察机关亦未指控陈龙系周方健等人开设赌场罪的共犯,由此可见,即便可以认定陈龙随周方健在赌场看场,情节也属于显著轻微。综上,根据周方健、陈龙的平素来往情况以及陈龙参与周方健违法犯罪的时间间隔、方式、程度及危害后果分析,其不属于周方健违法犯罪活动中相对固定的成员;周方健纠集陈龙参与违法犯罪的行为不具有延续性、长期性和稳定性,不能证明周方健等人系“经常纠集在一起”实施违法犯罪。

其次,从被告人陈龙参与被告人周方健聚众斗殴的犯罪事实看,案件均发生在夜间,第一起案件因对方金伟等人逃离现场,双方的斗殴没有实际发生,没有人身或财产损失;第二起案件系周方健本人持刀致一人轻伤。综合全案违法犯罪的人员规模、侵害对象、人身损害后果、财产损失、引起社会秩序混乱程度以及对人民群众安全感的影响程度等因素分析,在案证据能够证明周方健本人为非作恶,但是尚不足以证明周方健纠集他人违法犯罪成“势”,扰乱经济、社会生活秩序,造成较为恶劣的社会影响。

综上,被告人周方健等人不构成恶势力,一、二审法院对周方健等人按照一般共同犯罪处理是正确的。需要注意的是,2019年《恶势力意见》为便于实务操作,对恶势力犯罪成员、违法犯罪次数作出“三人以上”“三次以上”

的量化规定,但这只是成立恶势力的最低门槛条件,实践中不能机械地把“三人三次”作为认定恶势力的唯一标准,认为只要三人以上共同实施三次恶势力惯常实施的违法犯罪活动,就按照恶势力处理。对恶势力的司法认定,除了成员人数、违法犯罪次数满足恶势力的基本要件外,还应当注重对成员是否相对固定、是否经常纠集和违法犯罪行为是否具有“为非作恶、欺压百姓”特征等方面逐一审查,结合人员数量规模、违法犯罪类型、延续时间、侵害对象及后果影响等具体案情进行实质判断,准确评价“恶”与“势”所造成的社会危害,不枉不纵,确保对恶势力犯罪实现精准打击。

(撰稿:安徽省高级人民法院　白春子

审编:最高人民法院刑三庭　周　川)

[第1362号]

陈寅岗等人非法拘禁、敲诈勒索、诈骗案

——如何认定与处理"套路贷"犯罪

一、基本案情

被告人陈寅岗,男,1986年10月15日出生。2016年9月30日被逮捕。

被告人韩世平,男,1988年1月19日出生。2016年9月30日被逮捕。

被告人魏伟斌,男,1988年10月13日出生。2016年9月30日被逮捕。

被告人俞果,男,1988年11月26日出生。2016年9月30日被逮捕。

被告人朱敏,男,1983年2月16日出生。2016年9月30日被逮捕。

被告人葛冬亮,男,1987年12月22日出生。2016年9月30日被逮捕。

被告人曹一帆,男,1987年7月31日出生。2016年10月27日被逮捕。

被告人徐文正,男,1986年8月25日出生。2016年9月30日被逮捕。

上海市静安区人民检察院分别对陈寅岗等八名被告人以非法拘禁罪、敲诈勒索罪、诈骗罪向上海市静安区人民法院提起公诉。

被告人陈寅岗及其辩护人提出:陈寅岗与许嘉平之间是自愿合意的高利借贷关系,不属于套路贷,指控陈寅岗敲诈勒索许嘉平的数额有误。

被告人韩世平、魏伟斌、俞果及其辩护人提出:指控敲诈勒索许嘉平60万元中包含合法债权;韩世平等人向李淳、姜凤庆、吕卫东提起虚假诉讼行为,应当认定为虚假诉讼罪。

(被告人朱敏、葛东亮、徐文正的辩解及辩护人意见略。)

被告人曹一帆及其辩护人提出:曹一帆提起虚假诉讼,主观上不具有非法占有的目的,不构成诈骗罪,应当以虚假诉讼罪论处;曹一帆系从犯,且系犯罪中止。

上海市静安区人民法院经公开审理查明:

自2014年起,被告人陈寅岗、韩世平以个人名义发放高利贷。2016年3月,陈寅岗、韩世平和被告人魏伟斌、俞果等人经商议注册成立上海衡燊商务咨询有限公司(以下简称衡燊公司),由俞果担任法定代表人,并租借上海市虹口区天宝路578号1108室作为办公地从事高利贷业务。根据约定,陈寅岗、韩世平、魏伟斌各抽取高利贷业务盈利的30%作为提成,俞果抽取盈利的10%作为提成。被告人朱敏、徐文正、葛冬亮及陈凯(另案处理)作为业务员,按月领取工资报酬。

(一)关于被告人陈寅岗等人对许嘉平实施非法拘禁、敲诈勒索的事实

2016年4月25日上午,许嘉平向被告人陈寅岗等人借款20万元并承诺当日还款。当日13时许,俞果将20万元汇入许嘉平银行账户后,跟随许嘉平以确保其还款。在得知许嘉平当日无法归还上述钱款后,陈寅岗纠集被告人韩世平、朱敏、徐文正、葛冬亮及陈凯至上海市静安区灵石路近共和新路处向许嘉平讨要钱款未果,于18时许将许嘉平强行带至被告人魏伟斌登记开房的上海市静安区海防路381号浦江之星酒店8223号房间,在车上陈寅岗、徐文正殴打许嘉平并言语威胁。后陈寅岗、韩世平、魏伟斌、俞果、朱敏、徐文正、陈凯在该房间内对许嘉平实施看管,陈寅岗向许嘉平讨要当日欠款20万元及所谓此前所欠本息合计60余万元。在此期间,陈寅岗、徐文正殴打许嘉平。许嘉平被迫通过家人筹集钱款,并陆续以银行、支付宝、微信转账及取现等方式,直至次日凌晨归还陈寅岗等人20.5万元。

随后,被告人陈寅岗、韩世平又以许嘉平仍欠陈寅岗、韩世平本金及利息合计60万元未还为由,要求许嘉平在4月26日中午前支付60万元结清债务。2016年4月26日凌晨0时40分许,陈寅岗和被告人朱敏、徐文正等人驾车将许嘉平押送至许嘉平父亲居住的小区门口,陈寅岗、朱敏等人继续向许嘉平父亲强行索要60万元。许嘉平及其父亲被迫同意后,陈寅岗等人才将许嘉平放行。当日上午,陈寅岗伙同朱敏、俞果继续向许嘉平索要上述钱款,许嘉平被迫筹集60万元并以现金和转账方式支付给陈寅岗等人,其中韩世平分得18万元。后陈寅岗等人表示已经与许嘉平结清债务并归还了所有欠条。

同年5月,被告人陈寅岗、韩世平、魏伟斌、俞果、朱敏、葛冬亮等人赴泰

国旅游期间,因对许嘉平上月为陈寅岗等人订购的泰国旅游行程不满,经共同商议,以葛冬亮留存的一张本应归还许嘉平的20万元借条,再次对许嘉平实施敲诈勒索。同月17日,陈寅岗指使朱敏打电话给许嘉平,以持有该借条为由向许嘉平勒索钱款。许嘉平被迫于同月20日、24日通过转账向俞果、朱敏的账户支付7万元,后葛冬亮受陈寅岗指使将该借条归还给许嘉平。

(二)关于被告人陈寅岗对吕卫东实施敲诈勒索、诉讼诈骗的事实

2016年4月18日,被害人吕卫东至上海市虹口区天宝路578号1108室衡燊公司,提供身份证、户口簿、结婚证、个人房屋产权调查等材料欲借款15万元,吕卫东写下借款25万元的借条、签订个人借款合同后,由被告人俞果和徐文正带至银行走账。后被告人陈寅岗、韩世平等人发现吕卫东隐瞒房屋已有抵押的情况并未放款。朱敏、徐文正还对吕卫东实施殴打,其中徐文正持电击器殴打吕卫东。当晚,陈寅岗、韩世平、朱敏、俞果、魏伟斌、徐文正共同商议,由朱敏和韩世平先后电话联系吕卫东,以持有借条和相关证件、资料等向吕卫东勒索钱款4万元,后吕卫东并未支付相关钱款。

同年6月,被告人陈寅岗向韩世平、魏伟斌、俞果等人提议,欲委托律师向法院提起民事诉讼,逼迫吕卫东还款。被告人曹一帆在明知吕卫东遭受殴打但实际并未借得任何钱款的情况下,仍接受陈寅岗、俞果的委托,篡改个人借款合同中的借款地点,并于同月27日以虚构的吕卫东借得25万元且未归还的事实,向上海市静安区人民法院提起民事诉讼并申请诉讼保全,要求吕卫东赔偿本金25万元及相应利息。同年7月14日,上海市静安区人民法院作出裁定,冻结吕卫东名下银行存款25万元,不足部分则查封、扣押其相应价值的财产。同年8月8日,上海市静安区人民法院开庭审理该案。庭审中,曹一帆作为俞果的委托代理人,虚构吕卫东向俞果借款25万元的事实,并在举证环节向法庭提供虚假证据。同年9月8日,曹一帆在得知陈寅岗等人被采取强制措施的情况下向上海市静安区人民法院申请撤诉及解除诉讼保全。

(三)关于被告人陈寅岗等人对姜凤庆实施诉讼诈骗的事实

2016年4月11日,姜凤庆至上海市虹口区天宝路578号1108室衡燊公司借款,实际借得28.8万元,但写下借款70万元借条并签订个人借款合同,

姜凤庆于次月归还2万元。

同年6月,被告人陈寅岗向被告人韩世平、魏伟斌、俞果等人提议,欲委托律师通过诉讼、查封房产等方式逼迫姜凤庆还款。曹一帆在明知姜凤庆实际借款与借条、合同金额明显不符的情况下,仍接受陈寅岗、俞果等人的委托,篡改个人借款合同中的借款地点,并于同月27日,以捏造的姜凤庆借款70万元的事实,向上海市静安区人民法院提起民事诉讼并申请诉讼保全,要求姜凤庆赔偿本金70万元及相应利息。同年7月14日,上海市静安区人民法院作出裁定,冻结姜凤庆名下银行存款70万元,不足部分则查封、扣押其相应价值的财产。同年8月8日,上海市静安区人民法院开庭审理该案。庭审中,曹一帆作为俞果的委托代理人,在法庭中隐瞒姜凤庆实际借款28.8万元并已归还2万元,虚构姜凤庆向俞果借款70万元且未归还的事实,并在举证环节向法庭提供虚假证据。同年9月8日,曹一帆在得知陈寅岗等人被采取强制措施的情况下向上海市静安区人民法院申请撤诉及解除诉讼保全。

(四)关于被告人陈寅岗、韩世平对李淳实施诉讼诈骗的事实

2014年8月26日、27日,被害人李淳向被告人陈寅岗、韩世平借款5万元,但应二人要求写下借款10万元借条。同年8月至11月,李淳应陈寅岗、韩世平要求向二人还款6.3万元。2015年1月12日,陈寅岗、韩世平明知李淳实际借款5万元,仍虚构李淳向其借款10万元未归还的事实,向上海市虹口区人民法院提起民事诉讼。同年4月29日,上海市虹口区人民法院作出一审判决,判决李淳返还陈寅岗本金10万元及相应利息、律师服务费等。李淳提出上诉,后因未缴纳诉讼费按撤诉处理,一审判决已生效,但李淳并未履行该判决。

2016年9月1日、2日,公安人员先后将被告人陈寅岗、韩世平、魏伟斌、朱敏、俞果、徐文正、葛冬亮抓获,同时查获手铐、电击器、催泪喷射器、甩棍、个人借贷合同、借条、收据、身份证件、钱款等物品;同月28日,公安人员将曹一帆抓获。

上海市静安区人民法院经审理认为,被告人陈寅岗、韩世平、魏伟斌、俞果、朱敏、徐文正为索取债务非法拘禁他人,其行为均已构成非法拘禁罪;陈

寅岗、韩世平、俞果、朱敏、徐文正、魏伟斌、葛冬亮敲诈勒索他人财物,数额特别巨大,其行为均已构成敲诈勒索罪;陈寅岗、韩世平、魏伟斌、俞果、曹一帆以非法占有为目的,以捏造的事实提起民事诉讼,企图通过恶意、虚假诉讼方式骗取他人财物,数额特别巨大,其行为均已构成诈骗罪,依法应予从重惩处。对陈寅岗、韩世平、魏伟斌、俞果、朱敏、徐文正予以数罪并罚。在诈骗犯罪中,陈寅岗、曹一帆等人系犯罪未遂,可以比照既遂犯从轻处罚。在诉讼诈骗中,陈寅岗、韩世平、魏伟斌、俞果意图利用司法机关的强制力,以达到非法占有他人财产的目的,如该行为一旦得逞,将极大损害司法机关在民众中的公信力和权威性,故对上述被告人应当酌情从重处罚。曹一帆身为律师,利用法律专业知识,与犯罪分子相勾结,妨害了正常的司法秩序,也应当酌情从重处罚。据此,依照《中华人民共和国刑法》第二百三十八条第一款、第三款,第二百七十四条,第三百零七条之一第一款、第三款,第二百六十六条,第二十五条第一款,第二十六条,第二十七条,第二十三条,第六十九条第一款、第三款,第六十七条第三款,第六十四条和《最高人民法院关于〈中华人民共和国刑法修正案(九)〉时间效力问题的解释》第七条之规定,判决如下:

1. 被告人陈寅岗犯非法拘禁罪,判处有期徒刑一年;犯敲诈勒索罪,判处有期徒刑十一年,并处罚金人民币二十二万元;犯诈骗罪,判处有期徒刑六年,并处罚金人民币十二万元;决定执行有期徒刑十六年,并处罚金人民币三十四万元。

2. 被告人韩世平犯非法拘禁罪,判处有期徒刑一年;犯敲诈勒索罪,判处有期徒刑十年,并处罚金人民币二十万元;犯诈骗罪,判处有期徒刑五年,并处罚金人民币十万元,决定执行有期徒刑十四年,并处罚金人民币三十万元。

3. 被告人魏伟斌犯非法拘禁罪,判处有期徒刑九个月;犯敲诈勒索罪,判处有期徒刑四年,并处罚金人民币八万元;犯诈骗罪,判处有期徒刑四年,并处罚金人民币八万元,决定执行有期徒刑六年,并处罚金人民币十六万元。

4. 被告人俞果犯非法拘禁罪,判处有期徒刑九个月;犯敲诈勒索罪,判处有期徒刑五年六个月,并处罚金人民币十一万元;犯诈骗罪,判处有期徒刑三年,并处罚金人民币六万元,决定执行有期徒刑六年,并处罚金人民币十七万元。

5. 被告人朱敏犯非法拘禁罪,判处有期徒刑九个月;犯敲诈勒索罪,判处有期徒刑五年,并处罚金人民币十万元,决定执行有期徒刑五年三个月,并处罚金人民币十万元。

6. 被告人徐文正犯非法拘禁罪,判处有期徒刑十一个月;犯敲诈勒索罪,判处有期徒刑四年六个月,并处罚金人民币九万元,决定执行有期徒刑四年九个月,并处罚金人民币九万元。

7. 被告人葛冬亮犯敲诈勒索罪,判处有期徒刑二年,并处罚金人民币四万元。

8. 被告人曹一帆犯诈骗罪,判处有期徒刑三年,并处罚金人民币六万元。

9. 责令退赔违法所得,发还被害人许嘉平;犯罪工具等予以追缴。

一审宣判后,被告人陈寅岗、韩世平、曹一帆等人不服,以陈寅岗、韩世平与许嘉平之间仅是民间借贷关系,没有非法占有目的,不属于套路贷,陈寅岗、韩世平不构成敲诈勒索罪;在诉讼诈骗中,陈寅岗、韩世平对被害人向法院提起诉讼的目的是取回本金,并不是非法占有虚高的借款金额,不构成诈骗罪;曹一帆不具有非法占有他人财物的故意,仅是充当了诉讼代理人的角色,不构成诈骗罪,对曹一帆应当以虚假诉讼罪论处;曹一帆在公安机关尚未调查他涉嫌的两起民事诉讼的情况下,主动提出撤诉,并有效制止了犯罪结果的发生,具有主动性和自愿性,应当认定为犯罪中止等为由提出上诉。

上海市第二中级人民法院经审理认为,原审判决认定事实清楚,定罪准确,量刑适当,诉讼程序合法。各上诉人的上诉理由及其辩护人的意见均不能成立。故裁定驳回上诉,维持原判。

二、主要问题

(一)如何认定与处理“套路贷”性质的犯罪案件?

(二)被告人实施虚假诉讼行为,非法占有他人财产,又构成诈骗罪的,应当如何定罪处罚?

三、裁判理由

(一)“套路贷”犯罪的司法认定

1.“套路贷”犯罪与民间高利贷的区别

“套路贷”,是对以非法占有为目的,假借民间借贷之名,诱使或迫使被害人签订“借贷”或变相“借贷”“抵押”“担保”等相关协议,通过虚增借贷金额、恶意制造违约、肆意认定违约、毁匿还款证据等方式形成虚假债权债务,并借助诉讼、仲裁、公证或者采用暴力、威胁以及其他手段非法占有被害人财物的相关违法犯罪活动的概括性称谓。由于“套路贷”犯罪通常打着民间借贷的幌子,因此实践中很容易将“套路贷”与民间高利贷混淆,具体可以从以下几个方面加以区分。

一是行为目的方面。“套路贷”中的“借款”不过是行为人侵吞被害人财产的借口,行为人是以“借款”为名行非法占有被害人财物之实,其目的是侵占他人的财产。而高利贷的出借人,是为了到期按照合同约定收回本金和高额利息,并不具有非法占有他人财产的目的。

二是侵害客体方面。“套路贷”侵害客体多、社会危害大,从诱骗或者强迫被害人签订合同到暴力讨债、虚假诉讼,不仅侵害被害人财产权、人身权,还危害公共秩序,破坏金融管理秩序,甚至挑战司法权威,严重妨害司法公正。而高利贷主要是破坏金融管理秩序。

三是法律后果方面。“套路贷”在本质上属于违法犯罪行为,借款本金和利息均不受法律保护。而高利贷体现了双方意思自治,借款行为本身是合法的。根据《最高人民法院关于审理民间借贷案件适用法律若干问题的规定》,借贷双方约定的利率超过年利率36%,超过部分的利息约定无效。即高利贷本金及法定利息受法律保护,超过法定的高额利息部分不受法律保护。

2.结合“套路贷”犯罪的主要特征、性质等对本案进行分析

综合全案证据,我们认为,本案中被告人陈寅岗等人的行为完全符合“套路贷”犯罪的主要特征,理由如下:

一是以“小额贷款公司”名义引诱被害人签订借款合同。从2016年3月开始,被告人陈寅岗、韩世平、魏伟斌、俞果等人经商议成立衡燊公司,对外以“小额贷款公司”的名义对外宣传、招揽生意。在日常业务中,陈寅岗等人一般以“行业规矩”“保证金”等名目诱骗被害人签订金额虚高的借款合同、租赁合同等,并以俞果个人名义与被害人签订上述合同,以制造个人民间借贷假象。

二是制造银行流水痕迹以掩盖被害人真实借款数额。如姜凤庆仅借款28.8万元,但写下借款70万元的借条并签订《个人借款合同》。被告人陈寅岗等人在与姜凤庆签订虚高借款合同后,将姜凤庆带至银行进行走账,制造银行流水痕迹,刻意造成已经将全部借款交付被害人的假象。陈寅岗等人通过资金走账的形式,制造银行流水痕迹,取得与借条、借款合同等一致的证据材料,为其之后提起虚假诉讼,索要被害人钱款等做好“充分准备”。

三是以非法占有为目的软硬兼施强行索取“债务”。被告人陈寅岗等人采取非法拘禁、威胁、用留存的本应归还许嘉平的借条为要挟等手段,向许嘉平及其亲属强行索要钱款67万元;明知吕卫东实际上未获得借款、姜凤庆已经归还部分借款的事实,与身为律师的曹一帆串通,篡改合同订立地,以虚构的债权债务关系或者夸大借款数额,向人民法院提起民事诉讼,企图通过法院胜诉判决,非法占有被害人的财产。

3. 对“套路贷”犯罪案件的处理

“套路贷”犯罪具有共通的模式和类型化特征,因此把这一系列行为统称为一个“套路”。“套路贷”犯罪不仅直接侵害被害人的合法财产权益,而且其中掺杂的暴力、威胁、虚假诉讼等索款手段还容易诱发其他犯罪,甚至造成被害人卖房抵债、自杀等严重后果,带来一系列社会问题。因此,对“套路贷”犯罪应从整体上予以否定性评价。

“套路贷”犯罪行为人的主观目的是非法侵占被害人或其近亲属的财产,一般情况下应当以侵财类犯罪定罪处罚。对于行为人以“保证金”“中介费”“违约金”等虚假理由,非法占有的被害人的财物,应全部计入犯罪数额。如果行为人在索债时使用了殴打、非法拘禁等暴力手段,或者对被害人及其近亲属使用暴力、胁迫等方法,符合非法拘禁罪、敲诈勒索罪或者抢劫罪的犯罪构成要件的,应当按照相关规定定罪处罚。对于"套路贷"犯罪行为同时构成诈骗罪、非法拘禁罪、敲诈勒索罪、抢劫罪等多种犯罪的,依照《刑法》及有关司法解释的规定进行数罪并罚或者择一重处。

由于"套路贷"犯罪具有严重的社会危害性,在审判中应当用准、用足、用好法律,对于"套路贷"犯罪集团的首要分子或者其他共同犯罪中的主犯,要依法从严惩处。同时,对于具有自首、立功、从犯等情节的犯罪分子,要兑现政策,深入贯彻宽严相济的刑事政策。

(二)被告人实施虚假诉讼行为,非法占有他人财产,又构成诈骗罪的,应依照处罚较重的规定定罪从重处罚

所谓虚假诉讼,是指采取伪造证据、虚假陈述等手段,捏造民事法律关系,虚构民事纠纷,向人民法院提起民事诉讼的行为。虚假诉讼严重侵犯了他人的合法权益,妨害正常的司法秩序,损害人民法院的权威,造成司法资源的极大浪费。为有效规制虚假诉讼行为,2015年8月29日全国人大常委会审议通过的《刑法修正案(九)》增设了虚假诉讼罪,将以捏造的事实提起民事诉讼,妨害司法秩序或者严重侵害他人合法权益的行为规定为犯罪。2018年9月26日,最高人民法院、最高人民检察院公布了《关于办理虚假诉讼刑事案件适用法律若干问题的解释》,就虚假诉讼罪在具体适用中的问题作出明确规定。

本案中,被告人陈寅岗、韩世平、曹一帆等人隐瞒吕卫东实际上未获得借款、李淳已经归还全部借款的情况下,事先共谋,以不存在的债权债务关系,向人民法院提起民事诉讼,企图通过法院胜诉判决,占有被害人的财产。上述行为妨碍司法秩序,严重侵害他人合法权益,其行为已构成虚假诉讼罪。同时,陈寅岗、韩世平、曹一帆等人又以非法占有为目的,以提起民事诉讼为手段,通过提供虚假证据,隐瞒真相的方式,意图使法院作出有利于自己的判决,从而获得他人财产,其行为亦构成诈骗罪。

诈骗罪,作为侵财犯罪,以行为人实际取得财物作为既遂的标准;而虚假诉讼罪侵犯的主要客体是正常的司法秩序,以妨害司法秩序或者严重侵害他人合法权益为既遂标准。

本案中,被告人陈寅岗、韩世平以李淳为被告,向法院提起虚假诉讼,要求李淳还款10万元并支付相应利息、律师费等,并在庭审过程中出示了虚假证据。后法院作出了支持陈寅岗、韩世平诉请的判决,但李淳未履行该判决。陈寅岗等人还以吕卫东为被告,向法院提起虚假诉讼,并申请诉讼保全,要求吕卫东还款25万元支付相应利息。后法院作出裁定,冻结吕卫东名下银行存款25万元,不足部分则查封、扣押其相应价值的财产。在法院开庭审理上述案件后,被告人曹一帆告知陈寅岗等人,法官对曹一帆提供的借款协议等证据的真实性产生怀疑。曹一帆询问陈寅岗等人是否撤诉,陈寅岗了解到俞果和吕卫东在银行走账时的监控记录已经超过保存期限,遂表示不撤诉。俞果和曹一帆也未表示反对。2016年9月1日,公安人员将陈寅岗、韩世平、魏伟斌、俞果等人抓获。同月8日,曹一帆在得知陈寅岗等人被公安人员抓获的情况下,才向法院申请撤诉以及解除相关诉讼保全措施。可见,陈寅岗、韩世平、曹一帆等人凭空捏造根本不存在的民事法律关系,抑或隐瞒借款人债务已经全部清偿的事实,虚构民事纠纷,向法院提起民事诉讼,致使法院基于捏造的事实采取财产保全措施、开庭审理、作出裁判文书。行为人的行为已经妨害了司法秩序、严重侵害了他人合法权益。因此,陈寅岗、韩世平、曹一帆等人构成虚假诉讼罪的既遂。但是,就诈骗罪而言,因李淳未履行法院判决;陈寅岗、韩世平等人被公安人员抓获;曹一帆在得知陈寅岗、韩世平等人被抓后,才不得已向法院申请撤诉以及解除相关诉讼保全措施,陈寅岗、曹一帆等人均是因为意志以外的原因,才使诈骗犯罪未能得逞,属于犯罪未遂。

根据《刑法修正案(九)》第三百零七条之一的规定,既符合虚假诉讼罪的构成要件,又构成诈骗罪的,依照处罚较重的规定定罪从重处罚。根据《刑法》第二十三条的规定,对于未遂犯,可以比照既遂犯从轻或者减轻处罚。如果对被告人陈寅岗、曹一帆等人以虚假诉讼罪定罪处罚,则法定最高刑为七年有期徒刑;如果对陈寅岗、曹一帆等人以诈骗罪定罪处罚,则法定最高刑为无期徒刑。因此,对陈寅岗、曹一帆等人应当以处罚较重的诈骗罪定罪从重处罚,同时考虑他们系犯罪未遂,可以比照既遂从轻或者减轻处罚。此外,曹一帆身为执业律师,却与陈寅岗等人相勾结,藐视法律,欺骗法庭,积极实施诈骗行为,极大地破坏了司法公信力,应当酌情予以从重处罚。

综上,通过本案的审理,人民法院依法严惩了“套路贷”犯罪,切实维护了人民群众利益和社会和谐稳定,取得了较好的法律效果和社会效果。

(撰稿:上海市第二中级人民法院　沈　言　王　霏

审编:最高人民法院刑三庭　周　川)

[第1363号]

张凤江等14人诈骗案

——"套路贷"中犯罪数额的认定及计算方法

一、基本案情

被告人张凤江,男,1989年2月2日出生,系上海怡智投资咨询有限公司(以下简称怡智公司)负责人。2016年10月14日被逮捕。

(其他被告人基本情况略。)

上海市人民检察院第二分院以被告人张凤江等14人犯诈骗罪一案,向上海市第二中级人民法院提起公诉。

被告人张凤江对公诉机关的指控无异议。其辩护人提出,公诉机关指控数额有误。

上海市第二中级人民法院经审理查明,怡智公司内设后勤部、讨债部、业务部、财务部,自2014年9月起,怡智公司以民间借贷为诱饵,实际以"违约金""行业操作惯例"等名义诱骗被害人签订虚高借款金额的借条并带被害人至银行转账,制造被害人已取得全部虚高借款金额的痕迹,再以各种借口单方面认定被害人违约,采取与被害人签订空白的房屋租赁合同,网签被害人房产限制其交易,使用言语或身体威胁恐吓、上门骚扰,与其他犯罪团伙之间虚假平账进一步虚增借款金额,向法院提起虚假诉讼等方式诱骗、逼迫被害人按虚高金额的借条还款。被告人施俊杰、程健、李盛、王瑾于2014年9月起陆续加入怡智公司。被告人张凤江、李洋于2015年10月起加入并实际控制怡智公司,此后,招募或组织他人继续共同实施诈骗等犯罪活动。张凤江、李洋主要负责管理、洽谈;施俊杰、程健、韩朋、陈景东、孙文举、王征、李盛、常跃主要负责看房、走账、网签、讨债、诉讼;毕金金、陈慧、胡维静主要负责介绍、接待、初审、洽谈、办理抵押贷款;王瑾主要负责记账、转账。

至案发,被告人张凤江参与诈骗 39 名被害人,共计骗得 1224.5066 万元;被告人李洋参与诈骗 40 名被害人,共计骗得 1198.3066 万元;被告人施俊杰参与诈骗 10 名被害人,共计骗得 222.13 万元;被告人程健参与诈骗 36 名被害人,共计骗得 781.9482 万元;被告人韩朋参与诈骗 19 名被害人,共计骗得 581.8 万元;被告人陈景东参与诈骗 19 名被害人,共计骗得 756.7366 万元;被告人孙文举参与诈骗 14 名被害人,共计骗得 641.9 万元;被告人王征参与诈骗 9 名被害人,共计骗得 312.36 万元;被告人李盛参与诈骗 10 名被害人,共计骗得 226.5416 万元;被告人常跃参与诈骗 3 名被害人,共计骗得 220 万元;被告人王瑾参与诈骗 44 名被害人,共计骗得 1283.5582 万元;被告人陈慧参与诈骗 3 名被害人,共计骗得 174.89 万元;被告人胡维静参与诈骗 1 名被害人,骗得 56.4 万元;被告人毕金金参与诈骗 1 名被害人,骗得 30 万元。

此外,被告人张凤江还与谢海南、黄华强、张涛等人(均另案处理)通过共同控制的上海天甘资产管理有限公司(以下简称天甘公司),以上述相同方法诈骗 27 名被害人,共计骗得 863.78 万余元。

2016 年 9 月 9 日,被告人张凤江、李洋、施俊杰、程健、韩朋、陈景东、孙文举、李盛、常跃、王瑾、陈慧、胡维静、毕金金分别被公安人员抓获,2017 年 1 月 3 日,被告人王征被公安人员抓获。在本院审理期间,施俊杰、王征、李盛、陈慧、胡维静、毕金金的家属分别代为退缴了 10 万元、50 万元、16 万元、8 万元、7 万元、1 万元。

上海市第二中级人民法院认为,被告人张凤江、李洋伙同施俊杰、程健、韩朋、陈景东、孙文举、王征、李盛、常跃、王瑾、陈慧、胡维静、毕金金以非法占有为目的,采用虚构事实、隐瞒真相的方法骗取他人财物,其中,张凤江、李洋、施俊杰、程健、韩朋、陈景东、孙文举、王征、李盛、常跃、王瑾、陈慧、胡维静诈骗数额特别巨大,毕金金诈骗数额巨大,其行为均已构成诈骗罪,依法应予惩处。张凤江等人为共同实施诈骗犯罪而组成了较为固定的犯罪集团,其中,张凤江、李洋系组织、领导该犯罪集团的首要分子,对其应当按照集团所犯的全部罪行处罚……据此,根据各名被告人犯罪的事实、性质、对于社会的危害程度及在共同犯罪中的作用、地位等,依照《中华人民共和国刑法》第二百六十六条,第二十五条第一款,第二十六条第一款、第二款、第三款,第二十七条,第六十七条第三款,第五十五条第一款,第五十六条第一款,第五十七条第一款,第五十三条,第六十四条之规定,判决如下:

被告人张凤江犯诈骗罪,判处无期徒刑,剥夺政治权利终身,并处罚金人民币二百万元;

(其他被告人判决情况略。)

宣判后,被告人常跃、王瑾提出上诉。上海市高级人民法院审理期间,上诉人常跃、王瑾申请撤回上诉。

上海市高级人民法院经审理认为,原审判决认定事实清楚,证据确实、充分,适用法律正确,量刑适当,诉讼程序合法。裁定准许上诉人常跃、王瑾撤回上诉。

二、主要问题

"套路贷"案件中犯罪数额认定及其计算方法应如何确定?

三、裁判理由

"套路贷"案件具有手段多样、活动隐蔽的特征。犯罪分子为了规避法律,往往以"押金""利息""违约金""保证金""服务费""中介费"等各种借口,不断制作虚高的借贷合同、银行流水等。犯罪分子处心积虑设计的情节隐蔽性强,被害人经常轻信犯罪分子,无从察觉,从而落入犯罪分子设计的"法律陷阱"。随着互联网的普及,"套路贷"网络化成为新的趋势,从传统的普通民间借贷,演变成为网络宣传、电话宣传、社交软件宣传为手段,以借贷平台为依托,以广大网民为对象的网络"套路贷"。犯罪分子在网络上以"小额贷款公司""P2P""网络兼职""赚外快"等名义招徕被害人,一旦上钩,"套路"便紧随其后。不断翻新的诈骗手段,愈加复杂的资金往来,都让审判人员在审理"套路贷"案件时面临陷入犯罪数额认定的困境。其原因既包括众多被害人与被告人之间的关于金额的供述不一致,也包括不同被告人之间频繁、复杂的走账环节。本案在审理时,结合"套路贷"案件特点,对犯罪数额的认定及计算方法采取了以下方式,我们认为可为司法实践中解决类似问题提供参考。

（一）犯罪数额的认定方法

最高人民法院、最高人民检察院、公安部、司法部印发的《关于办理黑恶势力犯罪案件若干问题的指导意见》（以下简称《指导意见》）和《关于办理“套路贷”刑事案件若干问题的意见》（以下简称《“套路贷”意见》）均明确指出：在认定“套路贷”犯罪数额时，应当与民间借贷相区别，从整体上予以否定性评价，“虚高债务”和以“利息”“保证金”“中介费”“服务费”“违约金”等名目被犯罪嫌疑人、被告人非法占有的财物，均应计入犯罪数额。犯罪嫌疑人、被告人实际给付的本金数额，不计入犯罪数额。在实际办理“套路贷”案件时，被告人、被害人往往各执一词，且“借贷”过程中被告人为了垒高数额刻意采取多种手段使借贷流程“合法化”、复杂化，使不管是公诉机关还是法院均难以准确地判断出具体的犯罪数额。法院审理本案时，对于犯罪数额的认定总体采取就低认定的原则，但如果被告人未供述具体犯罪数额，而被害人所称的被骗金额合理，且在虚高的借条金额及走银行流水的合理范围内，则可以按照被害人陈述中的被骗数额予以认定。此外，被告人在借贷过程中以“违约金”“保证金”“中介费”“服务费”“利息”等各种名义收取的费用均应计入犯罪数额予以认定，故虽不能采用司法鉴定意见书的结论，但对于鉴定过程中查证的银行账户转让户名、转让金额及网签人等有相关书证予以印证的数据予以采纳。

（二）犯罪数额的计算方法

1. 既遂数额的计算方法

本案中的既遂分为两种情形：一种情形是被害人经催讨或诉讼后，向被告人支付的钱款大于其借款本金；另一种情形是被害人经催讨后无力还款，怡智公司将被害人的债务“平账”至其他团伙，且其他团伙将平账钱款实际支付给怡智公司。所谓“平账”，是指在被害人不能按照被告人张凤江等人的要求归还虚高的借条金额时，张凤江等人介绍被害人向其他人员（或公司）借款，用于清偿张凤江等人的债务。这种“平账”的操作手段在业内也称作“转单”，对于不同被告人来说，针对被害人的诈骗仅仅是一单生意。

在第一种情形下，“既遂数额＝被害人实际支付的钱款－借款本金”，被害人存在实际损失。在第二种情形下,有可能存在平账后被害人尚未归还钱款,但法院审理后认为,恰智公司已完成诈骗行为,且已实现犯罪目的,故“既遂数额=平账钱款-借款本金”。恰智公司内涉及此种情形的被害人有8人,天甘公司内涉及此种情形的被害人有5人。

2. 未遂数额的计算方法

《“套路贷”意见》指出:已着手实施“套路贷”,但因意志以外原因未得逞的,可以根据相关罪名所涉及的刑法、司法解释规定,按照已着手非法占有的财物数额认定犯罪未遂。我们认为,未遂数额是指被告人已经着手实施诈骗等犯罪行为,如已经签订虚高的借款合同,但是由于意志以外原因没有得逞,即“未遂数额=虚高借条的数额(或诉讼数额)-借款本金数额”。即使被害人曾经归还过部分钱款(利息),但是从被告人的主观方面而言,其想要骗取的是远高于借款本金数额的虚高借条数额,被害人先行归还的数额,对被告人来说首先要收回其为实施犯罪而支付的诱价(实际出借的数额),所以在被害人没有将实际收到的数额全部归还给被告人之前,犯罪未遂数额一直是虚高借条的数额(或诉讼数额)减去实际借款本金数额。故归还的犯罪成本之内的数额不扣除,只有当被害人归还的数额超过了被告人“出借”数额的部分才可认定为犯罪既遂的数额。所谓诉讼数额,是指当被害人无法按照虚高的借款合同金额给付钱款时,被告人通过向法院起诉的方法实际索要的数额。在司法实践中,被告人出于及时回笼资金或者尽可能获取法院能够支持数额的目的,有可能主动在虚高借条的数额基础上,减免被害人所谓的部分“债务”,减免后的数额即为诉讼数额。

3. 当恰智公司与天甘公司互有平账时,各被告人犯罪数额的计算方法

本案部分犯罪事实中存在恰智公司与天甘公司互有平账的情形,部分事实有证据证明系“虚假平账”,即为垒高被害人借条金额,将被害人的债务转至另一公司,但实际并未平账,用来“平账”的个人或者公司对被害人展开新一轮的诈骗活动,与被害人再次签订虚高的合同、走虚假的银行流水,用来给付恰智公司的钱款往往通过虚假银行流水先进入恰智公司账户,至于双方被告人如何瓜分实际诈骗所得的钱款往往通过事前约定的形式进行操作,即被害人最终归还的钱款由两家公司根据事先的约定比例分配。在这

种情况下,认定两家公司系共同犯罪,相关公司实际控制人和参与人员对全部犯罪承担责任。

另有部分事实并没有充分的证据能证明两家公司系虚假平账,在这种情况下,被告人往往将被害人平账至其他公司,由被害人与平账公司签订借款合同,平账公司替其偿还所欠借款。平账数额是虚高的合同数额减去被告人已偿还的数额。实践中,被告人有时会基于及时套现或者回笼资金的需要,"免除"被害人部分债务,所以平账数额往往低于虚高的合同数额减去被害人已偿还的数额。计算被告人的犯罪既遂数额时,应当是平账数额减去借款本金,由于被告人主动"免除"被害人部分债务,这部分债务不能作为犯罪未遂数额予以认定。此外,平账公司与被害人新签订的借款合同数额必然是大于实际平账数额的,实际用于平账的钱款在后续计算平账公司犯罪既遂数额时予以扣除。本案中,由于被告人张凤江在两家公司均有股份且系两家公司的实际控制人,故认定张凤江应对全部犯罪承担责任,但对于其他参与人员,仅就其参与的部分承担责任。

(撰稿:上海市第二中级人民法院　张莺姿　马健博

审编:最高人民法院刑三庭　周　川)

最高人民法院　最高人民检察院　公安部　司法部

关于办理黑恶势力犯罪案件若干问题的指导意见(节选)

为贯彻落实《中共中央、国务院关于开展扫黑除恶专项斗争的通知》精神,统一执法思想,提高执法效能,依法、准确、有力惩处黑恶势力犯罪,严厉打击"村霸"、宗族恶势力、" 保护伞 "以及"软暴力"等犯罪,根据《刑法》、《刑事诉讼法》及有关司法解释等规定,针对实践中遇到的新情况、新问题,现就办理黑恶势力犯罪案件若干问题制定如下指导意见:

一、总体要求

1. 各级人民法院、人民检察院、公安机关和司法行政机关应充分发挥职能作用,密切配合,相互支持,相互制约,形成打击合力,加强预防惩治黑恶势力犯罪长效机制建设。正确运用法律规定加大对黑恶势力违法犯罪以及"保护伞"惩处力度,在侦查、起诉、审判、执行各阶段体现依法从严惩处精神,严格掌握取保候审,严格掌握不起诉,严格掌握缓刑、减刑、假释,严格掌握保外就医适用条件,充分运用《刑法》总则关于共同犯罪和犯罪集团的规定加大惩处力度,充分利用资格刑、财产刑降低再犯可能性。对黑恶势力犯罪,注意串并研判、深挖彻查,防止就案办案,依法加快办理。坚持依法办案、坚持法定标准、坚持以审判为中心,加强法律监督,强化程序意识和证据意识,正确把握"打早打小"与"打准打实"的关系,贯彻落实宽严相济刑事政策,切实做到宽严有据,罚当其罪,实现政治效果、法律效果和社会效果的统一。

2. 各级人民法院、人民检察院、公安机关和司法行政机关应聚焦黑恶势力犯罪突出的重点地区、重点行业和重点领域,重点打击威胁政治安全特别是政权安全、制度安全以及向政治领域渗透的黑恶势力;把持基层政权、操纵破坏基层换届选举、垄断农村资源、侵吞集体资产的黑恶势力;利用家族、宗族势力横行乡里、称霸一方、欺压残害百姓的"村霸"等黑恶势力;在征地、租地、拆迁、工程项目建设等过程中煽动闹事的黑恶势力;在建筑工程、交运运输、矿产资源、渔业捕捞等行业、领域,强揽工程、恶意竞标、非法占地、滥开滥采的黑恶势力;在商贸集市、批发市场、车站码头、旅游景区等场所欺行霸市、强买强卖、收保护费的市霸、行霸等黑恶势力;操纵、经营"黄赌毒"等违法犯罪活动的黑恶势力;非法高利放贷、暴力讨债的黑恶势力;插手民间纠纷,充当"地下执法队"的黑恶势力;组织或雇佣网络"水军"在网上威胁、恐吓、侮辱、诽谤、滋扰的黑恶势力;境外黑社会入境发展渗透以及跨国跨境的黑恶势力。同时,坚决深挖黑恶势力"保护伞"。

二、依法认定和惩处黑社会性质组织犯罪

3. 黑社会性质组织应同时具备《刑法》第二百九十四条第五款中规定的"组织特征""经济特征""行为特征"和"危害性特征"。由于实践中许多黑社会性质组织并非这"四个特征"都很明显,在具体认定时,应根据立法本意,认真审查、分析黑社会性质组织"四个特征"相互间的内在联系,准确评价涉案犯罪组织所造成的社会危害,做到不枉不纵。

4. 发起、创建黑社会性质组织,或者对黑社会性质组织进行合并、分立、重组的行为,应当认定为"组织黑社会性质组织";实际对整个组织的发展、运行、活动进行决策、指挥、协调、管理的行为,应当认定为"领导黑社会性质组织"。黑社会性质组织的组织者、领导者,既包括通过一定形式产生的有明确职务、称谓的组织者、领导者,也包括在黑社会性质组织中被公认的事实上的组织者、领导者。

5. 知道或者应当知道是以实施违法犯罪为基本活动内容的组织,仍加入并接受其领导和管理的行为,应当认定为"参加黑社会性质组织"。没有加入黑社会性质组织的意愿,受雇到黑社会性质组织开办的公司、企业、社

团工作,未参与黑社会性质组织违法犯罪活动的,不应认定为“参加黑社会性质组织”。

参加黑社会性质组织并具有以下情形之一的,一般应当认定为“积极参加黑社会性质组织”:多次积极参与黑社会性质组织的违法犯罪活动,或者积极参与较严重的黑社会性质组织的犯罪活动且作用突出,以及其他在组织中起重要作用的情形,如具体主管黑社会性质组织的财务、人员管理等事项。

6.组织形成后,在一定时期内持续存在,应当认定为“形成较稳定的犯罪组织”。

黑社会性质组织一般在短时间内难以形成,而且成员人数较多,但鉴于“恶势力”团伙和犯罪集团向黑社会性质组织发展是一个渐进的过程,没有明显的性质转变的节点,故对黑社会性质组织存在时间、成员人数问题不宜作出“一刀切”的规定。

黑社会性质组织未举行成立仪式或者进行类似活动的,成立时间可以按照足以反映其初步形成非法影响的标志性事件的发生时间认定。没有明显标志性事件的,可以按照本意见中关于黑社会性质组织违法犯罪活动认定范围的规定,将组织者、领导者与其他组织成员首次共同实施该组织犯罪活动的时间认定为该组织的形成时间。该组织者、领导者因未到案或者因死亡等法定情形未被起诉的,不影响认定。

黑社会性质组织成员既包括已有充分证据证明但尚未归案的组织成员,也包括虽有参加黑社会性质组织的行为但因尚未达到刑事责任年龄或因其他法定情形而未被起诉,或者根据具体情节不作为犯罪处理的组织成员。

7.在组织的形成、发展过程中通过以下方式获取经济利益的,应当认定为“有组织地通过违法犯罪活动或者其他手段获取经济利益”:

(1)有组织地通过违法犯罪活动或其他不正当手段聚敛;

(2)有组织地以投资、控股、参股、合伙等方式通过合法的生产、经营活动获取;

(3)由组织成员提供或通过其他单位、组织、个人资助取得。

8. 通过上述方式获得一定数量的经济利益，应当认定为“具有一定的经济实力”，同时也包括调动一定规模的经济资源用以支持该组织活动的能力。通过上述方式获取的经济利益，即使是由部分组织成员个人掌控，也应计入黑社会性质组织的“经济实力”。组织成员主动将个人或者家庭资产中的一部分用于支持该组织活动，其个人或者家庭资产可全部计入“一定的经济实力”，但数额明显较小或者仅提供动产、不动产使用权的除外。

由于不同地区的经济发展水平、不同行业的利润空间均存在很大差异，加之黑社会性质组织存在、发展的时间也各有不同，在办案时不能一般性地要求黑社会性质组织所具有的经济实力必须达到特定规模或特定数额。

9. 黑社会性质组织实施的违法犯罪活动包括非暴力性的违法犯罪活动，但暴力或以暴力相威胁始终是黑社会性质组织实施违法犯罪活动的基本手段，并随时可能付诸实施。暴力、威胁色彩虽不明显，但实际是以组织的势力、影响和犯罪能力为依托，以暴力、威胁的现实可能性为基础，足以使他人产生恐惧、恐慌进而形成心理强制或者足以影响、限制人身自由、危及人身财产安全或者影响正常生产、工作、生活的手段，属于《刑法》第二百九十四条第五款第（三）项中的“其他手段”，包括但不限于所谓的“谈判”“协商”“调解”以及滋扰、纠缠、哄闹、聚众造势等手段。

10. 为确立、维护、扩大组织的势力、影响、利益或者按照纪律规约、组织惯例多次实施违法犯罪活动，侵犯不特定多人的人身权利、民主权利、财产权利，破坏经济秩序、社会秩序，应当认定为“有组织地多次进行违法犯罪活动，为非作恶，欺压、残害群众”。

符合以下情形之一的，应当认定为是黑社会性质组织实施的违法犯罪活动：

（1）为该组织争夺势力范围、打击竞争对手、形成强势地位、谋取经济利益、树立非法权威、扩大非法影响、寻求非法保护、增强犯罪能力等实施的；

（2）按照该组织的纪律规约、组织惯例实施的；

（3）组织者、领导者直接组织、策划、指挥、参与实施的；

（4）由组织成员以组织名义实施，并得到组织者、领导者认可或者默许的；

(5)多名组织成员为逞强争霸、插手纠纷、报复他人、替人行凶、非法敛财而共同实施,并得到组织者、领导者认可或者默许的;

(6)其他应当认定为黑社会性质组织实施的。

11. 鉴于黑社会性质组织非法控制和影响的"一定区域"的大小具有相对性,不能简单地要求"一定区域"必须达到某一特定的空间范围,而应当根据具体案情,并结合黑社会性质组织对经济、社会生产秩序的危害程度加以综合分析判断。

通过实施违法犯罪活动,或者利用国家工作人员的包庇或者不依法履行职责,放纵黑社会性质组织进行违法犯罪活动的行为,称霸一方,并具有以下情形之一的,可认定为"在一定区域或者行业内,形成非法控制或者重大影响,严重破坏经济、社会生活秩序":

(1)致使在一定区域内生活或者在一定行业内从事生产、经营的多名群众,合法利益遭受犯罪或严重违法活动侵害后,不敢通过正当途径举报、控告的;

(2)对一定行业的生产、经营形成垄断,或者对涉及一定行业的准入、经营、竞争等经济活动形成重要影响的;

(3)插手民间纠纷、经济纠纷,在相关区域或者行业内造成严重影响的;

(4)干扰、破坏他人正常生产、经营、生活,并在相关区域或者行业内造成严重影响的;

(5)干扰、破坏公司、企业、事业单位及社会团体的正常生产,经营、工作秩序,在相关区域、行业内造成严重影响,或者致使其不能正常生产、经营、工作的;

(6)多次干扰、破坏党和国家机关、行业管理部门以及村委会、居委会等基层群众自治组织的工作秩序,或者致使上述单位、组织的职能不能正常行使的;

(7)利用组织的势力、影响,帮助组织成员或他人获取政治地位,或者在党政机关、基层群众自治组织中担任一定职务的;

(8)其他形成非法控制或者重大影响,严重破坏经济、社会生活秩序的情形。

12. 对于组织者、领导者和因犯参加黑社会性质组织罪被判处五年以上有期徒刑的积极参加者,可根据《刑法》第五十六条第一款的规定适用附加剥夺政治权利。对于符合《刑法》第三十七条之一规定的组织成员,应当依法禁止其从事相关职业。符合《刑法》第六十六条规定的组织成员,应当认定为累犯,依法从重处罚。

对于因有组织的暴力性犯罪被判处死刑缓期执行的黑社会性质组织犯罪分子,可以根据《刑法》第五十条第二款的规定同时决定对其限制减刑。对于因有组织的暴力性犯罪被判处十年以上有期徒刑、无期徒刑的黑社会性质组织犯罪分子,应当根据《刑法》第八十一条第二款规定,不得假释。

13. 对于组织者、领导者一般应当并处没收个人全部财产。对于确属骨干成员或者为该组织转移、隐匿资产的积极参加者,可以并处没收个人全部财产。对于其他组织成员,应当根据所参与实施违法犯罪活动的次数、性质、地位、作用、违法所得数额以及造成损失的数额等情节,依法决定财产刑的适用。

三、依法惩处恶势力犯罪

14. 具有下列情形的组织,应当认定为"恶势力":经常纠集在一起,以暴力、威胁或者其他手段,在一定区域或者行业内多次实施违法犯罪活动,为非作恶,欺压百姓,扰乱经济、社会生活秩序,造成较为恶劣的社会影响,但尚未形成黑社会性质组织的违法犯罪组织。恶势力一般为三人以上,纠集者相对固定,违法犯罪活动主要为强迫交易、故意伤害、非法拘禁、敲诈勒索、故意毁坏财物、聚众斗殴、寻衅滋事等,同时还可能伴随实施开设赌场、组织卖淫、强迫卖淫、贩卖毒品、运输毒品、制造毒品、抢劫、抢夺、聚众扰乱社会秩序、聚众扰乱公共场所秩序、交通秩序以及聚众"打砸抢"等。

在相关法律文书中的犯罪事实认定部分,可使用"恶势力"等表述加以描述。

15. 恶势力犯罪集团是符合犯罪集团法定条件的恶势力犯罪组织,其特征表现为:有三名以上的组织成员,有明显的首要分子,重要成员较为固定,组织成员经常纠集在一起,共同故意实施三次以上恶势力惯常实施的犯罪活动或者其他犯罪活动。

16. 公安机关、人民检察院、人民法院在办理恶势力犯罪案件时，应当依照上述规定，区别于普通刑事案件，充分运用《刑法》总则关于共同犯罪和犯罪集团的规定，依法从严惩处。

四、依法惩处利用"软暴力"实施的犯罪

17. 黑恶势力为谋取不法利益或形成非法影响，有组织地采用滋扰、纠缠、哄闹、聚众造势等手段侵犯人身权利、财产权利，破坏经济秩序、社会秩序，构成犯罪的，应当分别依照《刑法》相关规定处理：

（1）有组织地采用滋扰、纠缠、哄闹、聚众造势等手段扰乱正常的工作、生活秩序，使他人产生心理恐惧或者形成心理强制，分别属于《刑法》第二百九十三条第一款第（二）项规定的"恐吓"、《刑法》第二百二十六条规定的"威胁"，同时符合其他犯罪构成条件的，应分别以寻衅滋事罪、强迫交易罪定罪处罚。

《关于办理寻衅滋事刑事案件适用法律若干问题的解释》第二条至第四条中的"多次"一般应当理解为二年内实施寻衅滋事行为三次以上。二年内多次实施不同种类寻衅滋事行为的，应当追究刑事责任。

（2）以非法占有为目的强行索取公私财物，有组织地采用滋扰、纠缠、哄闹、聚众造势等手段扰乱正常的工作、生活秩序，同时符合《刑法》第二百七十四条规定的其他犯罪构成条件的，应当以敲诈勒索罪定罪处罚。同时由多人实施或者以统一着装、显露纹身、特殊标识以及其他明示或者暗示方式，足以使对方感知相关行为的有组织性的，应当认定为《关于办理敲诈勒索刑事案件适用法律若干问题的解释》第二条第（五）项规定的"以黑恶势力名义敲诈勒索"。

采用上述手段，同时又构成其他犯罪的，应当依法按照处罚较重的规定定罪处罚。

雇佣、指使他人有组织地采用上述手段强迫交易、敲诈勒索，构成强迫交易罪、敲诈勒索罪的，对雇佣者、指使者，一般应当以共同犯罪中的主犯论处。为强索不受法律保护的债务或者因其他非法目的，雇佣、指使他人有组

织地采用上述手段寻衅滋事,构成寻衅滋事罪的,对雇佣者、指使者,一般应当以共同犯罪中的主犯论处;为追讨合法债务或者因婚恋、家庭、邻里纠纷等民间矛盾而雇佣、指使,没有造成严重后果的,一般不作为犯罪处理,但经有关部门批评制止或者处理处罚后仍继续实施的除外。

18. 黑恶势力有组织地多次短时间非法拘禁他人的,应当认定为《刑法》第二百三十八条规定的“以其他方法非法剥夺他人人身自由”。非法拘禁他人三次以上、每次持续时间在四小时以上,或者非法拘禁他人累计时间在十二小时以上的,应以非法拘禁罪定罪处罚。

五、依法打击非法放贷讨债的犯罪活动

19. 在民间借贷活动中,如有擅自设立金融机构、非法吸收公众存款、骗取贷款、套取金融机构资金发放高利贷以及为强索债务而实施故意杀人、故意伤害、非法拘禁、故意毁坏财物等行为的,应当按照具体犯罪侦查、起诉、审判。依法符合数罪并罚条件的,应当并罚。

20. 对于以非法占有为目的,假借民间借贷之名,通过“虚增债务”“签订虚假借款协议”“制造资金走账流水”“肆意认定违约”“转单平账”“虚假诉讼”等手段非法占有他人财产,或者使用暴力、威胁手段强立债权、强行索债的,应当根据案件具体事实,以诈骗、强迫交易、敲诈勒索、抢劫、虚假诉讼等罪名侦查、起诉、审判。对于非法占有的被害人实际所得借款以外的虚高“债务”和以“保证金”“中介费”“服务费”等各种名目扣除或收取的额外费用,均应计入违法所得。对于名义上为被害人所得、但在案证据能够证明实际上却为犯罪嫌疑人、被告人实施后续犯罪所使用的“借款”,应予以没收。

21. 对采用讨债公司、“地下执法队”等各种形式有组织地进行上述活动,符合黑社会性质组织、犯罪集团认定标准的,应当按照组织、领导、参加黑社会性质组织罪或者犯罪集团侦查、起诉、审判。

六、依法严惩“保护伞”

22.《刑法》第二百九十四条第三款中规定的“包庇”行为,不要求相关国家机关工作人员利用职务便利。利用职务便利包庇黑社会性质组织的,酌

情从重处罚。包庇、纵容黑社会性质组织,事先有通谋的,以具体犯罪的共犯论处。

23.公安机关、人民检察院、人民法院对办理黑恶势力犯罪案件中发现的涉嫌包庇、纵容黑社会性质组织犯罪、收受贿赂、渎职侵权等违法违纪线索,应当及时移送有关主管部门和其他相关部门,坚决依法严惩充当黑恶势力"保护伞"的职务犯罪。

24.依法严惩农村"两委"等人员在涉农惠农补贴申领与发放、农村基础设施建设、征地拆迁补偿、救灾扶贫优抚、生态环境保护等过程中,利用职权恃强凌弱、吃拿卡要、侵吞挪用国家专项资金的犯罪,以及放纵、包庇"村霸"和宗族恶势力,致使其坐大成患;或者收受贿赂、徇私舞弊,为"村霸"和宗族恶势力充当"保护伞"的犯罪。

25.公安机关在侦办黑恶势力犯罪案件中,应当注意及时深挖其背后的腐败问题,对于涉嫌特别重大贿赂犯罪案件的犯罪嫌疑人,及时会同有关机关,执行《刑事诉讼法》第三十七条的相关规定,辩护律师在侦查期间会见在押犯罪嫌疑人的,应当经相关侦查机关许可。

七、依法处置涉案财产

26.公安机关、人民检察院、人民法院根据黑社会性质组织犯罪案件的诉讼需要,应当依法查询、查封、扣押、冻结全部涉案财产。公安机关侦查期间,要会同工商、税务、国土、住建、审计、人民银行等部门全面调查涉黑组织及其成员的财产状况。

对于不宜查封、扣押、冻结的经营性资产,可以申请当地政府指定有关部门或者委托有关机构代管或者托管。

对黑社会性质组织及其成员聚敛的财产及其孳息、收益的数额,办案单位可以委托专门机构评估;确实无法准确计算的,可以根据有关法律规定及查明的事实、证据合理估算。

27.对于依法查封、冻结、扣押的黑社会性质组织涉案财产,应当全面收集、审查证明其来源、性质、用途、权属及价值大小的有关证据。符合下列情形之一的,应当依法追缴、没收:

(1)组织及其成员通过违法犯罪活动或其他不正当手段聚敛的财产及其孳息、收益;

(2)组织成员通过个人实施违法犯罪活动聚敛的财产及其孳息、收益;

(3)其他单位、组织、个人为支持该组织活动资助或主动提供的财产;

(4)通过合法的生产、经营活动获取的财产或者组织成员个人、家庭合法资产中,实际用于支持该组织活动的部分;

(5)组织成员非法持有的违禁品以及供犯罪所用的本人财物;

(6)其他单位、组织、个人利用黑社会性质组织及其成员的违法犯罪活动获取的财产及其孳息、收益;

(7)其他应当追缴、没收的财产。

28. 违法所得已用于清偿债务或者转让给他人,具有下列情形之一的,应当依法追缴:

(1)对方明知是通过违法犯罪活动或者其他不正当手段聚敛的财产及其孳息、收益的;

(2)对方无偿或者以明显低于市场价格取得的;

(3)对方是因非法债务或者违法犯罪活动而取得的;

(4)通过其他方式恶意取得的。

29. 依法应当追缴、没收的财产无法找到、被他人善意取得、价值灭失或者与其他合法财产混合且不可分割的,可以追缴、没收其他等值财产。

30. 黑社会性质组织犯罪嫌疑人、被告人逃匿,在通缉一年后不能到案,或者犯罪嫌疑人、被告人死亡的,应当依照法定程序没收其违法所得。

31. 对于依法查封、扣押、冻结的涉案财产,有证据证明确属被害人合法财产,或者确与黑社会性质组织及其违法犯罪活动无关的应予以返还。

八、其他

……(具体内容略)

35. 公安机关、人民检察院、人民法院办理黑社会性质组织犯罪案件,应当按照《刑事诉讼法》《关于办理黑社会性质组织犯罪案件若干问题的规定》《公安机关办理刑事案件证人保护工作规定》的有关规定,对证人、报案人、控告人、举报人、鉴定人、被害人采取保护措施。

犯罪嫌疑人、被告人,积极配合侦查、起诉、审判工作,在查明黑社会性质组织的组织结构和组织者、领导者的地位作用,组织实施的重大犯罪事实,追缴、没收赃款赃物,打击“保护伞”等方面提供重要线索和证据,经查证属实的,可以根据案件具体情况,依法从轻、减轻或者免除处罚,并对其参照证人保护的有关规定采取保护措施。前述规定,对于确属组织者、领导者的犯罪嫌疑人、被告人应当严格掌握。

对于确有重大立功或者对于认定重大犯罪事实或追缴、没收涉黑财产具有重要作用的组织成员,确有必要通过分案审理予以保护的,公安机关可以与人民检察院、人民法院在充分沟通的基础上作出另案处理的决定。

对于办理黑社会性质组织犯罪案件的政法干警及其近亲属,需要采取保护措施的,可以参照《刑事诉讼法》等关于证人保护的有关规定,采取禁止特定的人员接触、对人身和住宅予以专门性保护等必要的措施,以确保办理案件的司法工作人员及其近亲属的人身安全。

36.本意见颁布实施后,最高人民法院、最高人民检察院、公安部、司法部联合发布或者单独制定的其他相关规范性文件,内容如与本意见中有关规定不一致的,应当按照本意见执行。

最高人民法院　最高人民检察院　公安部　司法部
关于办理恶势力刑事案件若干问题的意见

为认真贯彻落实中央开展扫黑除恶专项斗争的部署要求，正确理解和适用最高人民法院、最高人民检察院、公安部、司法部《关于办理黑恶势力犯罪案件若干问题的指导意见》（法发〔2018〕1号，以下简称《指导意见》），根据刑法、刑事诉讼法及有关司法解释、规范性文件的规定，现对办理恶势力刑事案件若干问题提出如下意见：

一、办理恶势力刑事案件的总体要求

1. 人民法院、人民检察院、公安机关和司法行政机关要深刻认识恶势力违法犯罪的严重社会危害，毫不动摇地坚持依法严惩方针，在侦查、起诉、审判、执行各阶段，运用多种法律手段全面体现依法从严惩处精神，有力震慑恶势力违法犯罪分子，有效打击和预防恶势力违法犯罪。

2. 人民法院、人民检察院、公安机关和司法行政机关要严格坚持依法办案，确保在案件事实清楚，证据确实、充分的基础上，准确认定恶势力和恶势力犯罪集团，坚决防止人为拔高或者降低认定标准。要坚持贯彻落实宽严相济刑事政策，根据犯罪嫌疑人、被告人的主观恶性、人身危险性、在恶势力、恶势力犯罪集团中的地位、作用以及在具体犯罪中的罪责，切实做到宽严有据，罚当其罪，实现政治效果、法律效果和社会效果的统一。

3. 人民法院、人民检察院、公安机关和司法行政机关要充分发挥各自职能，分工负责，互相配合，互相制约，坚持以审判为中心的刑事诉讼制度改革要求，严格执行“三项规程”，不断强化程序意识和证据意识，有效加强法律监督，确保严格执法、公正司法，充分保障当事人、诉讼参与人的各项诉讼权利。

二、恶势力、恶势力犯罪集团的认定标准

4. 恶势力,是指经常纠集在一起,以暴力、威胁或者其他手段,在一定区域或者行业内多次实施违法犯罪活动,为非作恶,欺压百姓,扰乱经济、社会生活秩序,造成较为恶劣的社会影响,但尚未形成黑社会性质组织的违法犯罪组织。

5. 单纯为牟取不法经济利益而实施的“黄、赌、毒、盗、抢、骗”等违法犯罪活动,不具有为非作恶、欺压百姓特征的,或者因本人及近亲属的婚恋纠纷、家庭纠纷、邻里纠纷、劳动纠纷、合法债务纠纷而引发以及其他确属事出有因的违法犯罪活动,不应作为恶势力案件处理。

6. 恶势力一般为3人以上,纠集者相对固定。纠集者,是指在恶势力实施的违法犯罪活动中起组织、策划、指挥作用的违法犯罪分子。成员较为固定且符合恶势力其他认定条件,但多次实施违法犯罪活动是由不同的成员组织、策划、指挥,也可以认定为恶势力,有前述行为的成员均可以认定为纠集者。

恶势力的其他成员,是指知道或应当知道与他人经常纠集在一起是为了共同实施违法犯罪,仍按照纠集者的组织、策划、指挥参与违法犯罪活动的违法犯罪分子,包括已有充分证据证明但尚未归案的人员,以及因法定情形不予追究法律责任,或者因参与实施恶势力违法犯罪活动已受到行政或刑事处罚的人员。仅因临时雇佣或被雇佣、利用或被利用以及受蒙蔽参与少量恶势力违法犯罪活动的,一般不应认定为恶势力成员。

7. “经常纠集在一起,以暴力、威胁或者其他手段,在一定区域或者行业内多次实施违法犯罪活动”,是指犯罪嫌疑人、被告人于2年之内,以暴力、威胁或者其他手段,在一定区域或者行业内多次实施违法犯罪活动,且包括纠集者在内,至少应有2名相同的成员多次参与实施违法犯罪活动。对于“纠集在一起”时间明显较短,实施违法犯罪活动刚刚达到“多次”标准,且尚不足以造成较为恶劣影响的,一般不应认定为恶势力。

8. 恶势力实施的违法犯罪活动,主要为强迫交易、故意伤害、非法拘禁、敲诈勒索、故意毁坏财物、聚众斗殴、寻衅滋事,但也包括具有为非作恶、欺

压百姓特征，主要以暴力、威胁为手段的其他违法犯罪活动。

恶势力还可能伴随实施开设赌场、组织卖淫、强迫卖淫、贩卖毒品、运输毒品、制造毒品、抢劫、抢夺、聚众扰乱社会秩序、聚众扰乱公共场所秩序、交通秩序以及聚众"打砸抢"等违法犯罪活动，但仅有前述伴随实施的违法犯罪活动，且不能认定具有为非作恶、欺压百姓特征的，一般不应认定为恶势力。

9. 办理恶势力刑事案件，"多次实施违法犯罪活动"至少应包括 1 次犯罪活动。对于反复实施强迫交易、非法拘禁、敲诈勒索、寻衅滋事等单一性质的违法行为，单次情节、数额尚不构成犯罪，但按照刑法或者有关司法解释、规范性文件的规定累加后应作为犯罪处理的，在认定是否属于"多次实施违法犯罪活动"时，可将已用于累加的违法行为计为 1 次犯罪活动，其他违法行为单独计算违法活动的次数。

已被处理或者已作为民间纠纷调处，后经查证确属恶势力违法犯罪活动的，均可以作为认定恶势力的事实依据，但不符合法定情形的，不得重新追究法律责任。

10. 认定"扰乱经济、社会生活秩序，造成较为恶劣的社会影响"，应当结合侵害对象及其数量、违法犯罪次数、手段、规模、人身损害后果、经济损失数额、违法所得数额、引起社会秩序混乱的程度以及对人民群众安全感的影响程度等因素综合把握。

11. 恶势力犯罪集团，是指符合恶势力全部认定条件，同时又符合犯罪集团法定条件的犯罪组织。

恶势力犯罪集团的首要分子，是指在恶势力犯罪集团中起组织、策划、指挥作用的犯罪分子。恶势力犯罪集团的其他成员，是指知道或者应当知道是为共同实施犯罪而组成的较为固定的犯罪组织，仍接受首要分子领导、管理、指挥，并参与该组织犯罪活动的犯罪分子。

恶势力犯罪集团应当有组织地实施多次犯罪活动，同时还可能伴随实施违法活动。恶势力犯罪集团所实施的违法犯罪活动，参照《指导意见》第十条第二款的规定认定。

12. 全部成员或者首要分子、纠集者以及其他重要成员均为未成年人、老年人、残疾人的,认定恶势力、恶势力犯罪集团时应当特别慎重。

三、正确运用宽严相济刑事政策的有关要求

13.对于恶势力的纠集者、恶势力犯罪集团的首要分子、重要成员以及恶势力、恶势力犯罪集团共同犯罪中罪责严重的主犯,要正确运用法律规定加大惩处力度,对依法应当判处重刑或死刑的,坚决判处重刑或死刑。同时要严格掌握取保候审,严格掌握不起诉,严格掌握缓刑、减刑、假释,严格掌握保外就医适用条件,充分利用资格刑、财产刑等法律手段全方位从严惩处。对于符合刑法第三十七条之一规定的,可以依法禁止其从事相关职业。

对于恶势力、恶势力犯罪集团的其他成员,在共同犯罪中罪责相对较小、人身危险性、主观恶性相对不大的,具有自首、立功、坦白、初犯等法定或酌定从宽处罚情节,可以依法从轻、减轻或免除处罚。认罪认罚或者仅参与实施少量的犯罪活动且只起次要、辅助作用,符合缓刑条件的,可以适用缓刑。

14.恶势力犯罪集团的首要分子检举揭发与该犯罪集团及其违法犯罪活动有关联的其他犯罪线索,如果在认定立功的问题上存在事实、证据或法律适用方面的争议,应当严格把握。依法应认定为立功或者重大立功的,在决定是否从宽处罚、如何从宽处罚时,应当根据罪责刑相一致原则从严掌握。可能导致全案量刑明显失衡的,不予从宽处罚。

恶势力犯罪集团的其他成员如果能够配合司法机关查办案件,有提供线索、帮助收集证据或者其他协助行为,并在侦破恶势力犯罪集团案件、查处“保护伞”等方面起到较大作用的,即使依法不能认定立功,一般也应酌情对其从轻处罚。

15.犯罪嫌疑人、被告人同时具有法定、酌定从严和法定、酌定从宽处罚情节的,量刑时要根据所犯具体罪行的严重程度,结合被告人在恶势力、恶势力犯罪集团中的地位、作用、主观恶性、人身危险性等因素整体把握。对于恶势力的纠集者、恶势力犯罪集团的首要分子、重要成员,量刑时要体现总体从严。对于在共同犯罪中罪责相对较小、人身危险性、主观恶性相对不大,且能够真诚认罪悔罪的其他成员,量刑时要体现总体从宽。

16. 恶势力刑事案件的犯罪嫌疑人、被告人自愿如实供述自己的罪行,承认指控的犯罪事实,愿意接受处罚的,可以依法从宽处理,并适用认罪认罚从宽制度。对于犯罪性质恶劣、犯罪手段残忍、社会危害严重的犯罪嫌疑人、被告人,虽然认罪认罚,但不足以从轻处罚的,不适用该制度。

四、办理恶势力刑事案件的其他问题

17. 人民法院、人民检察院、公安机关经审查认为案件符合恶势力认定标准的,应当在起诉意见书、起诉书、判决书、裁定书等法律文书中的案件事实部分明确表述,列明恶势力的纠集者、其他成员、违法犯罪事实以及据以认定的证据;符合恶势力犯罪集团认定标准的,应当在上述法律文书中明确定性,列明首要分子、其他成员、违法犯罪事实以及据以认定的证据,并引用刑法总则关于犯罪集团的相关规定。被告人及其辩护人对恶势力定性提出辩解和辩护意见,人民法院可以在裁判文书中予以评析回应。

恶势力刑事案件的起诉意见书、起诉书、判决书、裁定书等法律文书,可以在案件事实部分先概述恶势力、恶势力犯罪集团的概括事实,再分述具体的恶势力违法犯罪事实。

18. 对于公安机关未在起诉意见书中明确认定,人民检察院在审查起诉期间发现构成恶势力或者恶势力犯罪集团,且相关违法犯罪事实已经查清,证据确实、充分,依法应追究刑事责任的,应当作出起诉决定,根据查明的事实向人民法院提起公诉,并在起诉书中明确认定为恶势力或者恶势力犯罪集团。人民检察院认为恶势力相关违法犯罪事实不清、证据不足,或者存在遗漏恶势力违法犯罪事实、遗漏同案犯罪嫌疑人等情形需要补充侦查的,应当提出具体的书面意见,连同案卷材料一并退回公安机关补充侦查;人民检察院也可以自行侦查,必要时可以要求公安机关提供协助。

对于人民检察院未在起诉书中明确认定,人民法院在审判期间发现构成恶势力或恶势力犯罪集团的,可以建议人民检察院补充或者变更起诉;人民检察院不同意或者在七日内未回复意见的,人民法院不应主动认定,可仅就起诉指控的犯罪事实依照相关规定作出判决、裁定。

审理被告人或者被告人的法定代理人、辩护人、近亲属上诉的案件时,一审判决认定黑社会性质组织有误的，二审法院应当纠正，符合恶势力、恶势力犯罪集团认定标准，应当作出相应认定；一审判决认定恶势力或恶势力犯罪集团有误的，应当纠正，但不得升格认定；一审判决未认定恶势力或恶势力犯罪集团的，不得增加认定。

19. 公安机关、人民检察院、人民法院应当分别以起诉意见书、起诉书、裁判文书所明确的恶势力、恶势力犯罪集团，作为相关数据的统计依据。

20. 本意见自2019年4月9日起施行。

《关于办理恶势力刑事案件若干问题的意见》的理解与适用

朱和庆　周　川　李梦龙

为认真贯彻落实中央开展扫黑除恶专项斗争的部署要求，依法严惩恶势力违法犯罪，在全国扫黑办的统筹协调下，最高人民法院会同最高人民检察院、公安部、司法部联合制定印发了《关于办理恶势力刑事案件若干问题的意见》（法发〔2019〕10 号，以下简称《意见》），自 2019 年 4 月 9 日起施行。为便于司法实践中准确理解和正确适用，现对《意见》的制定背景、制定过程中的总体考虑和重点内容予以简要介绍和说明。

一、《意见》的制定背景

在全国开展扫黑除恶专项斗争，是以习近平同志为核心的党中央站在中国特色社会主义进入新时代、"两个一百年"奋斗目标进入历史交汇期的战略高度作出的一项重大决策部署。为依法、准确、有力惩处黑恶势力犯罪，最高人民法院、最高人民检察院、公安部、司法部于 2018 年 1 月出台了《关于办理黑恶势力犯罪案件若干问题的指导意见》（法发〔2018〕1 号，以下简称《指导意见》），对于指导办理黑恶势力犯罪案件发挥了重要作用。随着专项斗争全面深入推进，新情况、新问题不断出现，在办理恶势力刑事案件方面，一些《指导意见》未作规定或者有关规定尚需进一步细化、完善的问题，越发困扰执法办案一线。

2018 年 10 月，中央政法委召开全国扫黑除恶专项斗争推进会，对深入推进扫黑除恶专项斗争作出全面部署，明确提出要进一步统一执法办案思想，在提高法治化水平上实现新突破。根据全国扫黑办的部署安排，最高人民法院第一时间成立了专题调研小组，经过充分调研，在深入总结实践经验和突出问题的基础上研究起草了《意见》稿，并广泛征求和听取意见，经多次修改和完善后形成《意见》。《意见》经最高人民法院、最高人民检察院、公安部、司法部会签，于2019年4月9日向社会发布并施行。

二、制定《意见》的总体考虑

第一，满足实践需要，解决突出问题。由于恶势力不是一个法定概念，导致有的地方公检法机关对于恶势力的认识分歧较大、执法尺度把握不一，一定程度上影响了打击效果。为此，《意见》研究起草牢固坚持问题导向，力求通过进一步明晰法律、政策适用，回应司法实践中依法严惩恶势力、恶势力犯罪集团的迫切需要。从前期调研情况来看，各地政法机关反映的问题基本都集中在恶势力违法犯罪认定、宽严相济刑事政策把握和恶势力刑事案件的办理程序三个方面。基于这一情况，《意见》在设计总体框架时，即明确将前述三个方面问题作为规制重点，在《意见》的第二部分、第三部分、第四部分分别作出详细规定，以期有效指导司法实践，解决办理恶势力刑事案件中的突出问题。

第二，坚持依法办案，体现从严惩处。在研究起草《意见》时，我们坚持充分运用法治思维和法治方式，确保将依法严惩的要求落到实处。首先，《意见》有关内容和办案要求均严格依照《刑法》、刑事诉讼法及有关司法解释、规范性文件的规定，强调要在案件事实清楚，证据确实、充分的基础上，准确认定恶势力和恶势力犯罪集团，坚决防止人为拔高或者降低认定标准，确保严守法律底线，保障政法机关依法办案。其次，《意见》明确要毫不动摇地坚持依法严惩方针，强调要在侦查、起诉、审判、执行各阶段体现全程从严，要运用多种法律手段体现全面从严。同时，还强调要坚持贯彻落实宽严相济刑事政策，切实做到宽严有据，罚当其罪，防止将依法从严理解为片面从严。最后，《意见》明确要坚持"分工负责，互相配合，互相制约"等刑事诉讼基本原则，坚持以审判为中心的刑事诉讼制度改革要求，不断强化程序意识和证据意识。其中，《意见》强调严格执行"三项规程"，就是要突出"三项规程"在办理恶势力刑事案件中对于规范办案程序的重要意义，提示办案人员要“规行矩步”“照章办事”，推动侦查机关、公诉机关按照证据裁判的要求和标准收集、固定、审查、运用证据，审判机关充分发挥庭前会议程序作用、规范有序组织庭审，确保将每一起恶势力刑事案件都办成经得起法律和历史检验的铁案。

第三，继承既有成果，指导长远实践。《指导意见》对恶势力作出的相关规定，是对以往司法经验的深刻总结，对于依法办理恶势力刑事案件具有重要影响。《意见》的定位不是对《指导意见》作出变更、修改，而是在继受、吸收《指导意见》既有规定的基础上进行进一步细化、补充、完善，力争在满足当前扫黑除恶专项斗争需要的同时，能够在今后较长一个时期内指导司法实践，并逐步建立起办理恶势力刑事案件的规范体系。

三、对于《意见》重点内容的解读

（一）关于恶势力、恶势力犯罪集团的认定标准

1. 关于“为非作恶，欺压百姓”特征，以及恶势力与普通违法犯罪团伙的区别

《意见》第四条沿用了《指导意见》对恶势力的定义，其中“尚未形成黑社会性质组织的违法犯罪组织”这一表述，既明确了恶势力与黑社会性质组织间的内在联系，也厘清了恶势力与普通违法犯罪团伙的关系。作为一种共同违法犯罪的特殊形式，恶势力在组织形式、行为方式、危害后果等方面与黑社会性质组织均有一定的相似之处，虽尚未达到黑社会性质组织的严重程度，但已经初具雏形，如果不加以限制和打击，就有可能发展成为黑社会性质组织。扫黑除恶专项斗争之所以明确提出“扫黑”与“除恶”并重，正是因为准确洞察“黑”与“恶”的内在联系，故而要以“打早打小”的惩治策略来实现“斩草除根”的惩治效果。基于同样的理由，恶势力的定义与黑社会性质组织的认定标准也具有明显的相似性和对应性。比如，二者都要求“以暴力、威胁或者其他手段，多次实施违法犯罪活动”；又如，恶势力定义中的“为非作恶，欺压百姓”，与黑社会性质组织行为特征中的“为非作恶，欺压、残害群众”相对应，“造成较为恶劣的社会影响”与黑社会性质组织危害性特征中的“形成非法控制或者重大影响”相对应。因此，在认定恶势力时，要深刻理

解和准确把握“黑”与“恶”的关系以及恶势力与普通违法犯罪团伙的区别，避免认定扩大化、随意化，确保“打准打实”的原则落到实处。

（1）办案时要认真审查违法犯罪活动是否带有“为非作恶，欺压百姓”特征。黑社会性质组织的危害性特征中有“称霸一方”的要求，这实际上不仅勾勒出黑社会性质组织形成的不法状态，同时也反映了黑社会性质组织的总体违法犯罪意图，从而可以清晰地划定黑社会性质组织与恐怖组织、邪教组织等其他犯罪组织的楚河汉界。恶势力的定义中未包含类似的主观方面要求，主要是考虑恶势力尚处于相对松散的低端形态，不宜完全参照黑社会性质组织的认定标准。但是，“恶”与“黑”的演进关系和内在联系，决定了恶势力实施违法犯罪活动一般都会不同程度地带有“形成非法影响、谋求强势地位”的意图，并会通过不断累积的非法影响、日益巩固的强势地位攫取不法利益，壮大自身实力，最终形成对一定区域或者行业的非法控制，完成恶势力向黑社会性质组织的蜕变。在司法实践中，违法犯罪意图往往较为抽象和复杂，不易判断和把握，这就需要根据犯罪嫌疑人、被告人的客观行为，特别是违法犯罪活动的动机、起因、手段等情节来认定。就恶势力“形成非法影响、谋求强势地位”的意图而言，其表征于外的便是实施违法犯罪活动必然带有“为非作恶，欺压百姓”的特征。因此，“为非作恶，欺压百姓”这一特征便成了区分恶势力和普通共同犯罪团伙的关键标志。所谓“为非作恶，欺压百姓”，从字面上来理解，是指做坏事、施恶行，欺负、压迫群众，办案时要注意全面、准确地把握其含义。首先，“为非作恶”，不仅是指行为性质具有不法性，同时也要求行为的动机、目的、起因带有不法性，因婚恋纠纷、家庭纠纷、邻里纠纷、劳动纠纷、合法债务纠纷而引发以及其他确属事出有因的违法犯罪活动，就不宜归入“为非作恶”之列。其次，“欺压百姓”，要求“为非作恶”的方式、手段带有欺凌、强制、压迫的性质，也就是要利用物理强制或心理强制手段侵害群众权益。因此，暴力、威胁应是恶势力较常采用的违法犯罪活动手段。此处需要说明的是，实践中经常会有这样的案件：恶势力之间互相争斗，违法犯罪活动未伤及无辜群众，是否属于“欺压百姓”？我们认为，“欺压百姓”既包括直接以普通群众为对象实施违法犯罪活动的情形，也包括因逞强争霸、好勇斗狠、树立恶名、抢夺地盘等不法动机实施违法犯罪活动,直接或间接破坏人民群众安全感的情形。这是因为,恶势力处于不断发展过程中,违法犯罪活动对象并不特定,即便在个案中未直接侵害普通群众权益,但其发展壮大后必然会对人民群众的人身权利、财产权利、民主权利形成威胁或造成损害,故对“欺压百姓”不应作狭义理解。

(2)办案时要准确区分恶势力与普通违法犯罪团伙。恶势力与普通违法犯罪团伙都具有一定的组织性、稳定性,但二者在有无“为非作恶,欺压百姓”特征、有无“造成较为恶劣的社会影响”等方面存在区别。在具体案件中,可以从以下方面分解细化:

一是违法犯罪手段具有特定性。如前所述,“欺压百姓”的特定含义,决定了恶势力实施违法犯罪活动应当以暴力、威胁为主要手段。而普通违法犯罪团伙则没有这方面要求,犯罪手段要根据其具体实施的犯罪行为而定。

二是行为方式具有公开性。恶势力实施违法犯罪活动一般都会不同程度地带有“形成非法影响、谋求强势地位”的意图,而且客观上要求“在一定区域或者行业内,造成较为恶劣的社会影响”,因此,其实施违法犯罪活动必然具有一定的公开性,也就是通常所说的“横行乡里,肆无忌惮”。而普通共同违法犯罪通常采用较为隐蔽的方式实施,在实现犯罪目的后就设法隐匿踪迹、毁灭痕迹,不会有意制造或者放任形成不法影响。

三是危害后果具有多重性。恶势力因为意图“形成非法影响、谋求强势地位”,其违法犯罪活动带来的危害往往具有复合性,在侵犯公民人身、财产权利的同时,还会破坏市场经济秩序或者社会管理秩序。而普通违法犯罪团伙一般是出于某种特定的违法犯罪目的而聚集,造成的危害后果通常具有单一性。因此,《意见》第五条作出排除性规定,将“单纯为牟取不法经济利益而实施的‘黄、赌、毒、盗、抢、骗’等违法犯罪活动,不具有为非作恶、欺压百姓特征的”排除在恶势力案件之外。同时,在《意见》其他条款中也有类似提示,认定恶势力、恶势力犯罪集团时,应杜绝只看“人数”、“行为次数”和“罪名”的错误倾向。

2. 关于恶势力的成员人数及各类成员的认定、区分

《意见》第六条吸收了《指导意见》中“恶势力一般为3人以上,纠集者相对固定”的规定,并明确了恶势力纠集者、其他成员的认定和区分。关于恶

势力的成员人数,有一种观点认为,由于《指导意见》规定恶势力是“一般”而非“应当”为3人以上,因此,对于2人共同实施,甚至1人单独实施多次违法犯罪活动,造成较为恶劣社会影响的,也完全可以认定为“2人恶势力”甚至“1人恶势力”。我们认为,这种观点并不准确,在绝大多数案件中应当将恶势力的成员人数把握在3人以上。主要理由是,恶势力是一类违法犯罪组织,作为共同违法犯罪的特殊形式,不论是从《刑法》相关规定还是从文义解释来看,其人数下限原则上都应高于一般的共同违法犯罪,只有在“为非作恶,欺压百姓”特征十分明显、危害后果特别严重的极个别情况下,才可以考虑认定“2人恶势力”。至于“1人恶势力”,则明显不符合违法犯罪组织的基本构成条件,应当坚决排除在外。

关于恶势力的纠集者,《指导意见》规定“纠集者相对固定”却没有明确纠集者的概念,使实践中各地、政法各单位对恶势力的纠集者理解、把握有不同程度差异。为此,《意见》明确“纠集者,是指在恶势力实施的违法犯罪活动中起组织、策划、指挥作用的违法犯罪分子”。需要说明,由于恶势力属于相对松散的违法犯罪组织,故其纠集者所起的组织、策划、指挥作用主要体现在恶势力实施的具体违法犯罪活动中,不必然及于整个违法犯罪组织的运行、活动。此外,有意见提出,实践中常有多名较为固定的违法犯罪分子相互纠集,除多次实施违法犯罪活动是由不同的人员组织、策划、指挥外,均符合恶势力其他认定条件,建议将此类情况也认定为恶势力。我们经研究认为,在前述情况下,多名违法犯罪分子通常关系较为紧密、地位基本相当,在多次违法犯罪活动中起组织、策划、指挥作用的具体人员虽有不同,但也是视情况在特定几人中产生,因而符合“恶势力纠集者相对固定”这一规定的本质要求。故《意见》采纳了这一观点,并且明确有组织、策划、指挥具体违法犯罪活动行为的成员均可以认定为纠集者。

关于恶势力的其他成员,《意见》坚持了主客观相一致原则,要求行为人需要在主观认识上“知道或者应当知道与他人经常纠集在一起是为了共同实施违法犯罪”,在主观意志上要有加入恶势力的意愿,即“仍按照纠集者的组织、策划、指挥”,在客观行为上“参与违法犯罪活动”,方可认定为恶势力成员。对于那些主观上并无加入恶势力意愿,仅因临时雇佣或被雇佣、利用或被利用以及受蒙蔽参与少量恶势力违法犯罪活动的人员，一般不应认定为恶势力成员。从实践情况来看，行为人有无参与恶势力实施的违法犯罪活动一般能够通过充分的证据直观反映，而行为人的主观认知与态度则要结合其参与违法犯罪活动时的具体行为、所起作用、与其他恶势力成员间的关系等事实予以认定。在办理案件时，应当结合《意见》规定注意把握以下两点：一是行为人在知晓与他人经常纠集在一起是为了共同实施违法犯罪的情况下，依然按照纠集者组织、策划、指挥行事，通常会具体表现为与其他成员平时联系较紧密、对所参与实施的违法犯罪活动的动机、起因、对象比较了解且行为积极、作用明显等；二是在适用恶势力成员的排除性规定时，要注意把握参与违法犯罪活动的“临时”“少量”。对于表面虽有雇佣或被雇佣、利用或被利用关系，但是长时间或者多次参与恶势力违法犯罪活动的，应当视为行为人已具有加入恶势力的意愿，避免违法犯罪分子利用规定逃避打击。

3. 关于“经常纠集在一起”的把握

根据《指导意见》规定，认定恶势力要求犯罪嫌疑人、被告人经常纠集在一起，并且多次实施违法犯罪活动。但对于“经常纠集在一起”应当如何理解、把握，《指导意见》并未明确。我们认为，认定“经常纠集在一起”，要审查犯罪嫌疑人、被告人日常联系是否紧密，但更主要的是看有无在一定时期内共同“多次实施违法犯罪活动”，前者很大程度上需要通过后者的时间跨度和参与人员稳定性来反映和证明。

（1）关于多次实施违法犯罪活动的时间跨度

“经常纠集在一起”，实际上反映了对违法犯罪组织持续性的要求，而这种持续性主要是靠一定时期内违法犯罪活动的反复实施来体现。一方面，“多次实施违法犯罪活动”需要达到一定的频密度，不能相隔过久；另一方面，也要求违法犯罪活动不能过于集中。换言之，就是“纠集在一起”的时间不能过于短暂。因此，有必要对“多次实施违法犯罪活动”的时间跨度加以适当限定。例如，甲、乙、丙三人曾经共同实施过两起寻衅滋事违法活动，之后很长一段时间里没有惹是生非，直至六七年后又共同实施了一起故意伤害犯罪，在形式上虽然符合“多人”“多次”标准，但由于违法活动和犯罪活动的时间间隔过长,实际上已经难以认定甲、乙、丙三人“经常纠集在一起”,不应以恶势力来评价。又如,甲、乙、丙三人在短短数天内连续共同实施三起违法犯罪活动,但除此之外再无其他违法犯罪事实,尽管在形式上同样也已符合“多人”“多次”标准,但由于“纠集在一起”的时间明显较短,故不足以作为违法犯罪组织来评价。当然这种情形并不绝对,如果时间虽短,但违法犯罪活动远超“多次”标准,且已造成较为恶劣的社会影响,同时符合其他认定条件的,也可以认定为恶势力。

(2)关于成员的稳定性

恶势力作为一类违法犯罪组织,其成员需要有一定的稳定性,如果每次参与实施违法犯罪活动的人员都变化不定,那么也很难认定其已形成“组织”。因此,本次出台的《意见》规定“包括纠集者在内,至少应有2名相同的成员多次参与实施违法犯罪活动”,办案时要特别注意这一点,不能不区分情况,简单地将若干不同人员实施违法犯罪活动叠加,打包后作为恶势力刑事案件来处理。

4.关于恶势力主要实施和伴随实施的违法犯罪活动

恶势力主要实施的违法犯罪活动,是指恶势力惯常实施且能够较明显地反映恶势力“为非作恶,欺压百姓”特征的违法犯罪活动。《指导意见》提示性地列举了强迫交易、故意伤害、非法拘禁、敲诈勒索、故意毁坏财物、聚众斗殴、寻衅滋事,并在之后加了一个“等”字。实践中有观点认为,犯罪嫌疑人、被告人只要多次共同实施上述七类中的一种或数种违法犯罪活动,就可以认定为恶势力。对此,前文已作分析,不能简单地以罪名来认定恶势力,办案时还要根据案件的动机、起因、对象、危害后果等综合判断。此外,实践中对于“等”字也有不同理解,《意见》第八条第一款针对该问题作出回应。

与“主要实施”相对应,开设赌场、组织卖淫、强迫卖淫、贩卖毒品、运输毒品、制造毒品、抢劫、抢夺、聚众扰乱社会秩序、聚众扰乱公共场所秩序、交通秩序以及聚众“打、砸、抢”等,是恶势力案件中伴随实施的违法犯罪活动。之所以称为“伴随实施”,是因为这些违法犯罪活动在恶势力案件中虽然也很常见,但有的缺少公开性,有的没有具体被害人,有的危害后果仅限于侵害财产权,还有的往往事出有因,故在通常情况下,仅有这些违法犯罪活动还不足以体现恶势力“为非作恶,欺压百姓”的特征。因此,如果犯罪嫌疑人、被告人仅仅是共同实施了以上一种或数种违法犯罪活动,一般不应认定为恶势力。但这也并不绝对,诸如聚众“打、砸、抢”等违法犯罪活动,在不少案件中也可以明显地反映出犯罪嫌疑人、被告人“为非作恶,欺压百姓”的特征,如果同时符合其他认定条件,也可认定为恶势力。基于以上理解,《意见》第八条第二款对《指导意见》中恶势力伴随实施的违法犯罪活动有关规定进行了进一步完善。

5. 关于反复实施单一性质违法行为的评价

《意见》第九条第一款规定:“对于反复实施强迫交易、非法拘禁、敲诈勒索、寻衅滋事等单一性质的违法行为,单次情节、数额尚不构成犯罪,但按照刑法或者有关司法解释、规范性文件的规定累加后应作为犯罪处理的,在认定是否属于‘多次实施违法犯罪活动’时,可将已用于累加的违法行为计为一次犯罪活动,其他违法行为单独计算违法活动的次数。”以上规定,主要考虑违法行为是恶势力违法犯罪活动的重要组成部分,对于认定恶势力意义重大。特别是对那些“大罪不犯,小恶不断”的团伙,如果其行为符合“为非作恶,欺压百姓”特征,且已造成较为恶劣的社会影响的,完全有必要作为恶势力打击处理。以寻衅滋事为例,假如犯罪嫌疑人、被告人共同实施了5次随意殴打他人的寻衅滋事违法行为,虽然只能按照一罪处理,但超出“多次随意殴打他人”入罪标准的那部分违法行为,可以单独计算违法活动的次数,也就是视为1次犯罪活动和2次违法活动,这样就符合了恶势力“多次实施违法犯罪活动”的要求,如果同时符合其他认定条件的,应当作为恶势力案件处理。如此认定,可以更加全面、准确评价相关违法犯罪活动所造成的社会危害。

6. 关于恶势力危害后果的认定

《指导意见》规定,恶势力“扰乱经济、社会生活秩序,造成较为恶劣的社会影响”,但没有明确前述后果应当如何认定。我们认为,恶势力“造成较为恶劣的社会影响”并不是仅指案件的社会知晓度或者产生的轰动效应,而是与黑社会性质组织形成的非法控制或者重大影响相类似,表现为对经济、社会生活秩序干扰、破坏和影响程度。故《意见》第十条借鉴黑社会性质组织犯罪危害性特征的规定,从侵害对象及其数量、违法犯罪次数、手段、规模、人身损害后果、经济损失数额、违法所得数额、引起社会秩序混乱的程度以及对人民群众安全感的影响程度等方面提出了认定恶势力危害后果的方向性指引,供办案机关结合案情和本地区实际情况综合把握。

7. 恶势力犯罪集团的有关问题

《意见》第十一条在《指导意见》有关规定的基础上对恶势力犯罪集团的定义作出了进一步明确,即符合恶势力全部认定条件,同时又符合犯罪集团法定条件的犯罪组织。可以说,恶势力是形成恶势力犯罪集团的基础,恶势力犯罪集团是恶势力的下一发展形态。与恶势力的纠集者不同,由于犯罪集团是一个法定概念,《刑法》中对犯罪集团的首要分子已有明确界定,因而《意见》对于恶势力犯罪集团首要分子的定义也宜与之保持一致。

对恶势力犯罪集团的首要分子,按照恶势力集团所犯全部罪行处罚,是用足用好《刑法》总则关于犯罪集团的规定,实现依法从严惩处的重要途径。为此,只有准确认定恶势力犯罪集团实施的违法犯罪活动,将集团与成员个人的违法犯罪区分开来,才能确保精准打击、不枉不纵。由于黑社会性质组织属于特殊的犯罪集团,因而在违法犯罪活动区分问题上与恶势力犯罪集团具有一致性,故《意见》明确直接参照《指导意见》第十条第二款的规定认定恶势力犯罪集团所实施的违法犯罪活动。

8. 关于特定群体认定恶势力、恶势力犯罪集团的问题

考虑未成年人、老年人、残疾人由于心智、身体等方面的特点,在实施违法犯罪的方式和行为表现上往往与典型的恶势力、恶势力犯罪集团有所区别。故《意见》第十二条明确,全部成员或者首要分子、纠集者以及其他重要成员均为未成年人、老年人、残疾人的,认定恶势力、恶势力犯罪集团时应当特别慎重。

（二）关于正确运用宽严相济刑事政策的有关要求

1. 关于运用宽严相济刑事政策的总体把握

宽严相济刑事政策是我国的基本刑事政策,贯穿于刑事立法、刑事司法和刑罚执行的全过程,在办理恶势力刑事案件过程中同样需要一以贯之。

宽严相济的核心就是要根据犯罪的具体情况，实行区别对待，做到该宽则宽，当严则严，宽严相济，罚当其罪。首先，对于恶势力犯罪整体来说，由于其严重的社会危害性，与办理其他刑事案件相比，在总体上应当体现依法从严惩处方针，这是宽严相济刑事政策的内在要求。其次，对具体的恶势力刑事案件而言，要深刻认识“没有区别就没有政策”，不能将依法严惩简单理解为一律从严，而是要充分体现区分情况、区别对待的原则，根据犯罪嫌疑人、被告人的主观恶性、人身危险性、在恶势力、恶势力犯罪集团中的地位、作用以及在具体犯罪中的罪责来确定不同的刑罚，切实全面发挥刑罚功能，做到坚持宽严并举、突出惩治重点，实现政治效果、法律效果和社会效果的统一。最后，要注重综合运用多种法律手段充分体现依法从“严”、从“宽”的政策要求，这也是《意见》第十三条着重解决的问题。

2. 对恶势力犯罪集团不同类型成员立功情节的把握

根据《意见》第十四条的规定，对恶势力犯罪集团首要分子的立功情节应当从严把握、区别对待。这一规定是宽严相济刑事政策的具体体现，是对既往严格把握黑社会性质组织的组织者、领导者立功情节相关规定的借鉴和发展，进一步体现了不让犯罪分子利用优势地位得利的从严惩处精神。在研究起草过程中，有观点认为，对恶势力纠集者的立功情节也应从严把握、区别对待。我们认为，恶势力犯罪集团属于为共同实施犯罪而组成的较为固定的犯罪组织，已经达到了相当高的组织化程度，离黑社会性质组织更近一步，但恶势力还处在“纠集”层面，组织较为松散，纠集者的作用一般只体现在具体违法犯罪活动中，平时与其他成员大多没有领导、管理关系，故其没有明显的优势地位，难以与恶势力犯罪集团的首要分子相提并论，故《意见》未采纳这种观点。此外，《意见》还昭示了对于恶势力犯罪集团的其他成员通过提供线索、帮助收集证据或者其他协助行为，配合司法机关查办案件的应予积极评价，并且明确提出，在侦破恶势力犯罪集团案件、查处“保护伞”等方面起到较大作用的，即使依法不能认定立功，一般也应酌情对其从轻处罚，可以起到分化、瓦解犯罪分子，提高案件查办效率的效果。

3. 对同时具有从严、从宽处罚情节的把握

实践中，常有恶势力刑事案件的犯罪嫌疑人、被告人同时具有法定、酌

定从严和法定、酌定从宽处罚情节,需要在量刑时作出总体把握。对此,《意见》在吸收《最高人民法院关于贯彻宽严相济刑事政策的若干意见》(法发〔2010〕9号)有关规定的基础上,进一步强调对于恶势力的纠集者、恶势力犯罪集团的首要分子、重要成员,量刑时要体现总体从严;对于在共同犯罪中罪责相对较小、人身危险性、主观恶性相对不大,且能够真诚认罪悔罪的其他成员,量刑时要体现总体从宽。通过这一规定,《意见》力求实现对宽和严两种手段的综合运用,对不同的犯罪和犯罪分子作出区别对待,切实做到严中有宽、宽以济严;宽中有严、严以济宽。

4. 关于认罪认罚从宽制度的适用

2018年10月26日,第十三届全国人大常委会第六次会议通过《关于修改〈中华人民共和国刑事诉讼法〉的决定》,将认罪认罚从宽制度改革成果以法律形式固定下来。认罪认罚从宽制度对于更好落实坦白从宽、全面贯彻宽严相济,推进繁简分流,实现公正与效率相统一都有着重要意义。但是,在办理恶势力刑事案件过程中能否适用该制度存在争议,实践中也确实存在"不敢用"的问题。我们认为,认罪认罚从宽制度是宽严相济、坦白从宽刑事政策的具体化和制度化,其制度定位决定了认罪认罚从宽制度没有特别的案件范围限制。故《意见》规定,恶势力刑事案件的犯罪嫌疑人、被告人自愿如实供述自己的罪行,承认指控的犯罪事实,愿意接受处罚的,可以依法从宽处理,并适用认罪认罚从宽制度。但是,需要注意,根据《刑事诉讼法》第十五条的规定,认罪认罚从宽绝不是"一律从宽",而是"依法"从宽、"可以"从宽,在适用时必须坚持宽严相济刑事政策。因此,对那些犯罪性质恶劣、犯罪手段残忍、社会危害严重的犯罪嫌疑人、被告人,其认罪认罚不足以从轻处罚的,《意见》也明确对其排除适用认罪认罚从宽制度。

(三)办理恶势力刑事案件的其他问题

1. 关于恶势力刑事案件的文书表述问题

《指导意见》第十四条第二款规定:"在相关法律文书的犯罪事实认定部分,可使用'恶势力'等表述加以描述"。这是相比以往规范性文件的一大创新之处,首次提出了恶势力的法律文书表述问题,对于办理恶势力刑事案件的制度化、规范化具有重要意义。《意见》基于一年多来扫黑除恶专项斗争的司法实践，对恶势力刑事案件法律文书的制作规范作了进一步完善，主要体现在以下两个方面：

一是《意见》第十七条将“可使用‘恶势力’等表述加以描述”的要求上升为“应当”明确表述或者定性。主要考虑，认定恶势力、恶势力犯罪集团是对犯罪嫌疑人、被告人的否定性评价，一旦认定就要在刑事诉讼各阶段对其体现整体从严，对犯罪嫌疑人、被告人的实体和程序利益影响重大。《意见》要求在法律文书中一律明确表述恶势力或者明确恶势力犯罪集团的定性，不仅体现了司法公开的基本精神，也是对当事人知情权和辩解、辩护权的进一步保障。此外，在相关法律文书中明确表述恶势力或者明确恶势力犯罪集团的定性，还有利于侦查、审查起诉、审判、执行各阶段工作的顺畅衔接，进一步提高恶势力刑事案件办理的法治化、规范化水平。

二是《意见》提出了恶势力刑事案件法律文书的制作要求和指引。《意见》明确要求认定恶势力的案件，要同时在法律文书事实部分列明恶势力的纠集者、其他成员、违法犯罪事实以及据以认定的证据；符合恶势力犯罪集团认定标准的，同时应当列明首要分子、其他成员、违法犯罪事实以及据以认定的证据，并引用《刑法》总则关于犯罪集团的相关规定。同时，《意见》还明确“被告人及其辩护人对恶势力定性提出辩解和辩护意见，人民法院可以在裁判文书中予以评析回应”，既统一了实践中的不同做法，也符合裁判说理的工作要求。

2. 关于不诉不理原则和上诉不加刑原则的适用问题

根据不诉不理原则，《意见》规定，人民检察院如果没有指控恶势力或恶势力犯罪集团的，人民法院不应主动认定，可仅就起诉指控的犯罪事实依照相关规定作出判决、裁定；还根据上诉不加刑原则规定，审理上诉案件时，一审认定黑恶势力有误，二审可以纠正，但不能增加或者升格认定，充分保障被告人的上诉权，防止上诉可能给被告人带来的不利后果。对此，在《意见》研究起草过程中曾有不同观点，认为恶势力不是独立的罪名，仅属于司法认定的事实和酌定的量刑情节，所以即便人民检察院未在起诉书中指控，人民法院在审判期间发现构成恶势力，可以主动认定；同理，一审判决在认定恶势力存在错误，该定未定的，二审法院可以通过增加认定来予以纠正。我们认为,产生这一分歧的关键在于对认定恶势力的法律意义应如何定位。根据《指导意见》和《意见》规定,认定恶势力不仅会导致量刑从重,还会产生其他不利于被告人的法律后果:一是在执行刑罚时,减刑、假释、保外就医等均会被从严掌握;二是认定恶势力后,在适用部分罪名(如敲诈勒索罪)时入罪标准会有相应降低。因此,是否认定恶势力,事实上对被告人实体、程序利益均有重大影响,应当受到不诉不理原则和上诉不加刑原则的限制,故《意见》未采纳前述观点。

（作者单位:最高人民法院）

最高人民法院　最高人民检察院　公安部　司法部
关于办理"套路贷"刑事案件若干问题的意见

为持续深入开展扫黑除恶专项斗争,准确甄别和依法严厉惩处"套路贷"违法犯罪分子,根据刑法、刑事诉讼法、有关司法解释以及最高人民法院、最高人民检察院、公安部、司法部《关于办理黑恶势力犯罪案件若干问题的指导意见》等规范性文件的规定,现对办理"套路贷"刑事案件若干问题提出如下意见:

一、准确把握"套路贷"与民间借贷的区别

1."套路贷",是对以非法占有为目的,假借民间借贷之名,诱使或迫使被害人签订"借贷"或变相"借贷""抵押""担保"等相关协议,通过虚增借贷金额、恶意制造违约、肆意认定违约、毁匿还款证据等方式形成虚假债权债务,并借助诉讼、仲裁、公证或者采用暴力、威胁以及其他手段非法占有被害人财物的相关违法犯罪活动的概括性称谓。

2."套路贷"与平等主体之间基于意思自治而形成的民事借贷关系存在本质区别,民间借贷的出借人是为了到期按照协议约定的内容收回本金并获取利息,不具有非法占有他人财物的目的,也不会在签订、履行借贷协议过程中实施虚增借贷金额、制造虚假给付痕迹、恶意制造违约、肆意认定违约、毁匿还款证据等行为。

司法实践中,应当注意非法讨债引发的案件与"套路贷"案件的区别,犯罪嫌疑人、被告人不具有非法占有目的,也未使用"套路"与借款人形成虚假债权债务,不应视为"套路贷"。因使用暴力、威胁以及其他手段强行索债构成犯罪的,应当根据具体案件事实定罪处罚。

3.实践中,"套路贷"的常见犯罪手法和步骤包括但不限于以下情形:

(1)制造民间借贷假象。犯罪嫌疑人、被告人往往以“小额贷款公司”“投资公司”“咨询公司”“担保公司”“网络借贷平台”等名义对外宣传,以低息、无抵押、无担保、快速放款等为诱饵吸引被害人借款,继而以“保证金”“行规”等虚假理由诱使被害人基于错误认识签订金额虚高的“借贷”协议或相关协议。有的犯罪嫌疑人、被告人还会以被害人先前借贷违约等理由,迫使对方签订金额虚高的“借贷”协议或相关协议。

(2)制造资金走账流水等虚假给付事实。犯罪嫌疑人、被告人按照虚高的“借贷”协议金额将资金转入被害人账户,制造已将全部借款交付被害人的银行流水痕迹,随后便采取各种手段将其中全部或者部分资金收回,被害人实际上并未取得或者完全取得“借贷”协议、银行流水上显示的钱款。

(3)故意制造违约或者肆意认定违约。犯罪嫌疑人、被告人往往会以设置违约陷阱、制造还款障碍等方式,故意造成被害人违约,或者通过肆意认定违约,强行要求被害人偿还虚假债务。

(4)恶意垒高借款金额。当被害人无力偿还时,有的犯罪嫌疑人、被告人会安排其所属公司或者指定的关联公司、关联人员为被害人偿还“借款”,继而与被害人签订金额更大的虚高“借贷”协议或相关协议,通过这种“转单平账”“以贷还贷”的方式不断垒高“债务”。

(5)软硬兼施“索债”。在被害人未偿还虚高“借款”的情况下,犯罪嫌疑人、被告人借助诉讼、仲裁、公证或者采用暴力、威胁以及其他手段向被害人或者被害人的特定关系人索取“债务”。

二、依法严惩“套路贷”犯罪

4. 实施“套路贷”过程中,未采用明显的暴力或者威胁手段,其行为特征从整体上表现为以非法占有为目的,通过虚构事实、隐瞒真相骗取被害人财物的,一般以诈骗罪定罪处罚;对于在实施“套路贷”过程中多种手段并用,构成诈骗、敲诈勒索、非法拘禁、虚假诉讼、寻衅滋事、强迫交易、抢劫、绑架等多种犯罪的,应当根据具体案件事实,区分不同情况,依照刑法及有关司法解释的规定数罪并罚或者择一重处。

5. 多人共同实施“套路贷”犯罪,犯罪嫌疑人、被告人在所参与的犯罪中起主要作用的，应当认定为主犯，对其参与或组织、指挥的全部犯罪承担刑事责任；起次要或辅助作用的，应当认定为从犯。

明知他人实施“套路贷”犯罪，具有以下情形之一的，以相关犯罪的共犯论处，但刑法和司法解释等另有规定的除外：

(1)组织发送“贷款”信息、广告，吸引、介绍被害人“借款”的；

(2)提供资金、场所、银行卡、账号、交通工具等帮助的；

(3)出售、提供、帮助获取公民个人信息的；

(4)协助制造走账记录等虚假给付事实的；

(5)协助办理公证的；

(6)协助以虚假事实提起诉讼或者仲裁的；

(7)协助套现、取现、办理动产或不动产过户等，转移犯罪所得及其产生的收益的；

(8)其他符合共同犯罪规定的情形。

上述规定中的“明知他人实施‘套路贷’犯罪”，应当结合行为人的认知能力、既往经历、行为次数和手段、与同案人、被害人的关系、获利情况、是否曾因“套路贷”受过处罚、是否故意规避查处等主客观因素综合分析认定。

6. 在认定“套路贷”犯罪数额时，应当与民间借贷相区别，从整体上予以否定性评价，“虚高债务”和以“利息”“保证金”“中介费”“服务费”“违约金”等名目被犯罪嫌疑人、被告人非法占有的财物，均应计入犯罪数额。

犯罪嫌疑人、被告人实际给付被害人的本金数额，不计入犯罪数额。

已经着手实施“套路贷”，但因意志以外原因未得逞的，可以根据相关罪名所涉及的刑法、司法解释规定，按照已着手非法占有的财物数额认定犯罪未遂。既有既遂，又有未遂，犯罪既遂部分与未遂部分分别对应不同法定刑幅度的，应当先决定对未遂部分是否减轻处罚，确定未遂部分对应的法定刑幅度，再与既遂部分对应的法定刑幅度进行比较，选择处罚较重的法定刑幅度，并酌情从重处罚；二者在同一量刑幅度的，以犯罪既遂酌情从重处罚。

7. 犯罪嫌疑人、被告人实施“套路贷”违法所得的一切财物，应当予以追缴或者责令退赔；对被害人的合法财产，应当及时返还。有证据证明是犯罪嫌疑人、被告人为实施“套路贷”而交付给被害人的本金，赔偿被害人损失后如有剩余,应依法予以没收。

犯罪嫌疑人、被告人已将违法所得的财物用于清偿债务、转让或者设置其他权利负担,具有下列情形之一的,应当依法追缴:

(1)第三人明知是违法所得财物而接受的;

(2)第三人无偿取得或者以明显低于市场的价格取得违法所得财物的;

(3)第三人通过非法债务清偿或者违法犯罪活动取得违法所得财物的;

(4)其他应当依法追缴的情形。

8. 以老年人、未成年人、在校学生、丧失劳动能力的人为对象实施"套路贷",或者因实施"套路贷"造成被害人或其特定关系人自杀、死亡、精神失常、为偿还"债务"而实施犯罪活动的,除刑法、司法解释另有规定的外,应当酌情从重处罚。

在坚持依法从严惩处的同时,对于认罪认罚、积极退赃、真诚悔罪或者具有其他法定、酌定从轻处罚情节的被告人,可以依法从宽处罚。

9. 对于"套路贷"犯罪分子,应当根据其所触犯的具体罪名,依法加大财产刑适用力度。符合刑法第三十七条之一规定的,可以依法禁止从事相关职业。

10. 三人以上为实施"套路贷"而组成的较为固定的犯罪组织,应当认定为犯罪集团。对首要分子应按照集团所犯全部罪行处罚。

符合黑恶势力认定标准的,应当按照黑社会性质组织、恶势力或者恶势力犯罪集团侦查、起诉、审判。

三、依法确定"套路贷"刑事案件管辖

11. "套路贷"犯罪案件一般由犯罪地公安机关侦查,如果由犯罪嫌疑人居住地公安机关立案侦查更为适宜的,可以由犯罪嫌疑人居住地公安机关立案侦查。犯罪地包括犯罪行为发生地和犯罪结果发生地。

"犯罪行为发生地"包括为实施"套路贷"所设立的公司所在地、"借贷"协议或相关协议签订地、非法讨债行为实施地、为实施"套路贷"而进行诉讼、仲裁、公证的受案法院、仲裁委员会、公证机构所在地,以及"套路贷"行为的预备地、开始地、途经地、结束地等。

“犯罪结果发生地”包括违法所得财物的支付地、实际取得地、藏匿地、转移地、使用地、销售地等。

除犯罪地、犯罪嫌疑人居住地外，其他地方公安机关对于公民扭送、报案、控告、举报或者犯罪嫌疑人自首的“套路贷”犯罪案件，都应当立即受理，经审查认为有犯罪事实的，移送有管辖权的公安机关处理。

黑恶势力实施的“套路贷”犯罪案件，由侦办黑社会性质组织、恶势力或者恶势力犯罪集团案件的公安机关进行侦查。

12. 具有下列情形之一的，有关公安机关可以在其职责范围内并案侦查：

（1）一人犯数罪的；

（2）共同犯罪的；

（3）共同犯罪的犯罪嫌疑人还实施其他犯罪的；

（4）多个犯罪嫌疑人实施的犯罪存在直接关联，并案处理有利于查明案件事实的。

13. 本意见自 2019 年 4 月 9 日起施行。

《关于办理"套路贷"刑事案件若干问题的意见》的理解与适用

朱和庆　周　川　李梦龙

为持续深入开展扫黑除恶专项斗争，准确甄别和依法严厉惩处"套路贷"违法犯罪分子，在全国扫黑办的统筹协调下，最高人民法院会同最高人民检察院、公安部、司法部联合制定印发了《关于办理"套路贷"刑事案件若干问题的意见》（法发〔2019〕11号，以下简称《意见》），自2019年4月9日起施行。为便于司法实践中准确理解和正确适用，现对《意见》的制定背景、主要内容予以简要介绍和说明。

一、《意见》的制定背景和过程

近年来，假借民间借贷之名实施的侵犯财产类违法犯罪活动开始出现并日益猖獗，政法机关在司法实践中对此类违法犯罪逐渐形成了"套路贷"这一称谓。在一些地区，"套路贷"已逐步发展成为黑恶势力较常实施的违法犯罪活动，严重侵害人民群众的人身权利、财产权利，严重破坏经济秩序、社会秩序，严重影响人民群众的安全感和社会和谐稳定，社会危害性极大，人民群众反映强烈。针对"套路贷"犯罪，最高人民法院、最高人民检察院、公安部、司法部于2018年1月出台的《关于办理黑恶势力犯罪案件若干问题的指导意见》（法发〔2018〕1号，以下简称《指导意见》）虽然没有明确使用"套路贷"这一称谓，但已在《指导意见》第二十条对"套路贷"犯罪的认定和处理作出了初步规定；多个地方也就办理"套路贷"刑事案件研究出台了地方性指导意见。但由于"套路贷"在全国各地的发案分布极不均衡，表现形式千差万别，一些地方对此类案件的理解、认识存在偏差，在办理"套路贷"

刑事案件时不同程度出现了“不会打”或“打不准”的问题。

为贯彻落实2018年10月全国扫黑除恶专项斗争推进会的有关部署要求，进一步统一执法办案思想，提高专项斗争的法治化水平，最高人民法院第一时间成立了专题调研小组，经过充分调研，在深入总结实践经验和突出问题的基础上研究起草了《意见》稿，并以《意见》稿为基础通过召开调研座谈会、书面征求意见等多种形式广泛听取意见，几经修改和完善后形成《意见》。《意见》经最高人民法院、最高人民检察院、公安部、司法部会签，于2019年4月9日向社会公布并施行。

二、准确把握“套路贷”与民间借贷的区别

（一）关于“套路贷”的概念

《意见》第一条对于什么是“套路贷”作出了定义。“套路贷”既不是一个法律概念也不是一个政策概念，而是在办案实践中对假借民间借贷之名非法占有他人财物的类型化违法犯罪的概括性称谓。因此，“套路贷”在之前并没有统一的定义，各地出台的有关文件对其的界定也存在不同程度差异。经认真总结各地经验，充分研究“套路贷”的不同行为方式，《意见》在《指导意见》第二十条规定的基础上明确了“套路贷”的概念，其概念主要包括以下三个方面：

一是行为目的非法性，即犯罪分子是以非法占有被害人财物为目的实施“套路贷”。明确非法占有目的，既是为了从主观方面将“套路贷”与民间借贷区分开来，也是为了在具体犯罪中区分此罪与彼罪。

二是债权债务虚假性，即犯罪分子假借民间借贷之名，通过使用“套路”，诱使或迫使被害人签订“借贷”或变相“借贷”“抵押”“担保”等相关协议，进而通过虚增借贷金额、恶意制造违约、肆意认定违约等方式形成虚假债权债务。对于犯罪分子来说，“借贷”是假，侵犯被害人的财产权利是真，“借贷”仅是一个虚假表象。

三是“讨债”手段多样性，即在被害人未按照要求交付财物时，“套路贷”犯罪分子会借助诉讼、仲裁、公证或者采用暴力、威胁以及其他手段向被害人强行“讨债”，以此实现对被害人财物的非法占有。其中，“套路贷”犯罪分

子借助公证,既有可能是为之后以虚假事实提起诉讼或者仲裁准备证据,也有可能是利用民事诉讼法中公证债权文书执行的相关规定,直接申请强制执行案涉“公证债权文书”,非法占有被害人财物。

(二)关于“套路贷”与民间借贷的区别

《意见》第二条重点解读了应当如何区分“套路贷”与民间借贷。通过前期调研,我们发现将“套路贷”与民间高利放贷、非法讨债相混淆,是当前一些地方对“套路贷”犯罪存在误解的主要原因。为此,《意见》第二条专门从主客观两个方面明确了“套路贷”与民间借贷的区别。在主观上,要注意把握行为人有无非法占有他人财物的目的,这是“套路贷”与民间借贷的本质区别。民间借贷的目的是获取利息收益,借贷双方都对实际借得的本金和将产生的利息有清醒认识,出借人通常希望借款人能按时还本付息。而“套路贷”是以借款为幌子,通过设计套路,引诱、逼迫借款人垒高债务,最终达到非法占有借款人财产的目的。在客观上,要注意把握行为人是否处心积虑设计各种套路,制造债权债务假象,非法强占他人财产的行为。例如,犯罪分子往往会以低息、无抵押等为诱饵吸引被害人“上钩”,以行业规矩为由诱使被害人签订虚高借款合同,谎称只要按时还款,虚高的借款金额就不用还,然后制造虚假给付痕迹,采用拒绝接受还款等方式刻意制造违约,通过一系列“套路”形成高额债务,达到非法占有他人财物的目的。而在民间借贷中,虽然常会出现出借人从借款本金中预扣利息、收“砍头费”的现象,但在这种情况下,预扣的利息、收取的费用是基于借贷双方的约定,借款人对于扣除利息、收取费用的金额也心知肚明,出借人后续亦不会实施故意制造违约、恶意垒高借款等行为。因此,区分“套路贷”和民间借贷,要根据案件事实和证据综合评判,不能只关注某个因素、某个情节。

此外,因为“套路贷”违背被害人的意志,或制造虚高的借款金额,或恶意垒高债务,被害人一般不可能自愿还债,所以犯罪嫌疑人、被告人往往软硬兼施“索债”,在外在行为表现上与非法讨债引发的案件有相似之处。在司法实践中,要牢牢把握有无非法占有他人财物目的这一本质区别特征,对于犯罪嫌疑人、被告人不具有非法占有目的,也未使用“套路”与借款人形成虚假债权债务,因使用暴力、威胁以及其他手段强行索债构成犯罪的,不视为"套路贷"，应当根据具体案件事实定罪处罚。

（三）关于"套路贷"常见的犯罪手法和步骤

《意见》第三条共列举了制造民间借贷假象、制造资金走账流水等虚假给付事实、故意制造违约或者肆意认定违约、恶意垒高借款金额、软硬兼施"索债"这五类"套路贷"常见犯罪手法和步骤，在实践中应当注意把握以下几个方面：

一是列举五类常见犯罪手法和步骤的目的是回应实践需要。蔓延发展迅速和地区间发案不均衡，是当前"套路贷"犯罪呈现的两个特征。在"套路贷"犯罪出现较早的地区，当地政法机关已经接触了不少"套路贷"刑事案件，对"套路贷"犯罪已经有了一定认识，积累了一定办案经验。而有些地方的政法机关由于尚未接触或刚刚开始接触"套路贷"刑事案件，对"套路贷"犯罪尚缺乏足够的认识，但却同样面临严防严惩"套路贷"犯罪的紧要任务。列举五类常见的犯罪手法和步骤，就是为了帮助办案一线直观认识"套路贷"犯罪，进而有效甄别、打击。

二是在具体的"套路贷"犯罪中，五类犯罪手法和步骤并不必然全部出现。实践中，"套路贷"犯罪在犯罪手法的具体选择上多种多样，可能多种犯罪手法并用，通过多个犯罪步骤实现对被害人财产的非法占有，也可能仅采用少量犯罪手法就达成了犯罪目的。因此，不能认为全部具备所列举的五类犯罪手法和步骤才是"套路贷"犯罪。

三是"套路贷"犯罪的犯罪手法和步骤不局限于所列举的范围。实践中，"套路贷"犯罪的表现形式千差万别，且为了逃避打击、继续攫取不法利益，不断转型变化、花样翻新，在认定"套路贷"犯罪时还是应当着重根据其假借民间借贷之名行非法占有之实的主要特征来甄别判断。

三、依法严惩"套路贷"犯罪

（一）关于"套路贷"的定罪问题

《意见》第四条对于"套路贷"犯罪案件的罪名确定问题作了提示性规定。"套路贷"犯罪在主观上以非法占有为目的，在客观上行侵财之实，但由于犯罪手段、行为表现各有不同。在办理"套路贷"刑事案件时，司法机关需要根据“套路贷”行为人非法取得他人财产的具体手段、方式，依照刑法有关犯罪的构成要件，确定具体罪名。对于未采用明显的暴力或者威胁手段，主要靠“骗”取得被害人财物的“套路贷”，一般以诈骗罪论处。例如，在有的案件中，被告人谎称自己的公司需要“冲业绩”，帮公司签订借贷协议不仅不用还款，还可以获取“好处费”，待被害人落入圈套后，便利用对方法律知识欠缺的弱点以及害怕“惹事”的心理索取所谓“债务”。由于该案中被告人主要是靠虚构事实、隐瞒真相实现非法占有目的，故应以诈骗罪定罪处罚。

但在实践中，犯罪分子实施“套路贷”的手段经常变换，还有可能构成敲诈勒索、非法拘禁、虚假诉讼、寻衅滋事、强迫交易、抢劫、绑架等多种犯罪。例如，在实施“套路贷”过程中，主要通过威胁或者要挟的方法非法占有被害人财物的，构成敲诈勒索罪。在常见的“车贷”型“套路贷”中，有的被告人在诱骗被害人签订虚高“借款”合同时，要求给被害人车辆安装GPS定位器，并编造各种借口拿走汽车备用钥匙。嗣后，通过损毁GPS定位器等方式故意造成被害人违约，再采用滋扰、恐吓等手段进行威胁，或者利用备用钥匙将车辆开走，逼迫被害人付款赎车。在该类案件中，被告人主要是利用威胁或者要挟对被害人形成心理强制，实现非法占有财物目的，因此应以敲诈勒索罪追究刑事责任。再如，对于在实施“套路贷”过程中，以暴力、胁迫或者其他方法当场劫取被害人财物的，应以抢劫罪定罪处罚。在某起“套路贷”案件中，一名被害人与被告人开设的公司签订借款4万元的合同，之后被告人肆意认定违约，指使手下挟持并殴打该被害人，通过被害人微信转账方式当场劫取16万元，应当认定该起犯罪构成抢劫罪。

在具体个案中，“套路贷”的表现形式不胜枚举，不同犯罪手段的组合、不同的犯罪情境等都可能导致案件定性或者罪数处断截然不同。以前述构成抢劫罪的案例作进一步分析，假如被告人不是当场劫取被害人本人的财物，而是在使用暴力手段挟持被害人后要求其亲友交钱赎人，那么就应以绑架罪定罪处罚。此外，犯罪分子多种手段并用，导致办案时往往需要对“一行为”或“数行为”以及是否存在竞合、牵连关系进行判断，所以，对于不同案件，应当根据具体案件事实，区分不同情况，依照《刑法》及有关司法解释的规定确定罪名和罪数。

（二）关于“套路贷”的共犯认定

《意见》第五条对于“套路贷”犯罪案件中的共犯问题作出了规定。实践中，“套路贷”犯罪多为共同犯罪，分工日趋细化，环节众多，其中“拉客户”、协助制造走账记录等配合、支持、帮助行为对于“套路贷”犯罪顺利实施并最终达成非法占有目的发挥了重要作用。由于“套路贷”犯罪的暴利性，围绕“套路贷”俨然已经形成了一个犯罪链条，不仅产生了所谓“贷款中介”等专门为“套路贷”犯罪分子提供“服务”的职业化群体，而且还有一些具有专业知识背景或者在相关行业从业的人员参与其中，在加剧“套路贷”犯罪社会危害的同时，也增加了发现、惩治犯罪的难度。为实现对“套路贷”犯罪的全链条打击，《意见》明确了“套路贷”共同犯罪人的处理，规定明知他人实施“套路贷”犯罪，仍具有组织发送“贷款”信息、广告，吸引、介绍被害人“借款”等情形的，除《刑法》和司法解释等另有规定外，以相关犯罪的共犯论处。

根据《刑法》第二十五条的规定，共同犯罪离不开共同犯意，而共同犯意历来又是司法实践中的认定难点。在《意见》起草过程中，《意见》稿一度采用“与‘套路贷’犯罪分子事先通谋”才能以共犯论处的观点。在后续修改中将“通谋”改为“明知”，主要考虑“通谋”一般会被理解为二名以上行为人通过交流沟通形成共同犯罪故意的过程，而反映这一过程的证据往往难以获取，大多数情况下严重依赖口供，容易出现只要一方否认就难以形成闭合证据链的情况。尤其在当前“套路贷”犯罪链条化的背景下，“套路贷”共同犯罪人之间分工明确、配合默契，往往通过心照不宣的方式形成犯意联络，不再依赖明示沟通，如果以“通谋”作为入罪条件，可能会在实践中抬高认定标准，从而放纵犯罪。但是，将“通谋”改为“明知”并不意味着可以无视共同犯罪基本原理，摒弃共同犯意这一共同犯罪成立的主观要件，办案时，对于行为人之间有无意思联络应当作出准确的审查判断。

对于如何审查判断行为人是否“明知他人实施‘套路贷’犯罪”，《意见》第五条第三款规定：“应当结合行为人的认知能力、既往经历、行为次数和手段、与同案人、被害人的关系、获利情况、是否曾因‘套路贷’受过处罚、是否故意规避查处等主客观因素综合分析认定。”在实践中，对“明知”作出判断需要基于一定的事实基础，指向行为人主观“明知”的因素越多、指向性越强，司法工作人员也就越能作出准确判断。因此，对于前述认定“明知”的考量因素，应当准确理解、通盘考虑、综合评定，不能“只看一点、不及其余”，要切实防止认定范围不当扩大。

（三）关于“套路贷”犯罪数额的认定

《意见》第六条对“套路贷”犯罪数额认定进行了说明。由于“套路贷”假借民间借贷之名行非法占有之实，其非法占有被害人的财物多以“利息”“保证金”等名目混淆视听。在办理“套路贷”刑事案件时，要牢牢把握“套路贷”的本质是以非法占有为目的而实施的违法犯罪，不能适用民间借贷法律关系，也不可能产生合法收入。因此，除犯罪嫌疑人、被告人实际给付被害人的本金数额之外，“虚高债务”和以“利息”“保证金”“中介费”“服务费”“违约金”等名目被非法占有的财物，均应计入犯罪数额。《意见》基于以上分析，在吸收《指导意见》有关规定的基础上，进一步提出了“从整体上予以否定性评价”的“套路贷”犯罪数额认定原则，并分别明确了计人“套路贷”犯罪数额的对象范围。此外，《意见》第六条第三款还根据《关于办理诈骗刑事案件具体应用法律若干问题的解释》（法释〔2011〕7号）等有关司法解释、规范性文件规定的数额犯犯罪未遂认定及处罚方法，明确了“套路贷”犯罪未遂的认定以及既未遂情形并存时应如何处罚的问题。

（四）关于“套路贷”刑事案件中的涉案财产处置

根据《刑法》第六十四条以及有关司法解释、规范性文件的规定，《意见》第七条中明确了“套路贷”犯罪违法所得财物的追缴或者责令退赔、被害人合法财产的返还以及为实施“套路贷”而交付给被害人本金的处置等问题。其中，根据《刑法》的规定，“为实施‘套路贷’而交付给被害人的本金”属于犯罪所用之物，应予没收。但从司法实践来看，在被害人自身损失没有得到补偿的情况下，直接让被害人退出犯罪嫌疑人、被告人先前为实施“套路贷”而交付的本金，显然有悖常理常情，相关裁判也难以得到有效执行。为便于办案一线操作，《意见》规定，有证据证明是犯罪嫌疑人、被告人为实施“套路贷”而交付给被害人的本金，赔偿被害人损失后如有剩余，应依法予以没收。

（五）关于“套路贷”犯罪的量刑情节

《意见》第八条秉持有关司法解释、规范性文件的一贯精神，明确对以社会弱势群体为对象实施，以及造成后果的“套路贷”犯罪酌情从重处罚。在强调依法从严惩处“套路贷”犯罪的同时，《意见》还坚持贯彻宽严相济的刑事政策，明确对于认罪认罚、积极退赃、真诚悔罪或者具有其他法定、酌定从轻处罚情节的被告人，可以依法从宽处罚，鼓励被告人认罪服法、退赔退赃，确保案件的裁判效果。

（六）关于“套路贷”犯罪集团和涉“套路贷”黑恶势力的认定

实践中，“套路贷”是一些黑恶势力常用的犯罪手段，经常会出现“套路贷”犯罪与黑恶势力犯罪之间相互交织的情形。一方面，“套路贷”犯罪获利快、收益高，所采用的“套路”易于复制，容易被黑恶势力利用，用以聚敛财富。另一方面，一些“套路贷”犯罪分子正在逐渐采用公司化模式有组织地实施犯罪，加上常常借助暴力、威胁的方式“讨债”，如果任其肆意发展，很容易蜕变为黑恶势力。正因为“套路贷”犯罪与黑恶势力犯罪之间客观上存在关联，所以《意见》才作为扫黑除恶专项斗争系列规范性文件出台，目的就是准确甄别、依法严惩“套路贷”犯罪，及时铲除黑恶势力犯罪滋生蔓延的土壤。但是，我们要认识到“套路贷”犯罪并不必然就是黑恶势力犯罪，不能因为二者存在关联就简单地在“套路贷”犯罪与黑恶势力犯罪之间画等号。首先，从犯罪主体上看，“套路贷”犯罪可以是黑恶势力实施，也可以是普通的个人、团伙或者犯罪集团实施。只有实施“套路贷”犯罪的行为人同时具备黑恶势力特征的，才能认定为黑恶势力。即使有的团伙、人员实施了“套路贷”犯罪，只要黑恶势力特征不齐备，不完全符合黑恶势力认定标准，就不能认定为黑恶势力。其次，从犯罪目的上看，黑恶势力犯罪意图多元化，既包括聚敛财富，也包括形成非法秩序、非法影响力。而一般“套路贷”犯罪的目的就是侵财，虽然在实现该犯罪目的的过程中，时常会伴随发生其他违法犯罪活动，但是这些活动都是围绕侵财目的实施的，具有附属性。为准确界分“套路贷”犯罪与涉“套路贷”黑恶势力犯罪，《意见》第十条第一款规定“套路贷”犯罪集团认定条件、处罚原则的基础上，在第二款明确要求对符合黑恶势力认定标准的“套路贷”犯罪，应当按照黑社会性质组织、恶势力或者恶势力犯罪集团侦查、起诉、审判。

四、关于"套路贷"刑事案件的管辖问题

目前,"套路贷"犯罪往往具有被害人多、涉及范围广、各犯罪环节实施地点分散等特点。为解决实践出现的新问题,《意见》第十一条、第十二条严格依照刑事诉讼法有关规定,本着有利于查清犯罪事实,有利于诉讼的原则,对"套路贷"刑事案件管辖和并案侦查作出针对性规定,较为全面地列举了"套路贷"犯罪的"犯罪行为发生地"和"犯罪结果发生地",并明确在一人犯数罪、共同犯罪等四类情形下,有关公安机关可以在其职责范围内并案侦查,为公正、高效执法办案提供了保障。对于涉"套路贷"黑恶势力犯罪,考虑"套路贷"通常只是黑恶势力犯罪事实中的一个部分,为确保黑恶势力犯罪案件办理的完整性、全面性,《意见》规定此类案件由侦办黑社会性质组织、恶势力或者恶势力犯罪集团案件的公安机关进行侦查。此外,《意见》还明确公民扭送、报案、控告、举报"套路贷"犯罪的,公安机关都应当立即受理,经审查认为有犯罪事实的,依照管辖的规定处理或移送,确保人民群众能够在第一时间得到司法保障。

(作者单位:最高人民法院)

最高人民法院　最高人民检察院　公安部　司法部
关于办理实施“软暴力”的刑事案件若干问题的意见

为深入贯彻落实中央关于开展扫黑除恶专项斗争的决策部署，正确理解和适用最高人民法院、最高人民检察院、公安部、司法部《关于办理黑恶势力犯罪案件若干问题的指导意见》（法发〔2018〕1号，以下简称《指导意见》）关于对依法惩处采用“软暴力”实施犯罪的规定，依法办理相关犯罪案件，根据《刑法》《刑事诉讼法》及有关司法解释、规范性文件，提出如下意见：

一、“软暴力”是指行为人为谋取不法利益或形成非法影响，对他人或者在有关场所进行滋扰、纠缠、哄闹、聚众造势等，足以使他人产生恐惧、恐慌进而形成心理强制，或者足以影响、限制人身自由、危及人身财产安全，影响正常生活、工作、生产、经营的违法犯罪手段。

二、“软暴力”违法犯罪手段通常的表现形式有：

（一）侵犯人身权利、民主权利、财产权利的手段，包括但不限于跟踪贴靠、扬言传播疾病、揭发隐私、恶意举报、诬告陷害、破坏、霸占财物等；

（二）扰乱正常生活、工作、生产、经营秩序的手段，包括但不限于非法侵入他人住宅、破坏生活设施、设置生活障碍、贴报喷字、拉挂横幅、燃放鞭炮、播放哀乐、摆放花圈、泼洒污物、断水断电、堵门阻工，以及通过驱赶从业人员、派驻人员据守等方式直接或间接地控制厂房、办公区、经营场所等；

（三）扰乱社会秩序的手段，包括但不限于摆场架势示威、聚众哄闹滋扰、拦路闹事等；

（四）其他符合本意见第一条规定的“软暴力”手段。

通过信息网络或者通讯工具实施，符合本意见第一条规定的违法犯罪手段,应当认定为“软暴力”。

三、行为人实施“软暴力”,具有下列情形之一,可以认定为足以使他人产生恐惧、恐慌进而形成心理强制或者足以影响、限制人身自由、危及人身财产安全或者影响正常生活、工作、生产、经营:

(一)黑恶势力实施的;

(二)以黑恶势力名义实施的;

(三)曾因组织、领导、参加黑社会性质组织、恶势力犯罪集团、恶势力以及因强迫交易、非法拘禁、敲诈勒索、聚众斗殴、寻衅滋事等犯罪受过刑事处罚后又实施的;

(四)携带凶器实施的;

(五)有组织地实施的或者足以使他人认为暴力、威胁具有现实可能性的;

(六)其他足以使他人产生恐惧、恐慌进而形成心理强制或者足以影响、限制人身自由、危及人身财产安全或者影响正常生活、工作、生产、经营的情形。

由多人实施的,编造或明示暴力违法犯罪经历进行恐吓的,或者以自报组织、头目名号、统一着装、显露纹身、特殊标识以及其他明示、暗示方式,足以使他人感知相关行为的有组织性的,应当认定为“以黑恶势力名义实施”。

由多人实施的,只要有部分行为人符合本条第一款第(一)项至第(四)项所列情形的,该项即成立。

虽然具体实施“软暴力”的行为人不符合本条第一款第(一)项、第(三)项所列情形,但雇佣者、指使者或者纠集者符合的,该项成立。

四、“软暴力”手段属于《刑法》第二百九十四条第五款第(三)项“黑社会性质组织行为特征”以及《指导意见》第14条“恶势力”概念中的“其他手段”。

五、采用“软暴力”手段,使他人产生心理恐惧或者形成心理强制,分别属于《刑法》第二百二十六条规定的“威胁”、《刑法》第二百九十三条第一款第(二)项规定的“恐吓”,同时符合其他犯罪构成要件的,应当分别以强迫交易罪、寻衅滋事罪定罪处罚。

《关于办理寻衅滋事刑事案件适用法律若干问题的解释》第二条至第四条中的"多次"一般应当理解为二年内实施寻衅滋事行为三次以上。三次以上寻衅滋事行为既包括同一类别的行为,也包括不同类别的行为;既包括未受行政处罚的行为,也包括已受行政处罚的行为。

六、有组织地多次短时间非法拘禁他人的,应当认定为《刑法》第二百三十八条规定的"以其他方法非法剥夺他人人身自由"。非法拘禁他人三次以上、每次持续时间在四小时以上,或者非法拘禁他人累计时间在十二小时以上的,应当以非法拘禁罪定罪处罚。

七、以"软暴力"手段非法进入或者滞留他人住宅的,应当认定为《刑法》第二百四十五条规定的"非法侵入他人住宅",同时符合其他犯罪构成要件的,应当以非法侵入住宅罪定罪处罚。

八、以非法占有为目的,采用"软暴力"手段强行索取公私财物,同时符合《刑法》第二百七十四条规定的其他犯罪构成要件的,应当以敲诈勒索罪定罪处罚。

《关于办理敲诈勒索刑事案件适用法律若干问题的解释》第三条中"二年内敲诈勒索三次以上",包括已受行政处罚的行为。

九、采用"软暴力"手段,同时构成两种以上犯罪的,依法按照处罚较重的犯罪定罪处罚,法律另有规定的除外。

十、根据本意见第五条、第八条规定,对已受行政处罚的行为追究刑事责任的,行为人先前所受的行政拘留处罚应当折抵刑期,罚款应当抵扣罚金。

十一、雇佣、指使他人采用"软暴力"手段强迫交易、敲诈勒索,构成强迫交易罪、敲诈勒索罪的,对雇佣者、指使者,一般应当以共同犯罪中的主犯论处。

为强索不受法律保护的债务或者因其他非法目的,雇佣、指使他人采用"软暴力"手段非法剥夺他人人身自由构成非法拘禁罪,或者非法侵入他人住宅、寻衅滋事,构成非法侵入住宅罪、寻衅滋事罪的,对雇佣者、指使者,一般应当以共同犯罪中的主犯论处;因本人及近亲属合法债务、婚恋、家庭、邻里纠纷等民间矛盾而雇佣、指使,没有造成严重后果的,一般不作为犯罪处理,但经有关部门批评制止或者处理处罚后仍继续实施的除外。

十二、本意见自2019年4月9日起施行。

最高人民法院　最高人民检察院　公安部　司法部
关于办理黑恶势力刑事案件中财产处置若干问题的意见

为认真贯彻中央关于开展扫黑除恶专项斗争的重大决策部署，彻底铲除黑恶势力犯罪的经济基础，根据刑法、刑事诉讼法及最高人民法院、最高人民检察院、公安部、司法部《关于办理黑恶势力犯罪案件若干问题的指导意见》（法发〔2018〕1号）等规定，现对办理黑恶势力刑事案件中财产处置若干问题提出如下意见：

一、总体工作要求

1. 公安机关、人民检察院、人民法院在办理黑恶势力犯罪案件时，在查明黑恶势力组织违法犯罪事实并对黑恶势力成员依法定罪量刑的同时，要全面调查黑恶势力组织及其成员的财产状况，依法对涉案财产采取查询、查封、扣押、冻结等措施，并根据查明的情况，依法作出处理。

前款所称处理既包括对涉案财产中犯罪分子违法所得、违禁品、供犯罪所用的本人财物以及其他等值财产等依法追缴、没收，也包括对被害人的合法财产等依法返还。

2. 对涉案财产采取措施，应当严格依照法定条件和程序进行。严禁在立案之前查封、扣押、冻结财物。凡查封、扣押、冻结的财物，都应当及时进行审查，防止因程序违法、工作瑕疵等影响案件审理以及涉案财产处置。

3. 对涉案财产采取措施，应当为犯罪嫌疑人、被告人及其所扶养的亲属保留必需的生活费用和物品。

根据案件具体情况，在保证诉讼活动正常进行的同时，可以允许有关人员继续合理使用有关涉案财产，并采取必要的保值保管措施，以减少案件办理对正常办公和合法生产经营的影响。

4.要彻底摧毁黑社会性质组织的经济基础，防止其死灰复燃。对于组织者、领导者一般应当并处没收个人全部财产。对于确属骨干成员或者为该组织转移、隐匿资产的积极参加者，可以并处没收个人全部财产。对于其他组织成员，应当根据所参与实施违法犯罪活动的次数、性质、地位、作用、违法所得数额以及造成损失的数额等情节，依法决定财产刑的适用。

5.要深挖细查并依法打击黑恶势力组织进行的洗钱以及掩饰、隐瞒犯罪所得、犯罪所得收益等转变涉案财产性质的关联犯罪。

二、依法采取措施全面收集证据

6.公安机关侦查期间，要根据《公安机关办理刑事案件适用查封、冻结措施相关规定》（公通字〔2013〕30 号）等有关规定，会同有关部门全面调查黑恶势力及其成员的财产状况，并可以根据诉讼需要，先行依法对下列财产采取查询、查封、扣押、冻结等措施：

（1）黑恶势力组织的财产；

（2）犯罪嫌疑人个人所有的财产；

（3）犯罪嫌疑人实际控制的财产；

（4）犯罪嫌疑人出资购买的财产；

（5）犯罪嫌疑人转移至他人名下的财产；

（6）犯罪嫌疑人涉嫌洗钱以及掩饰、隐瞒犯罪所得、犯罪所得收益等犯罪涉及的财产；

（7）其他与黑恶势力组织及其违法犯罪活动有关的财产。

7.查封、扣押、冻结已登记的不动产、特定动产及其他财产，应当通知有关登记机关，在查封、扣押、冻结期间禁止被查封、扣押、冻结的财产流转，不得办理被查封、扣押、冻结财产权属变更、抵押等手续。必要时可以提取有关产权证照。

8.公安机关对于采取措施的涉案财产，应当全面收集证明其来源、性质、用途、权属及价值的有关证据，审查判断是否应当依法追缴、没收。

证明涉案财产来源、性质、用途、权属及价值的有关证据一般包括：

(1)犯罪嫌疑人、被告人关于财产来源、性质、用途、权属、价值的供述；

(2)被害人、证人关于财产来源、性质、用途、权属、价值的陈述、证言；

(3)财产购买凭证、银行往来凭据、资金注入凭据、权属证明等书证；

(4)财产价格鉴定、评估意见；

(5)可以证明财产来源、性质、用途、权属、价值的其他证据。

9. 公安机关对应当依法追缴、没收的财产中黑恶势力组织及其成员聚敛的财产及其孳息、收益的数额，可以委托专门机构评估；确实无法准确计算的，可以根据有关法律规定及查明的事实、证据合理估算。

人民检察院、人民法院对于公安机关委托评估、估算的数额有不同意见的，可以重新委托评估、估算。

10. 人民检察院、人民法院根据案件诉讼的需要，可以依法采取上述相关措施。

三、准确处置涉案财产

11. 公安机关、人民检察院应当加强对在案财产审查甄别。在移送审查起诉、提起公诉时，一般应当对采取措施的涉案财产提出处理意见建议，并将采取措施的涉案财产及其清单随案移送。

人民检察院经审查，除对随案移送的涉案财产提出处理意见外，还需要对继续追缴的尚未被足额查封、扣押的其他违法所得提出处理意见建议。

涉案财产不宜随案移送的，应当按照相关法律、司法解释的规定，提供相应的清单、照片、录像、封存手续、存放地点说明、鉴定、评估意见、变价处理凭证等材料。

12. 对于不宜查封、扣押、冻结的经营性财产，公安机关、人民检察院、人民法院可以申请当地政府指定有关部门或者委托有关机构代管或者托管。

对易损毁、灭失、变质等不宜长期保存的物品，易贬值的汽车、船艇等物品，或者市场价格波动大的债券、股票、基金等财产，有效期即将届满的汇票、本票、支票等，经权利人同意或者申请，并经县级以上公安机关、人民检察院或者人民法院主要负责人批准，可以依法出售、变现或者先行变卖、拍卖,所得价款由扣押、冻结机关保管,并及时告知当事人或者其近亲属。

13. 人民检察院在法庭审理时应当对证明黑恶势力犯罪涉案财产情况进行举证质证,对于既能证明具体个罪又能证明经济特征的涉案财产情况相关证据在具体个罪中出示后,在经济特征中可以简要说明,不再重复出示。

14. 人民法院作出的判决,除应当对随案移送的涉案财产作出处理外,还应当在判决书中写明需要继续追缴尚未被足额查封、扣押的其他违法所得;对随案移送财产进行处理时,应当列明相关财产的具体名称、数量、金额、处置情况等。涉案财产或者有关当事人人数较多,不宜在判决书正文中详细列明的,可以概括叙述并另附清单。

15. 涉案财产符合下列情形之一的,应当依法追缴、没收:

(1)黑恶势力组织及其成员通过违法犯罪活动或者其他不正当手段聚敛的财产及其孳息、收益;

(2)黑恶势力组织成员通过个人实施违法犯罪活动聚敛的财产及其孳息、收益;

(3)其他单位、组织、个人为支持该黑恶势力组织活动资助或者主动提供的财产;

(4)黑恶势力组织及其成员通过合法的生产、经营活动获取的财产或者组织成员个人、家庭合法财产中,实际用于支持该组织活动的部分;

(5)黑恶势力组织成员非法持有的违禁品以及供犯罪所用的本人财物;

(6)其他单位、组织、个人利用黑恶势力组织及其成员违法犯罪活动获取的财产及其孳息、收益;

(7)其他应当追缴、没收的财产。

16. 应当追缴、没收的的财产已用于清偿债务或者转让、或者设置其他权利负担,具有下列情形之一的,应当依法追缴:

(1)第三人明知是违法犯罪所得而接受的;

(2)第三人无偿或者以明显低于市场的价格取得涉案财物的;

(3)第三人通过非法债务清偿或者违法犯罪活动取得涉案财物的;

(4)第三人通过其他方式恶意取得涉案财物的。

17. 涉案财产符合下列情形之一的,应当依法返还:

(1)有证据证明确属被害人合法财产;

(2)有证据证明确与黑恶势力及其违法犯罪活动无关。

18. 有关违法犯罪事实查证属实后,对于有证据证明权属明确且无争议的被害人、善意第三人或者其他人员合法财产及其孳息,凡返还不损害其他利害关系人的利益,不影响案件正常办理的,应当在登记、拍照或者录像后,依法及时返还。

四、依法追缴、没收其他等值财产

19. 有证据证明依法应当追缴、没收的涉案财产无法找到、被他人善意取得、价值灭失或者与其他合法财产混合且不可分割的,可以追缴、没收其他等值财产。

对于证明前款各种情形的证据,公安机关或者人民检察院应当及时调取。

20. 本意见第19条所称"财产无法找到",是指有证据证明存在依法应当追缴、没收的财产,但无法查证财产去向、下落的。被告人有不同意见的,应当出示相关证据。

21. 追缴、没收的其他等值财产的数额,应当与无法直接追缴、没收的具体财产的数额相对应。

五、其他

22. 本意见所称孳息,包括天然孳息和法定孳息。

本意见所称收益,包括但不限于以下情形:

(1)聚敛、获取的财产直接产生的收益,如使用聚敛、获取的财产购买彩票中奖所得收益等;

(2)聚敛、获取的财产用于违法犯罪活动产生的收益,如使用聚敛、获取的财产赌博赢利所得收益、非法放贷所得收益、购买并贩卖毒品所得收益等;

(3)聚敛、获取的财产投资、置业形成的财产及其收益;

(4)聚敛、获取的财产和其他合法财产共同投资或者置业形成的财产中,与聚敛、获取的财产对应的份额及其收益;

(5)应当认定为收益的其他情形。

23. 本意见未规定的黑恶势力刑事案件财产处置工作其他事宜,根据相关法律法规、司法解释等规定办理。

24. 本意见自 2019 年 4 月 9 日起施行。

《关于办理黑恶势力刑事案件中财产处置若干问题的意见》解读

曹红虹

为认真贯彻落实中央关于开展扫黑除恶专项斗争的部署要求，正确理解和适用最高人民法院、最高人民检察院、公安部、司法部（以下简称两高两部）2018年《关于办理黑恶势力犯罪案件若干问题的指导意见》（以下简称《指导意见》），2019年4月9日，两高两部印发《关于办理黑恶势力刑事案件中财产处置若干问题的意见》（以下简称《财产处置意见》），自公布之日起施行。《财产处置意见》认真按照中办、国办2015年1月印发的《关于进一步规范刑事诉讼涉案财物处置工作的意见》（以下简称《涉案财物处置意见》）的有关要求，针对扫黑除恶斗争实践中公检法机关在刑事诉讼涉案财产处置工作中存在的问题和困难，进一步明确黑恶势力财产的范围，完善了相关工作机制以及操作规程，对规范司法、严格执法必将发挥积极作用。为便于理解和适用，现对《财产处置意见》的起草背景、思路和主要内容作如下说明。

一、《财产处置意见》的起草背景和思路

涉案财物的查封、扣押、冻结、保管、处理一直是刑事诉讼中的一项重要工作，不仅关系诉讼活动的顺利进行和当事人合法权益的保障，更关系司法公正和司法机关的公信力。扫黑除恶专项斗争开展以来，如何准确打击黑恶势力，铲除黑恶势力经济基础，避免其死灰复燃，成为扫黑除恶工作的重点内容。2018年，打黑除恶专项斗争开展之初，为了依法打击黑恶势力，严惩黑恶势力犯罪，两高两部颁发了《指导意见》，对规范执法起到了积极作

用,其中第七部分对涉黑恶势力财产依法处置进行了规定。当前,扫黑除恶专项斗争进入第二年,也是扫黑除恶工作的关键之年,实践中反映出涉黑恶财产如何认定,处置程序如何操作,《指导意见》的某些规定如何理解等问题,需要进一步明确。

长期以来,党中央对规范刑事诉讼涉案财物工作高度重视,《涉案财物处置意见》对公检法机关开展刑事诉讼处置涉案财物工作提出明确要求。在扫黑除恶专项斗争中应当遵照执行。刑事诉讼法对涉案财物的处置在侦查环节、审查起诉环节、审判环节分别进行规定。各部门对于涉案财物的处置历来高度重视,联合或者单独在多个文件及司法解释中作出规范,以保证该项工作合法、有序进行。如2012年最高人民法院、最高人民检察院、公安部、国家安全部、司法部、全国人大常委会法制工作委员会联合发布的《关于实施刑事诉讼法若干问题的规定》对公安机关、检察机关在财产处置中的职能进行了限定,又明确了犯罪嫌疑人、被告人死亡后其涉案财产的处理方式,是对刑事诉讼法的细化规范。最高人民法院、最高人民检察院及公安部等在不同的文件和司法解释中对刑事案件涉案财物进行规定,规范处置。特别是检察机关根据实践需要先后制定下发了不同的文件提出要求,2010年修订出台《人民检察院扣押、冻结涉案款物工作规定》(以下简称《工作规定》)、2012年修订出台《人民检察院刑事诉讼规则(试行)》(以下简称《刑诉规则》)、2013年修订出台《检察机关执法工作基本规范(2013年版)》等,从不同角度对涉案财物的调查、查封、扣押、冻结、保管、处理等工作作出规范,在扫黑除恶专项斗争中应当继续援引适用。

这次专项斗争既要严惩黑恶势力犯罪,打击黑恶势力成员,又要准确认定涉黑恶财产,"打财断血",铲除黑恶势力经济根基。为了进一步提升司法公信力,体现办理黑恶势力刑事案件的特殊性,最高人民检察院根据全国扫黑除恶专项斗争小组要求,及时启动对《关于办理黑恶势力犯罪案件中财产处置若干问题的意见》的起草工作,在多次赴地方调研、召开座谈会、书面征求公安机关、法院、司法行政部门及各省级检察院和最高人民检察院相关内设机构意见的基础上,经反复修改,形成《财产处置意见》。

《财产处置意见》贯彻落实《指导意见》要求,严格遵照《涉案财物处置意见》规定,结合最高人民法院印发的《关于刑事裁判涉案财物部分执行的若干规定》、最高人民检察院印发的《人民检察院刑事诉讼涉案财物管理规定》、公安部印发的《公安机关涉案财物管理若干规定》等相关规定内容,同时充分考虑了黑恶势力刑事案件的特点。主要遵循以下思路:

一是《财产处置意见》从制度上重视并加大了对涉案财物的审查、处置力度,以保证从经济上遏制黑恶势力"死灰复燃"的可能性。例如,在《财产处置意见》第四部分对"追缴、没收其他等值财产"作出详细规定。第十六条明确规定了关于第三人非善意取得涉案财物应当依法追缴的情形。在第二十二条对于"收益"的界定中,也将聚敛、获取的财产投资、置业形成的财产及其收益列在其中,加大了对黑恶势力涉案财物的追缴力度。此外,黑恶势力犯罪往往会衍生、牵连、依托于其他犯罪行为。因此,在打击黑恶势力犯罪的策略上必须"以点带面",深挖关联犯罪。对此,《财产处置意见》也对深挖打击黑恶势力犯罪相关经济犯罪,如洗钱,以及掩饰、隐瞒犯罪所得、犯罪收益等作出了规定,目的是深挖彻查,真正从经济基础方面遏制黑恶势力死灰复燃。

二是对涉黑恶势力财产的处置突出一定特殊性及针对性。当前,黑恶势力刑事案件除传统暴力犯罪外,在经济犯罪领域亦呈高发态势,通常表现为以暴力追求或维护不正当商业竞争优势,常见的如强迫交易、非法经营等,所涉个罪通常都涉及财产刑或涉案财产的处置。攫取经济利益、扩充经济实力,不仅是黑恶势力实施违法犯罪活动的主要目标,也是其称霸一方,实现一定行业领域或地域区域非法控制并向黑社会性质组织发展过渡的物质基础。因此,从打击黑恶势力犯罪的角度来看,不仅要打击犯罪组织及其成员,还要对涉案财物作出及时处理。因此,在刑事诉讼过程中对涉黑恶势力财产的处置应有一定特殊性及针对性。在过去一年的扫黑除恶专项斗争活动中,公安机关、司法机关在推进相关工作中对涉案财物处置时,常常面临诸如何时冻结财产、冻结范围、涉黑恶案件涉案财物的界定等一系列问题。《财产处置意见》的出台,着重解决此类涉黑恶势力案件所特有的问题。

三是进一步明确处置涉黑恶财产相关部门的具体职责和工作流程。涉案财物工作涉及多个部门和多个环节,为防止权责不清、处理不到位,《财产处置意见》对公安机关、检察机关、法院的职责分工和工作衔接、操作规程等作出具体规定。强调了公检法在打击涉黑恶犯罪、处置涉黑恶犯罪财产时要形成合力。规定了公检法在办案时,要依法运用查询、查封、扣押、冻结、追缴、没收等手段摧毁黑恶势力犯罪经济基础,强调了不同诉讼阶段各自的任务。特别是公安机关、检察机关应当加强对在案财产审查甄别。在侦查和审查起诉阶段,就要逐步甄别组织及其成员的财产性质和有效剥离其黑化部分,明确权属关系,坚持抓捕涉案人员和查清涉案财产同步进行,在移送审查起诉、提起公诉时,要"提出处理意见建议",对继续追缴的尚未被足额查封、扣押的其他违法所得同样予以处理,真正做到部门联动、整体发力,彻底摧毁黑恶势力犯罪经济基础。

二、《财产处置意见》的主要内容

《财产处置意见》共分五部分二十四条,第一部分规定了财产处置的总体要求,包括涉黑恶财产范围和处理方式。第二部分是公安机关对黑恶势力及其成员财产采取措施的方式,对于证明涉案财产属性的证据等进行列举式规定。第三部分规定在每个诉讼环节中,公、检、法均应对涉黑恶势力财产处置担当责任,强调不同诉讼阶段司法机关的任务,督促各部门责任到位,对查处涉黑恶财产形成合力。第四部分是对"追缴、没收其他等值财产"程序的详细规定,对这种处理方式进行了严格限定。第五部分对"孳息"进行了规定,列举了"收益"的部分情形。主要包括以下几个方面的内容。

(一)对公安机关、检察机关、法院在办理黑恶势力刑事案件中财产处置提出了总体工作要求

黑恶势力犯罪相较一般犯罪而言,涉案财产往往来源广泛、形态多样、权属混同、收益多元、往来频繁、规模数额大、法律关系复杂,因此,对黑恶势力犯罪财产查处需要有针对性地提出工作要求。《财产处置意见》强调"全面调查,依法处理,严格程序",为实现彻底摧毁黑恶势力经济基础,对黑恶势力财产状况的调查取证提出了具体和明确的要求,并提供了工作方法与程序指南。《财产处置意见》要求公检法机关全面调查黑恶势力组织及其成员的财产状况,明确处置的范围和方式。处置的财产范围包括"黑恶势力组

织及其成员的财产”，关键词是“全面调查”。对涉案财产中犯罪分子违法所得、违禁品、供犯罪所用的本人财物要进行“全面调查”，特别需要强调的是，以往的财产处置文件都是针对刑事案件中的“涉案财产”，即对采取措施的在案财产进行处理，处理方式都是“追缴、没收、返还”等，而《财产处置意见》根据《指导意见》中“追缴、没收其他等值财产”的规定，考虑黑恶势力犯罪持续时间一般较长，有的盘踞多年，财产成分、类型和流转情况相当复杂，财产权属混同，要彻底摧毁其财产基础，不仅要对“已采取措施的涉案财产”查“财产属性”并决定如何处理，还要对审查认定的犯罪所得财产查“财产去向”，是否存在需要“继续追缴的尚未被足额查封、扣押的其他违法所得”，并判断是否需要“追缴、没收其他等值财产”。只有将两种方法相结合，才能有效解决司法实践中存在的“涉案财产属性难以认定”等困难，才能依法有效地对已采取措施的财产作出处理，必要时没收等值财产，最大限度地保证依法摧毁黑恶势力的经济基础。要求在对“违法所得、违禁品、供犯罪所用的本人财物”查扣不能时，要对对应的其他等值财产等依法追缴、没收。当然，扫黑除恶专项斗争同时强调财产处置要严格依法。主要是针对以往司法实践中出现的违规违法处置财产的问题，再一次进行强调，确保不因程序违法、工作瑕疵等影响案件审理以及处置决定的作出。

在彻底摧毁黑社会性质组织的经济基础的同时，也应考量基于人道、秩序等需要，兼顾合法性和合理性的要求，对涉案财产采取措施要求进行及时审查；为犯罪嫌疑人、被告人扶养的亲属保留必要的生活费用和物品；根据案件具体情况，可以允许有关人员继续合理使用有关涉案财产，并采取必要的保值保管措施，以减少案件办理对正常办公和合法生产经营的影响。

（二）对黑恶势力及其成员财产采取措施的方式

实践中，查扣黑恶势力财产是一个工作难点，对哪些财产属于应该查扣的范围？基层办案人员往往感到困惑，特别是在案件立案后，有的因对涉黑恶财产范围不清晰，导致涉案人员到案后，财产没有被及时查扣，财产被转移，使黑恶势力保存了势力，一旦有机会又会死灰复燃，所以防止财产隐匿和转移成为迫切需要解决的问题。公安机关在案件立案初期就要及时查扣涉案财物，2013年《公安机关办理刑事案件适用查封、冻结措施相关规定》等有关规定对此进行了规定,《财产处置意见》又进行了细化规定,包括的范围有:(1)黑恶势力组织的财产;(2)犯罪嫌疑人个人所有的财产;(3)犯罪嫌疑人实际控制的财产;(4)犯罪嫌疑人出资购买的财产;(5)犯罪嫌疑人转移至他人名下的财产;(6)犯罪嫌疑人涉嫌洗钱以及掩饰、隐瞒犯罪所得、犯罪所得收益等犯罪涉及的财产;(7)其他与黑恶势力组织及其违法犯罪活动有关的财产。这个阶段的规定属于暂扣性质,前提是"诉讼需要",黑恶组织财产和黑恶势力违法犯罪活动有关的财产均需经查询其关联性后,先行查封、扣押、冻结,目的是避免财产转移,待事实证据查清后,再依法追缴犯罪财产或者判处财产刑。这部分内容对哪些属于证明涉案财产属性的证据等进行了规定。要求公安机关要全面收集证明财产来源、性质、用途、权属及价值的有关证据,列举式地规定了可以作为判断财产属性的证据,可以根据证据综合审查判断是否应当依法追缴、没收。当然,对这些证据要求,需要在具体案件中灵活掌握,可多可少,只要能够实现证明财产属性的目的即可。检察机关、法院在必要的时候也需要采取措施查明涉案财物情况。

(三)公、检、法对黑恶势力财产处置要担负责任,《财产处置意见》明确了处置财产的几种方式

《财产处置意见》第三部分规定公检法均应当对黑恶势力财产处置担负责任,对追缴、没收、返还的情形进行了分类表述,以更方便在司法实践中操作。一方面,总结以往经验,着力解决基层急需,吸收了历次司法解释文件关于涉黑恶犯罪财产处置的内容并加以总结、提炼;另一方面,也是扫黑除恶法治保障的要求。

1.在公安环节要及时查清涉案财产的数量、种类、性质,不能只关注对黑恶组织成员的抓捕打击,还要对支持组织进行犯罪活动的经济实力进行同步处置,侦查环节的工作是查清楚财产的数量、种类和属性,是否有该扣没扣、不该扣的扣了的情形。检察机关受理移送审查起诉后,要核查、甄别,提出意见。目的是解决基层办案中对涉黑恶财产处置责任不到位的问题。特别需要说明的是,《财产处置意见》第十一条规定,"公安机关、检察机关在移送案件时,应当对涉案财产如何处理提出意见"。这条规定是以往文件中没有的,之所以增加这条规定,是因为公安机关、检察机关作为办案部门,同

样负有对财产处置提出意见的责任,有利于法院在审判时予以参考。在《财产处置意见》起草过程中,第一次征求意见稿规定:“对公安机关移送审查起诉时,应当将采取措施的涉案财产及其清单随案移送人民检察院,并根据财产类别逐笔或者逐项提出处理意见;人民检察院提起公诉时,应当将采取措施的涉案财产及其清单一并移送受理案件的人民法院,并根据财产类别逐笔或者逐项提出处理意见。”有部门反映,这样规定在实践中不易操作,考虑在案件侦查和审查起诉过程中证据有可能发生变化,特别是公安机关如果逐项提出意见有可能影响办案进度,延误打击处理黑恶犯罪的时机,多次征求意见后,修改成《财产处置意见》第十一条,要求侦查机关和检察机关均要积极参与财产处置,提出处理意见作为法院审理参考。

2. 明确了对不宜移送的特殊涉案财物的处理办法。侦查机关、检察机关“将采取措施的涉案财产及其清单随案移送”。“涉案财产不宜随案移送的,应当按照相关法律、司法解释的规定,提供相应的清单、照片、录像、封存手续、存放地点说明、鉴定、评估意见、变价处理凭证等材料。”此项内容在刑事诉讼法和最高人民法院印发的《关于刑事裁判涉案财物部分执行的若干规定》、最高人民检察院印发的《人民检察院刑事诉讼涉案财物管理规定》、公安部印发的《公安机关涉案财物管理若干规定》中都进行了规定,集中于《财产处置意见》中予以再次明确。实践中,办案部门扣押物品的种类很多,有些是违禁品,有些是危险品,还有些是不动产,这些物品全部移送并无必要,或者说有的物证也不便移送下一个诉讼环节。最高人民检察院印发的《人民检察院刑事诉讼涉案财物管理规定》第二十六条列举了六类扣押物品可以不移交管理部门,由办案部门拍照或者录像后及时按照有关规定处理。这个规定在处置黑恶势力犯罪财产时仍然有效。《刑诉规则》第二百三十七条规定,在扫黑除恶中也仍应遵照执行。

3. 明确了对于不宜查封、扣押、冻结的经营性财产如何处理,规定了“可以申请当地政府指定有关部门或者委托有关机构代管或者托管”,即追缴、没收黑社会性质组织犯罪涉案财产,既要保证充分剥夺犯罪利益,也要保障其合法财产权。合法处置黑社会性质组织涉案财产是保护产权的要求。在中央加强产权保护的政策背景下,扫黑除恶斗争中也要充分重视合法产权的司法保护,《财产处置意见》的及时出台,既实现了办理黑恶势力案件财产处置工作有法可依,也为保护合法产权提供了制度保障。

4. 对于不宜保管的财产或者财产性权利如何处理进行了重申。这次规定延续了《涉案财物处置意见》这方面的内容,规定对易贬值的汽车、船艇等物品的先行变卖、拍卖内容,易损毁、灭失、变质等不宜长期保存的物品,易贬值的汽车、船艇等物品,经权利人同意或者申请,可以及时委托有关部门先行变卖、拍卖。前提是"经权利人同意或者申请",由于涉及权利人的权益保障和救济问题,要慎重研究、审慎决定。须"经权利人申请",强调严格依照法定程序进行。

5. 明确应当依法追缴、没收的黑恶势力组织或者个人的财产类型。明确了六种情形并设定兜底条款。六种情况包括:(1)黑恶势力组织及其成员通过违法犯罪活动或者其他不正当手段聚敛的财产及其孳息、收益;(2)黑恶势力组织成员通过个人实施违法犯罪活动聚敛的财产及其孳息、收益;(3)其他单位、组织、个人为支持该黑恶势力组织活动资助或者主动提供的财产;(4)黑恶势力组织及其成员通过合法的生产、经营活动获取的财产或者组织成员个人、家庭合法财产中,实际用于支持该组织活动的部分;(5)黑恶势力组织成员非法持有的违禁品以及供犯罪所用的本人财物;(6)其他单位、组织、个人利用黑恶势力组织及其成员违法犯罪活动获取的财产及其孳息、收益。

6. 明确了第三人非善意取得的涉案财产应当追缴,包括:(1)第三人明知是违法犯罪所得而接受的;(2)第三人无偿或者以明显低于市场的价格取得涉案财物的;(3)第三人通过非法债务清偿或者违法犯罪活动取得涉案财物的;(4)第三人通过其他方式恶意取得涉案财物的。尽管这些财产已经转移,不在黑恶势力组织或者个人名下,只要非善意取得,仍然要予以追缴。

7. 明确哪些物品财产应当返还。只要是有证据证明确属被害人合法财产或者有证据证明确与黑恶势力及其违法犯罪活动无关的财产均应当依法返还。《财产处置意见》第十八条还规定,有关违法犯罪事实查证属实后,对于有证据证明权属明确且无争议的被害人、善意第三人或者其他人员合法财产及其孳息,凡返还不损害其他利害关系人的利益,不影响案件正常办理的,应当在登记、拍照或者录像后,依法及时返还,体现了充分剥夺黑恶势力犯罪所得与保护财产权并重的理念。

(四)对"追缴、没收其他等值财产"详细规定

扫黑除恶专项斗争开展以后,"两高两部"制定下发了《指导意见》,统一执法思想,明确执法尺度,其中第二十九条规定,依法应当追缴、没收的涉案财产无法找到、被他人善意取得、价值灭失或者与其他合法财产混合且不可分割的,可以追缴、没收其他等值财产。该条规定的精神体现对黑恶犯罪财产充分剥夺、坚决判罚的国际惯例。我国批准参加的《联合国打击跨国有组织犯罪公约》("巴勒莫公约")第十二条规定"没收与扣押制度",重点之一就是涉及有组织犯罪所得的没收问题。该公约规定,在不损害善意第三人权利的前提下,如果犯罪所得已与从合法来源获得的财产相混合……没收价值可达混合于其中的犯罪所得的估计价值,对于来自犯罪所得、来自由犯罪所得转变或者转化而成的财产或已与犯罪所得相混合的财产所产生的收入或者其他利益。《财产处置意见》第四部分对"追缴、没收其他等值财产"进行详细规定,对《指导意见》文件内容进一步明确,对哪些财产视为"无法找到"作出规定,并细化了操作程序。为了避免对"无法找到"产生理解歧义,《财产处置意见》对此进行了说明,即"无法找到"是指"有证据证明存在依法应当追缴、没收的财产,但无法查证财产去向、下落的"。被告人有不同意见的,应当出示相关证据。对"追缴、没收其他等值财产"处理方式作出严格限定,采取处置等值财产时必须有证据能证明财产无法找到、被他人善意取得、价值灭失或者与其他合法财产混合且不可分割,才能启动没收等值财产这种处理方式,这是一个兜底条款,不能将"追缴、没收其他等值财产"直接适用,必须确有"应当追缴、没收而不能追缴、没收的具体财产"情形才能对"黑恶势力的其他财产"等值对应作出处理。同时也赋予被告人可以提出不同意见的权利,但需要被告人举证支持自己的主张。财产数额的对等性也是《财产处置意见》强调的,没收的财产数额必须是与依法应当追缴、没收的涉案财产对应的数额,也就是"不能多也不能少",必须是等值财产,不能损害被告人的合法权益。

(作者单位:最高人民检察院)

最高人民法院　最高人民检察院　公安部　司法部
关于办理非法放贷刑事案件若干问题的意见

为依法惩治非法放贷犯罪活动,切实维护国家金融市场秩序与社会和谐稳定,有效防范因非法放贷诱发涉黑涉恶以及其他违法犯罪活动,保护公民、法人和其他组织合法权益,根据刑法、刑事诉讼法及有关司法解释、规范性文件的规定,现对办理非法放贷刑事案件若干问题提出如下意见:

一、违反国家规定,未经监管部门批准,或者超越经营范围,以营利为目的,经常性地向社会不特定对象发放贷款,扰乱金融市场秩序,情节严重的,依照刑法第二百二十五条第(四)项的规定,以非法经营罪定罪处罚。

前款规定中的"经常性地向社会不特定对象发放贷款",是指2年内向不特定多人(包括单位和个人)以借款或其他名义出借资金10次以上。

贷款到期后延长还款期限的,发放贷款次数按照1次计算。

二、以超过36%的实际年利率实施符合本意见第一条规定的非法放贷行为,具有下列情形之一的,属于刑法第二百二十五条规定的"情节严重",但单次非法放贷行为实际年利率未超过36%的,定罪量刑时不得计入:

(一)个人非法放贷数额累计在200万元以上的,单位非法放贷数额累计在1000万元以上的;

(二)个人违法所得数额累计在80万元以上的,单位违法所得数额累计在400万元以上的;

(三)个人非法放贷对象累计在50人以上的,单位非法放贷对象累计在150人以上的;

(四)造成借款人或者其近亲属自杀、死亡或者精神失常等严重后果的。

具有下列情形之一的,属于刑法第二百二十五条规定的"情节特别严重":

(一)个人非法放贷数额累计在1000万元以上的,单位非法放贷数额累计在5000万元以上的;

(二)个人违法所得数额累计在400万元以上的,单位违法所得数额累计在2000万元以上的;

(三)个人非法放贷对象累计在250人以上的,单位非法放贷对象累计在750人以上的;

(四)造成多名借款人或者其近亲属自杀、死亡或者精神失常等特别严重后果的。

三、非法放贷数额、违法所得数额、非法放贷对象数量接近本意见第二条规定的"情节严重""情节特别严重"的数额、数量起点标准,并具有下列情形之一的,可以分别认定为"情节严重""情节特别严重":

(一)2年内因实施非法放贷行为受过行政处罚2次以上的;

(二)以超过72%的实际年利率实施非法放贷行为10次以上的。

前款规定中的"接近",一般应当掌握在相应数额、数量标准的80%以上。

四、仅向亲友、单位内部人员等特定对象出借资金,不得适用本意见第一条的规定定罪处罚。但具有下列情形之一的,定罪量刑时应当与向不特定对象非法放贷的行为一并处理:

(一)通过亲友、单位内部人员等特定对象向不特定对象发放贷款的;

(二)以发放贷款为目的,将社会人员吸收为单位内部人员,并向其发放贷款的;

(三)向社会公开宣传,同时向不特定多人和亲友、单位内部人员等特定对象发放贷款的。

五、非法放贷数额应当以实际出借给借款人的本金金额认定。非法放贷行为人以介绍费、咨询费、管理费、逾期利息、违约金等名义和以从本金中预先扣除等方式收取利息的,相关数额在计算实际年利率时均应计入。

非法放贷行为人实际收取的除本金之外的全部财物,均应计入违法所得。

非法放贷行为未经处理的,非法放贷次数和数额、违法所得数额、非法放贷对象数量等应当累计计算。

六、为从事非法放贷活动,实施擅自设立金融机构、套取金融机构资金高利转贷、骗取贷款、非法吸收公众存款等行为,构成犯罪的,应当择一重罪处罚。

为强行索要因非法放贷而产生的债务,实施故意杀人、故意伤害、非法拘禁、故意毁坏财物、寻衅滋事等行为,构成犯罪的,应当数罪并罚。

纠集、指使、雇佣他人采用滋扰、纠缠、哄闹、聚众造势等手段强行索要债务,尚不单独构成犯罪,但实施非法放贷行为已构成非法经营罪的,应当按照非法经营罪的规定酌情从重处罚。

以上规定的情形,刑法、司法解释另有规定的除外。

七、有组织地非法放贷,同时又有其他违法犯罪活动,符合黑社会性质组织或者恶势力、恶势力犯罪集团认定标准的,应当分别按照黑社会性质组织或者恶势力、恶势力犯罪集团侦查、起诉、审判。

黑恶势力非法放贷的,据以认定“情节严重”“情节特别严重”的非法放贷数额、违法所得数额、非法放贷对象数量起点标准,可以分别按照本意见第二条规定中相应数额、数量标准的50%确定;同时具有本意见第三条第一款规定情形的,可以分别按照相应数额、数量标准的40%确定。

八、本意见自2019年10月21日起施行。对于本意见施行前发生的非法放贷行为,依照最高人民法院《关于准确理解和适用刑法中“国家规定”的有关问题的通知》(法发〔2011〕155号)的规定办理。

《关于办理非法放贷刑事案件若干问题的意见》的理解与适用

朱和庆　周　川　李梦龙

为依法惩治非法放贷犯罪活动,切实维护国家金融市场秩序与社会和谐稳定,有效防范因非法放贷诱发涉黑涉恶以及其他违法犯罪活动,保护公民、法人和其他组织合法权益,在全国扫黑办的统筹协调下,最高人民法院会同最高人民检察院、公安部、司法部联合制定印发了《关于办理非法放贷刑事案件若干问题的意见》(法发〔2019〕24 号,以下简称《意见》),自 2019 年 10 月 21 日起施行。为便于司法实践中准确理解和正确适用,现对《意见》的制定背景、主要内容予以简要介绍和说明。

一、《意见》的制定背景和过程

民间借贷,是一种广泛存在的民间资金融通活动,作为平等民事主体之间的经济互助行为,在一定程度上满足了社会融资需求,对于促进经济发展起到有益补充作用。但由于其游离于正规金融体系之外,自身带有混乱、无序的弊端,故在逐利动机驱使下容易发生性质变异,并随之诱发一系列负面效应。近年来,对外出借资金行为背离民间借贷本质的问题愈加严重,一些已经脱离民间借贷个体的、偶然的、互助式的存在模式,演化为出借人的经常性谋利手段,并向着资本运作方式规模化发展,客观上已经形成一种未经有权部门批准、未取得合法资质从事发放贷款业务的非法金融业务活动。非法放贷活动不仅扰乱金融市场秩序,而且易于滋生黑恶势力,引发各类伴生和次生违法犯罪活动,是扫黑除恶专项斗争聚焦的重点领域之一。实践中,由于非法放贷的认定缺乏明确、统一标准,是否应纳入刑事司法调整范围也存在较大争议，导致部分严重扰乱金融市场秩序的非法放贷活动得不到有效打击处理，社会各界和一线政法单位对此反映强烈。

为贯彻落实全国扫黑除恶专项斗争推进会有关精神，解决办案一线惩治非法放贷活动面临的问题和障碍，进一步明确法律适用，统一定罪量刑标准，提高专项斗争法治化水平，按照全国扫黑办部署要求，最高人民法院第一时间成立了专题调研小组，经过深入调研，在认真总结实践经验和突出问题的基础上研究起草了《意见》稿，并以《意见》稿为基础通过召开调研座谈会、书面征求意见等多种形式广泛听取意见，几经修改和完善后形成《意见》。《意见》经最高人民法院、最高人民检察院、公安部、司法部会签，于2019年10月21日向社会公布并施行。

二、《意见》的主要内容及理解适用

《意见》共八条，主要包括以下内容：

（一）关于非法放贷行为的认定及定罪处罚依据

实践中，非法放贷行为缺乏明确、统一认定标准，是否应对非法放贷行为追究刑事责任、应对哪些非法放贷行为追究刑事责任、应以何种罪名追究刑事责任也均存在认识分歧。为解决这些问题，《意见》第一条第一款将“非法放贷行为”界定为“违反国家规定，未经监管部门批准，或者超越经营范围，以营利为目的，经常性地向社会不特定对象发放贷款，扰乱金融市场秩序”，并在此基础上进一步明确，实施非法放贷行为达到“情节严重”程度，依照《刑法》第二百二十五条第（四）项的规定，以非法经营罪定罪处罚。根据《意见》规定，在认定非法放贷行为时应着重把握以下方面：

一是放贷行为的违法性。非法经营罪属于行政犯，需要“违反国家规定”才能入罪。《非法金融机构和非法金融业务活动取缔办法》第四条第一款第（三）项规定：“本办法所称非法金融业务活动，是指未经中国人民银行批准，擅自从事的下列活动……非法发放贷款、办理结算、票据贴现、资金拆借、信托投资、金融租赁、融资担保、外汇买卖。”同时，在第二十二条中规定：“设立非法金融机构或者从事非法金融业务活动，构成犯罪的，依法追究刑事责任……”《银行业监督管理法》第十九条规定：“未经国务院银行业监督管理机构批准,任何单位或者个人不得设立银行业金融机构或者从事银行业金融机构的业务活动。”第四十四条规定:“擅自设立银行业金融机构或者非法从事银行业金融机构的业务活动的,由国务院银行业监督管理机构予以取缔;构成犯罪的,依法追究刑事责任……”因此,从事发放贷款业务需要经过有关金融监管部门批准。“未经监管部门批准,或者超越经营范围”,是认定非法放贷行为,并进而视情节对其以非法经营罪论处的必要条件。

二是放贷活动的职业性。有别于互助式的、偶然的民间资金融通行为,非法放贷作为一种经营行为,必然包含着出借目的营利性和出借行为反复性。为了准确区分非法放贷行为和正常的民间借贷,揭示非法放贷行为人以放贷为业的行为实质,《意见》第一条第一款规定非法放贷行为人需“以营利为目的,经常性地向社会不特定对象发放贷款”,并且在第一条第二款明确“前款规定中的‘经常性地向社会不特定对象发放贷款’,是指2年内向不特定多人(包括单位和个人)以借款或其他名义出借资金10次以上”。此外,《意见》第一条第三款还进一步明确了贷款到期后延长还款期限这一情况下,发放贷款次数的计算问题。应当注意的是,在延长还款期限后仅改变约定利率或者利息计算方式,但出借的本金金额未实际增加的,发放贷款次数仍按照1次计算;如果在延长还款期限后追加出借资金,或者将借款人已偿还贷款重新借出的,放贷次数另行计算。

三是放贷对象的不特定性。发放贷款行为的开放性,是非法放贷这一非法金融业务活动与民间借贷的又一重要区别。为此,《意见》第一条第一款强调非法放贷行为人发放贷款的对象是“社会不特定对象”,并且在《意见》第一条第二款将“社会不特定对象”解读为“不特定多人(包括单位和个人)”,即非法放贷行为人需要2年内累计向多个不特定的单位或者个人,以借款或其他名义出借资金10次以上。

(二)关于“情节严重”“情节特别严重”的一般认定标准

根据《刑法》第二百二十五条的规定,以非法经营罪追究刑事责任需要达到“情节严重”的程度。通过刑事司法入罪处刑,是最为严厉的法律制裁措施,故应只适用于社会危害性严重,民事、行政等其他法律手段都无法有效调整的行为。实践中,非法高利放贷是非法放贷活动中危害最突出的部分,所造成的后果和引发的问题是多方面的,不仅严重扰乱金融市场秩序,制约实体经济发展,使企业或个人陷入债务深渊,而且还诱发大量非法拘禁、寻衅滋事等违法犯罪活动,并为黑恶势力滋生蔓延提供土壤。因此,《意见》将运用刑法手段打击的目标锁定为非法高利放贷,结合民事司法解释关于民间借贷利率的规定,明确"以超过36%的实际年利率实施符合本意见第一条规定的非法放贷行为"是认定非法放贷"情节严重"和"情节特别严重"的前提条件,从而有效防止扩大打击面,并为民事司法和行政执法留出必要空间。此外,根据司法统计和调研所掌握的情况,《意见》还从非法放贷数额、违法所得数额、非法放贷对象数量以及所造成的危害后果等方面,规定了非法放贷"情节严重"和"情节特别严重"的具体认定标准。

对于《意见》第二条第一款中的"以超过36%的实际年利率实施符合本意见第一条规定的非法放贷行为,具有下列情形之一的,属于刑法第二百二十五条规定的'情节严重',但单次非法放贷行为实际年利率未超过36%的,定罪量刑时不得计入",执法办案时需要重点把握。例如,行为人2年内共向不特定多人以借款名义出借资金10次,但其中只有9次实际年利率超过36%,还有1次未超过,则其行为不符合"以超过36%的实际年利率实施符合本意见第一条规定的非法放贷行为"的标准,不能以非法经营罪定罪处罚。又如,行为人(个人)2年内共向不特定多人以借款名义出借资金15次,其中单次放贷行为实际年利率超过36%的有11次,非法放贷数额共计210万元;未超过36%的有4次,非法放贷数额共计900万元。按照《意见》规定,只能根据其中11次高利放贷行为及其相应的非法放贷数额210万元定罪量刑,该行为人非法放贷构成非法经营罪,但属于"情节严重",而非"情节特别严重",应在五年以下有期徒刑或者拘役,并处或者单处违法所得一倍以上五倍以下罚金的法定刑幅度内量刑。

(三)关于"情节严重""情节特别严重"的特别认定标准

实践中,一些犯罪嫌疑人、被告人曾因非法放贷行为受过行政处罚,但拒不悔改并再次实施。还有一些案件,犯罪嫌疑人、被告人以超高利率大量放贷,社会危害极为严重。针对这两种恶劣情形,《意见》第三条规定了"情节严重""情节特别严重"的特别认定标准,相应降低入罪门槛,体现依法从严惩处精神。

（四）关于“向社会不特定对象发放贷款”的把握

《意见》第四条区分不同情况，对“向社会不特定对象发放贷款”的把握问题作出明确。如果行为人出借资金仅限定于亲友、单位内部人员等特定对象，其行为就不符合非法放贷这一非法金融业务活动的对象不特定性特征，不宜认定为非法放贷，更不能以非法经营罪论处。因此，《意见》第四条规定：“仅向亲友、单位内部人员等特定对象出借资金，不得适用本意见第一条的规定定罪处罚。”

针对司法实践中非法放贷行为手段不断翻新的实际情况，为避免行为人假借向亲友、单位内部人员等特定对象出借资金之名非法放贷，《意见》第四条明确，具有以下三种情形之一的，定罪量刑时应当与向不特定对象非法放贷的行为一并处理：一是通过亲友、单位内部人员等特定对象向不特定对象发放贷款的情形。二是以发放贷款为目的，将社会人员吸收为单位内部人员，并向其发放贷款的情形。三是向社会公开宣传，同时向不特定多人和亲友、单位内部人员等特定对象发放贷款的情形。

（五）关于非法放贷数额、实际年利率等的认定和计算标准

根据《意见》中的有关规定，实际年利率、非法放贷数额、违法所得数额、非法放贷对象数量等均是影响定罪量刑的重要因素。《意见》第五条针对调研中各方反映的问题，分别规定了实际年利率、非法放贷数额、违法所得数额等的计算方法，避免理解认识差异导致执法尺度不一。

首先，在非法放贷数额认定方面，从借款本金中预先扣除利息、计收复利等做法在非法放贷行为中极为常见，这就导致借据、收据、借条等凭证所载明的本金金额与非法放贷行为人实际出借的本金金额存在差异，究竟应以何种金额认定非法放贷数额需要明确。因此，《意见》第五条第一款结合民事法律和司法解释有关本金金额认定的规定，明确非法放贷数额应当以实际出借给借款人的本金金额，即按照借款人实际能够完全支配和使用的借款金额作出认定。

其次，在实际年利率计算方面，虽然逾期利息、违约金以及介绍费、咨询费、管理费等费用在民法上性质有所差异，但是在实践中非法放贷行为人为

规避利率上限，经常假借以上名目，或者采用从本金中预先扣除等方式收取利息。《意见》第五条第一款结合民事法律和司法解释中对逾期利息、违约金、其他费用并存时，总计超过利率上限部分不予保护的规定精神，以从严管理角度出发，明确非法放贷行为人以介绍费、咨询费、管理费、逾期利息、违约金等名义和以从本金中预先扣除等方式收取利息的，相关数额在计算实际年利率时均应计入。例如，非法放贷行为人在单次非法放贷活动中实际出借本金1000万元，借期1年，同时与借款人约定，除按照年利率24%还本付息外，还需要支付180万元的管理费。根据《意见》规定，在计算该次非法放贷行为的实际年利率时，应当以本金1000万元为基数，将240万元约定利息和180万元管理费一并计入，计得该次非法放贷行为的实际年利率为42%。

再次，在违法所得数额认定方面，考虑借贷市场有着极强的复杂性，非法放贷行为人的资金来源千差万别，有的还极为隐蔽，为便于司法实践操作，《意见》第五条第二款规定，“非法放贷行为人实际收取的除本金之外的全部财物，均应计入违法所得”。

最后，针对未经处理的非法放贷行为，《意见》第五条第三款明确，“非法放贷行为未经处理的，非法放贷次数和数额、违法所得数额、非法放贷对象数量等应当累计计算”。

（六）关于非法放贷与伴生、次生犯罪的罪数处断问题

针对非法放贷活动易于诱发伴生、次生犯罪的特点，《意见》第六条规定了非法放贷与相关犯罪的罪数处断原则。为从事非法放贷活动，实施擅自设立金融机构、套取金融机构资金高利转贷、骗取贷款、非法吸收公众存款等行为，非法放贷行为和前述行为同时构成犯罪的，由于存在牵连或者竞合关系，所侵犯的客体具有类似性，《意见》明确除《刑法》、司法解释另有规定外，应当择一重罪处罚。对于非法放贷的次生犯罪，即非法放贷行为本身已构成犯罪，为强行索要因非法放贷而产生的债务，又实施故意杀人、故意伤害、非法拘禁、故意毁坏财物、寻衅滋事等行为，构成犯罪的，由于所侵犯的客体存在明显差异，《意见》明确除刑法、司法解释另有规定外，依法应当数罪并罚。

(七)关于对黑恶势力非法放贷的从严惩处

实践中,非法放贷是黑恶势力易于染指的重点领域。一方面,非法放贷行为人为了扩大业务范围,确保能够收回本金及高息,往往会有组织地发放贷款并采取暴力、威胁等方式催收,从而形成非法放贷、讨债团伙,如果任其发展,很容易蜕变为黑恶势力;另一方面,由于获利快、收益高,非法放贷也成为一些黑恶势力聚敛钱财的重要手段。正是基于非法放贷与黑恶势力犯罪之间的客观联系,《意见》才作为扫黑除恶专项斗争系列规范性文件出台,目的就是要聚焦重点领域精准发力,持续将专项斗争引向深入。为准确认定、惩处涉及非法放贷活动的黑恶势力违法犯罪组织,《意见》第七条第一款要求,有组织地非法放贷,同时又有其他违法犯罪活动,符合黑恶势力认定标准的,应当分别按照黑社会性质组织或者恶势力、恶势力犯罪集团侦查、起诉、审判。

此外,为了对黑恶势力非法放贷充分体现区别对待、依法严惩的政策精神,《意见》第七条第二款对黑恶势力非法放贷的入罪标准和加重处罚标准均大幅降低,明确据以认定"情节严重""情节特别严重"的非法放贷数额、违法所得数额、非法放贷对象数量起点标准,可以分别按照一般情况下相应数额、数量标准的50%确定;同时具有《意见》第三条第一款规定情形的,可以分别按照一般情况下相应数额、数量标准的40%确定。

(八)关于《意见》的时间效力问题

在本意见出台前,根据《最高人民法院关于准确理解和适用刑法中"国家规定"的有关问题的通知》(法发〔2011〕155号)的规定,拟适用《刑法》第二百二十五条第(四)项对非法放贷行为以非法经营罪论处的案件,均应当作为法律适用问题,逐级向最高人民法院请示。根据该规定,最高人民法院曾于2012年12月26日对广东省高级人民法院请示的被告人何伟光、张勇泉等非法经营案作出批复,明确对何伟光、张勇泉等人的高利放贷行为不宜以非法经营罪定罪处罚。该批复虽然是最高人民法院对个案的批复,但是长期以来在司法实践中已然起到了重要的指导作用,为类似案件的处理提供了规范和指引。为此,《意见》第八条明确,对于《意见》施行前发生的非法放贷行为,仍依照《最高人民法院关于准确理解和适用刑法中"国家规定"的有关问题的通知》的规定办理。对于《意见》第八条规定，在司法实践中需着重把握以下方面：一是为贯彻罪刑法定原则，办案机关应当准确理解和把握《意见》的时间效力问题，对于《意见》施行前发生的非法放贷行为，在实体处理上要注意与《最高人民法院关于被告人何伟光、张勇泉等非法经营案的批复》精神保持一致。二是行为人非法发放贷款在《意见》施行前，收回本息在《意见》施行后的，应当认定为“本意见施行前发生的非法放贷行为”。三是行为人在《意见》施行之前、之后均有非法放贷行为的，只能对施行后的行为适用《意见》相关规定定罪处罚。

（作者单位：最高人民法院）

最高人民法院　最高人民检察院　公安部　司法部
关于办理利用信息网络实施黑恶势力犯罪刑事案件若干问题的意见

为认真贯彻中央关于开展扫黑除恶专项斗争的部署要求,正确理解和适用最高人民法院、最高人民检察院、公安部、司法部《关于办理黑恶势力犯罪案件若干问题的指导意见》(法发〔2018〕1号,以下简称《指导意见》),根据刑法、刑事诉讼法、网络安全法及有关司法解释、规范性文件的规定,现对办理利用信息网络实施黑恶势力犯罪案件若干问题提出以下意见:

一、总体要求

1.各级人民法院、人民检察院、公安机关及司法行政机关应当统一执法思想、提高执法效能,坚持"打早打小",坚决依法严厉惩处利用信息网络实施的黑恶势力犯罪,有效维护网络安全和经济、社会生活秩序。

2.各级人民法院、人民检察院、公安机关及司法行政机关应当正确运用法律,严格依法办案,坚持"打准打实",认真贯彻落实宽严相济刑事政策,切实做到宽严有据、罚当其罪,实现政治效果、法律效果和社会效果的统一。

3.各级人民法院、人民检察院、公安机关及司法行政机关应当分工负责,互相配合、互相制约,切实加强与相关行政管理部门的协作,健全完善风险防控机制,积极营造线上线下社会综合治理新格局。

二、依法严惩利用信息网络实施的黑恶势力犯罪

4.对通过发布、删除负面或虚假信息,发送侮辱性信息、图片,以及利用信息、电话骚扰等方式,威胁、要挟、恐吓、滋扰他人,实施黑恶势力违法犯罪

的，应当准确认定，依法严惩。

5. 利用信息网络威胁他人，强迫交易，情节严重的，依照刑法第二百二十六条的规定，以强迫交易罪定罪处罚。

6. 利用信息网络威胁、要挟他人，索取公私财物，数额较大，或者多次实施上述行为的，依照刑法第二百七十四条的规定，以敲诈勒索罪定罪处罚。

7. 利用信息网络辱骂、恐吓他人，情节恶劣，破坏社会秩序的，依照刑法第二百九十三条第一款第二项的规定，以寻衅滋事罪定罪处罚。

编造虚假信息，或者明知是编造的虚假信息，在信息网络上散布，或者组织、指使人员在信息网络上散布，起哄闹事，造成公共秩序严重混乱的，依照刑法第二百九十三条第一款第四项的规定，以寻衅滋事罪定罪处罚。

8. 侦办利用信息网络实施的强迫交易、敲诈勒索等非法敛财类案件，确因被害人人数众多等客观条件的限制，无法逐一收集被害人陈述的，可以结合已收集的被害人陈述，以及经查证属实的银行账户交易记录、第三方支付结算账户交易记录、通话记录、电子数据等证据，综合认定被害人人数以及涉案资金数额等。

三、准确认定利用信息网络实施犯罪的黑恶势力

9. 利用信息网络实施违法犯罪活动，符合刑法、《指导意见》以及最高人民法院、最高人民检察院、公安部、司法部《关于办理恶势力刑事案件若干问题的意见》等规定的恶势力、恶势力犯罪集团、黑社会性质组织特征和认定标准的，应当依法认定为恶势力、恶势力犯罪集团、黑社会性质组织。

认定利用信息网络实施违法犯罪活动的黑社会性质组织时，应当依照刑法第二百九十四条第五款规定的“四个特征”进行综合审查判断，分析“四个特征”相互间的内在联系，根据在网络空间和现实社会中实施违法犯罪活动对公民人身、财产、民主权利和经济、社会生活秩序所造成的危害，准确评价，依法予以认定。

10. 认定利用信息网络实施违法犯罪的黑恶势力组织特征，要从违法犯罪的起因、目的，以及组织、策划、指挥、参与人员是否相对固定，组织形成后是否持续进行犯罪活动、是否有明确的职责分工、行为规范、利益分配机制

等方面综合判断。利用信息网络实施违法犯罪的黑恶势力组织成员之间一般通过即时通讯工具、通讯群组、电子邮件、网盘等信息网络方式联络，对部分组织成员通过信息网络方式联络实施黑恶势力违法犯罪活动，即使相互未见面、彼此不熟识，不影响对组织特征的认定。

11. 利用信息网络有组织地通过实施违法犯罪活动或者其他手段获取一定数量的经济利益，用于违法犯罪活动或者支持该组织生存、发展的，应当认定为符合刑法第二百九十四条第五款第二项规定的黑社会性质组织经济特征。

12. 通过线上线下相结合的方式，有组织地多次利用信息网络实施违法犯罪活动，侵犯不特定多人的人身权利、民主权利、财产权利，破坏经济秩序、社会秩序的，应当认定为符合刑法第二百九十四条第五款第三项规定的黑社会性质组织行为特征。单纯通过线上方式实施的违法犯罪活动，且不具有为非作恶、欺压残害群众特征的，一般不应作为黑社会性质组织行为特征的认定依据。

13. 对利用信息网络实施黑恶势力犯罪非法控制和影响的“一定区域或者行业”，应当结合危害行为发生地或者危害行业的相对集中程度，以及犯罪嫌疑人、被告人在网络空间和现实社会中的控制和影响程度综合判断。虽然危害行为发生地、危害的行业比较分散，但涉案犯罪组织利用信息网络多次实施强迫交易、寻衅滋事、敲诈勒索等违法犯罪活动，在网络空间和现实社会造成重大影响，严重破坏经济、社会生活秩序的，应当认定为“在一定区域或者行业内，形成非法控制或者重大影响”。

四、利用信息网络实施黑恶势力犯罪案件管辖

14. 利用信息网络实施的黑恶势力犯罪案件管辖依照《关于办理黑社会性质组织犯罪案件若干问题的规定》和《关于办理网络犯罪案件适用刑事诉讼程序若干问题的意见》的有关规定确定，坚持以犯罪地管辖为主、被告人居住地管辖为辅的原则。

15. 公安机关可以依法对利用信息网络实施的黑恶势力犯罪相关案件并案侦查或者指定下级公安机关管辖，并案侦查或者由上级公安机关指定管

辖的公安机关应当全面调查收集能够证明黑恶势力犯罪事实的证据，各涉案地公安机关应当积极配合。并案侦查或者由上级公安机关指定管辖的案件，需要提请批准逮捕、移送审查起诉、提起公诉的，由立案侦查的公安机关所在地的人民检察院、人民法院受理。

16. 人民检察院对于公安机关提请批准逮捕、移送审查起诉的利用信息网络实施的黑恶势力犯罪案件，人民法院对于已进入审判程序的利用信息网络实施的黑恶势力犯罪案件，被告人及其辩护人提出的管辖异议成立，或者办案单位发现没有管辖权的，受案人民检察院、人民法院经审查，可以依法报请与有管辖权的人民检察院、人民法院共同的上级人民检察院、人民法院指定管辖，不再自行移交。对于在审查批准逮捕阶段，上级检察机关已经指定管辖的案件，审查起诉工作由同一人民检察院受理。人民检察院、人民法院认为应当分案起诉、审理的，可以依法分案处理。

17. 公安机关指定下级公安机关办理利用信息网络实施的黑恶势力犯罪案件的，应当同时抄送同级人民检察院、人民法院。人民检察院认为需要依法指定审判管辖的，应当协商同级人民法院办理指定管辖有关事宜。

18. 本意见自 2019 年 10 月 21 日起施行。

最高人民法院　最高人民检察院　公安部　司法部
关于跨省异地执行刑罚的黑恶势力罪犯坦白检举构成自首立功若干问题的意见

各省、自治区、直辖市高级人民法院、人民检察院、公安厅(局)、司法厅(局),新疆维吾尔自治区高级人民法院生产建设兵团分院、新疆生产建设兵团人民检察院、公安局、司法局、监狱管理局:

为认真贯彻落实中央开展扫黑除恶专项斗争的部署要求,根据刑法、刑事诉讼法和有关司法解释、规范性文件的规定,现对办理跨省异地执行刑罚的黑恶势力罪犯坦白交代本人犯罪和检举揭发他人犯罪案件提出如下意见:

一、总体工作要求

1. 人民法院、人民检察院、公安机关、监狱要充分认识黑恶势力犯罪的严重社会危害,在办理案件中加强沟通协调,促使黑恶势力罪犯坦白交代本人犯罪和检举揭发他人犯罪,进一步巩固和扩大扫黑除恶专项斗争成果。

2. 人民法院、人民检察院、公安机关、监狱在办理跨省异地执行刑罚的黑恶势力罪犯坦白、检举构成自首、立功案件中,应当贯彻宽严相济刑事政策,充分发挥职能作用,坚持依法办案,快办快结,保持密切配合,形成合力,实现政治效果、法律效果和社会效果的统一。

二、排查和移送案件线索

3. 监狱应当依法从严管理跨省异地执行刑罚的黑恶势力罪犯,积极开展黑恶势力犯罪线索排查,加大政策宣讲力度,教育引导罪犯坦白交代司法机关还未掌握的本人其他犯罪行为,鼓励罪犯检举揭发他人犯罪行为。

4. 跨省异地执行刑罚的黑恶势力罪犯检举揭发他人犯罪行为、提供重要线索,或者协助司法机关抓捕其他犯罪嫌疑人的,各部门在办案中应当采取必要措施,保护罪犯及其近亲属人身和财产安全。

5. 跨省异地执行刑罚的黑恶势力罪犯坦白、检举的,监狱应当就基本犯罪事实、涉案人员和作案时间、地点等情况对罪犯进行询问,形成书面材料后报省级监狱管理机关。省级监狱管理机关根据案件性质移送原办案侦查机关所在地省级公安机关、人民检察院或者其他省级主管部门。

6. 原办案侦查机关所在地省级公安机关、人民检察院收到监狱管理机关移送的案件线索材料后,应当进行初步审查。经审查认为属于公安机关或者人民检察院管辖的,应当按照有关管辖的规定处理。经审查认为不属于公安机关或者人民检察院管辖的,应当及时退回移送的省级监狱管理机关,并书面说明理由。

三、办理案件程序

7. 办案侦查机关收到罪犯坦白、检举案件线索或者材料后,应当及时进行核实。依法不予立案的,应当说明理由,并将不予立案通知书送达罪犯服刑监狱。依法决定立案的,应当在立案后十日内,将立案情况书面告知罪犯服刑监狱。依法决定撤销案件的,应当将案件撤销情况书面告知罪犯服刑监狱。

8. 人民检察院审查起诉跨省异地执行刑罚的黑恶势力罪犯坦白、检举案件,依法决定不起诉的,应当在作出不起诉决定后十日内将有关情况书面告知罪犯服刑监狱。

9. 人民法院审理跨省异地执行刑罚的黑恶势力罪犯坦白案件,可以依法适用简易程序、速裁程序。有条件的地区,可以通过远程视频方式开庭审理。判决生效后十日内,人民法院应当向办案侦查机关和罪犯服刑监狱发出裁判文书。

10. 跨省异地执行刑罚的黑恶势力罪犯在服刑期间,检举揭发他人犯罪、提供重要线索,或者协助司法机关抓捕其他犯罪嫌疑人的,办案侦查机关应当在人民法院判决生效后十日内根据人民法院判决对罪犯是否构成立功或重大立功提出书面意见,与案件相关材料一并送交监狱。

11.跨省异地执行刑罚的黑恶势力罪犯在原审判决生效前,检举揭发他人犯罪活动、提供重要线索,或者协助司法机关抓捕其他犯罪嫌疑人的,在原审判决生效后才被查证属实的,参照本意见第10条情形办理。

12.跨省异地执行刑罚的黑恶势力罪犯检举揭发他人犯罪,构成立功或者重大立功的,监狱依法向人民法院提请减刑。对于检举他人犯罪行为基本属实,但未构成立功或者重大立功的,监狱可以根据有关规定给予日常考核奖励或者物质奖励。

13.公安机关、人民检察院、人民法院认为需要提审跨省异地执行刑罚的黑恶势力罪犯的,提审人员应当持工作证等有效证件和县级以上公安机关、人民检察院、人民法院出具的介绍信等证明材料到罪犯服刑监狱进行提审。

14.公安机关、人民检察院、人民法院认为需要将异地执行刑罚的黑恶势力罪犯跨省解回侦查、起诉、审判的,办案地省级公安机关、人民检察院、人民法院应当先将解回公函及相关材料送监狱所在地省级公安机关、人民检察院、人民法院审核。经审核确认无误的,监狱所在地省级公安机关、人民检察院、人民法院应当出具确认公函,与解回公函及材料一并转送监狱所在地省级监狱管理机关审批。监狱所在地省级监狱管理机关应当在收到上述材料后三日内作出是否批准的书面决定。批准将罪犯解回侦查、起诉、审判的,办案地公安机关、人民检察院、人民法院应当派员到监狱办理罪犯离监手续。案件办理结束后,除将罪犯依法执行死刑外,应当将罪犯押解回原服刑监狱继续服刑。

15.本意见所称“办案侦查机关”,是指依法对案件行使侦查权的公安机关、人民检察院。

国家监察委员会　最高人民法院
最高人民检察院　公安部　司法部
关于在扫黑除恶专项斗争中分工负责、互相配合、互相制约严惩公职人员涉黑涉恶违法犯罪问题的通知

为认真贯彻党中央关于开展扫黑除恶专项斗争的重大决策部署,全面落实习近平总书记关于扫黑除恶与反腐败结合起来,与基层“拍蝇”结合起来的重要指示批示精神,进一步规范和加强各级监察机关、人民法院、人民检察院、公安机关、司法行政机关在惩治公职人员涉黑涉恶违法犯罪中的协作配合,推动扫黑除恶专项斗争取得更大成效,根据刑法、刑事诉讼法、监察法及最高人民法院、最高人民检察院、公安部、司法部《关于办理黑恶势力犯罪若干问题的指导意见》的规定,现就有关问题通知如下:

一、总体要求

1. 进一步提升政治站位。坚持以习近平新时代中国特色社会主义思想为指导,从增强“四个意识”、坚定“四个自信”、做到“两个维护”的政治高度,立足党和国家工作大局,深刻认识和把握开展扫黑除恶专项斗争的重大意义。深挖黑恶势力滋生根源,铲除黑恶势力生存根基,严惩公职人员涉黑涉恶违法犯罪,除恶务尽,切实维护群众利益,进一步净化基层政治生态,推动扫黑除恶专项斗争不断向纵深发展,推进全面从严治党不断向基层延伸。

2. 坚持实事求是。坚持以事实为依据,以法律为准绳,综合考虑行为人的主观故意、客观行为、具体情节和危害后果,以及相关黑恶势力的犯罪事实、犯罪性质、犯罪情节和对社会的危害程度,准确认定问题性质,做到不偏

不倚、不枉不纵。坚持惩前毖后、治病救人方针,严格区分罪与非罪的界限,区别对待、宽严相济。

3. 坚持问题导向。找准扫黑除恶与反腐“拍蝇”工作的结合点,聚焦涉黑涉恶问题突出、群众反映强烈的重点地区、行业和领域,紧盯农村和城乡结合部,紧盯建筑工程、交通运输、矿产资源、商贸集市、渔业捕捞、集资放贷等涉黑涉恶问题易发多发的行业和领域,紧盯村“两委”、乡镇基层站所及其工作人员,严肃查处公职人员涉黑涉恶违法犯罪行为。

二、严格查办公职人员涉黑涉恶违法犯罪案件

4. 各级监察机关、人民法院、人民检察院、公安机关应聚焦黑恶势力违法犯罪案件及坐大成势的过程,严格查办公职人员涉黑涉恶违法犯罪案件。重点查办以下案件:公职人员直接组织、领导、参与黑恶势力违法犯罪活动的案件;公职人员包庇、纵容、支持黑恶势力犯罪及其他严重刑事犯罪的案件;公职人员收受贿赂、滥用职权,帮助黑恶势力人员获取公职或政治荣誉,侵占国家和集体资金、资源、资产,破坏公平竞争秩序,或为黑恶势力提供政策、项目、资金、金融信贷等支持帮助的案件;负有查禁监管职责的国家机关工作人员滥用职权、玩忽职守帮助犯罪分子逃避处罚的案件;司法工作人员徇私枉法、民事枉法裁判、执行判决裁定失职或滥用职权、私放在押人员以及徇私舞弊减刑、假释、暂予监外执行的案件;在扫黑除恶专项斗争中发生的公职人员滥用职权,徇私舞弊,包庇、阻碍查处黑恶势力犯罪的案件,以及泄露国家秘密、商业秘密、工作秘密,为犯罪分子通风报信的案件;公职人员利用职权打击报复办案人员的案件。

公职人员的范围,根据《中华人民共和国监察法》第十五条的规定认定。

5. 以上情形,由有关机关依规依纪依法调查处置,涉嫌犯罪的,依法追究刑事责任。

三、准确适用法律

6. 国家机关工作人员包庇黑社会性质的组织,或者纵容黑社会性质的组织进行违法犯罪活动的,以包庇、纵容黑社会性质组织罪定罪处罚。

国家机关工作人员既组织、领导、参加黑社会性质组织，又对该组织进行包庇、纵容的，应当以组织、领导、参加黑社会性质组织罪从重处罚。

国家机关工作人员包庇、纵容黑社会性质组织，该包庇、纵容行为同时还构成包庇罪、伪证罪、妨害作证罪、徇私枉法罪、滥用职权罪、帮助犯罪分子逃避处罚罪、徇私舞弊不移交刑事案件罪，以及徇私舞弊减刑、假释、暂予监外执行罪等其他犯罪的，应当择一重罪处罚。

7. 非国家机关工作人员与国家机关工作人员共同包庇、纵容黑社会性质组织，且不属于该组织成员的，以包庇、纵容黑社会性质组织罪的共犯论处。非国家机关工作人员的行为同时还构成其他犯罪的，应当择一重罪处罚。

8. 公职人员利用职权或职务便利实施包庇、纵容黑恶势力、伪证、妨害作证，帮助毁灭、伪造证据，以及窝藏、包庇等犯罪行为的，应酌情从重处罚。事先有通谋而实施支持帮助、包庇纵容等保护行为的，以具体犯罪的共犯论处。

四、形成打击公职人员涉黑涉恶违法犯罪的监督制约、配合衔接机制

9. 监察机关、公安机关、人民检察院、人民法院在查处、办理公职人员涉黑涉恶违法犯罪案件过程中，应当分工负责，互相配合，互相制约，通过对办理的黑恶势力犯罪案件逐案筛查、循线深挖等方法，保证准确有效地执行法律，彻查公职人员涉黑涉恶违法犯罪。

10. 监察机关、公安机关、人民检察院、人民法院要建立完善查处公职人员涉黑涉恶违法犯罪重大疑难案件研判分析、案件通报等工作机制，进一步加强监察机关、政法机关之间的配合，共同研究和解决案件查处、办理过程中遇到的疑难问题，相互及时通报案件进展情况，进一步增强工作整体性、协同性。

11. 监察机关、公安机关、人民检察院、人民法院、司法行政机关要建立公职人员涉黑涉恶违法犯罪线索移送制度，对工作中收到、发现的不属于本单位管辖的公职人员涉黑涉恶违法犯罪线索，应当及时移送有管辖权的单位处置。

移送公职人员涉黑涉恶违法犯罪线索，按照以下规定执行：

（1）公安机关、人民检察院、人民法院、司法行政机关在工作中发现公职人员涉黑涉恶违法犯罪中的涉嫌贪污贿赂、失职渎职等职务违法和职务犯罪等应由监察机关管辖的问题线索，应当移送监察机关。

（2）监察机关在信访举报、监督检查、审查调查等工作中发现公职人员涉黑涉恶违法犯罪线索的，应当将其中涉嫌包庇、纵容黑社会性质组织犯罪等由公安机关管辖的案件线索移送公安机关处理。

（3）监察机关、公安机关、人民检察院、人民法院、司法行政机关在工作中发现司法工作人员涉嫌利用职权实施的侵犯公民权利、损害司法公正案件线索的，根据有关规定，经沟通后协商确定管辖机关。

12. 监察机关、公安机关、人民检察院接到移送的公职人员涉黑涉恶违法犯罪线索，应当按各自职责及时处置、核查，依法依规作出处理，并做好沟通反馈工作；必要时，可以与相关线索或案件并案处理。

对于重大疑难复杂的公职人员涉黑涉恶违法犯罪案件，监察机关、公安机关、人民检察院可以同步立案、同步查处，根据案件办理需要，相互移送相关证据，加强沟通配合，做到协同推进。

13. 公职人员涉黑涉恶违法犯罪案件中，既涉嫌贪污贿赂、失职渎职等严重职务违法或职务犯罪，又涉嫌公安机关、人民检察院管辖的违法犯罪的，一般应当以监察机关为主调查，公安机关、人民检察院予以协助。监察机关和公安机关、人民检察院分别立案调查（侦查）的，由监察机关协调调查和侦查工作。犯罪行为仅涉及公安机关、人民检察院管辖的，由有关机关依法按照管辖职能进行侦查。

14. 公安机关、人民检察院、人民法院对公职人员涉黑涉恶违法犯罪移送审查起诉、提起公诉、作出裁判，必要时听取监察机关的意见。

15. 公职人员涉黑涉恶违法犯罪案件开庭审理时，人民法院应当通知监察机关派员旁听，也可以通知涉罪公职人员所在单位、部门、行业以及案件涉及的单位、部门、行业等派员旁听。

关于涉黑涉恶犯罪审判情况的统计分析

——以北京法院近两年审理的涉黑涉恶案件为样本

北京市高级人民法院扫黑办课题组*

引言

在全国开展为期三年的扫黑除恶专项斗争是以习近平同志为核心的党中央在中国特色社会主义进入新时代、全面建成小康社会进入决胜阶段的关键时期作出的重大决策部署。自 2018 年 1 月开展扫黑除恶专项斗争以来,北京法院深入学习贯彻习近平总书记重要指示精神,认真落实中央政法委、最高人民法院、北京市委的决策部署,以"最高标准、最严要求、最好效果"全面推动扫黑除恶专项斗争向纵深发展。课题组通过对两年来北京法院涉黑涉恶犯罪审判情况的深入调研,旨在达致以下目的:一是揭示涉黑涉恶犯罪的案发特点、形成原因和发展态势,深化对新形势下涉黑涉恶犯罪的认识,提出惩防对策,助推平安北京建设;二是调研涉黑涉恶犯罪审判情况,剖析影响审判工作的难点堵点,提出解决对策,助推审判质效提升;三是利用翔实的数据和有针对性的结论,为党委、政府科学决策提供参考。

本次统计分析具有以下特点:一是坚持全局性。着眼于涉黑涉恶案件办理全过程,以涵盖侦查、起诉、审判各环节的全局性视角,持续、动态地开

* 课题组成员:北京市高级人民法院党组成员、副院长蓝向东,审委会专职委员、刑一庭庭长袁丽忠,刑一庭法官吴小军,刑一庭法官助理蒋傲雨,东城区人民法院刑庭法官助理石魏,北京市第三中级人民法院刑一庭法官助理魏炜。课题执笔人:魏炜、吴小军。

展全面调研。二是坚持实践性。既以静态的裁判文书、案件卷宗为基础对数据进行统计分析,又以动态的涉黑恶案件办理实践为依托进行司法观察,坚持以实践推动思维创造。三是坚持问题导向。全面梳理、深入分析司法实践中存在的制约涉黑涉恶案件办理进度、影响审判质效的诸多因素,提出解决问题的对策。

一、样本来源和统计方法、内容、工具

(一)样本来源

1. 样本来源

课题组以北京市高级人民法院建立的《全市法院涉黑涉恶案件台账》(以下简称《台账》)为基础选取统计样本。《台账》显示,2018年1月至2019年12月31日,北京法院共受理涉黑涉恶案件139件652人(其中涉黑案件5件、涉恶案件123件、涉"保护伞"案件11件),一审审结106件457人(其中涉黑案件2件、涉恶案件98件、涉"保护伞"案件5件),二审审结48件226人(未结1件6人)。为避免重复计算,主要选取2018—2019年北京法院审结的106件一审涉黑涉恶案件为统计样本,其中6件为中级法院一审案件,100件为基层法院一审案件。同时,基于涉黑涉恶案件上诉情况统计需要,对已结的48件二审涉黑涉恶案件一并予以统计。

需要说明的是,由于"恶势力"并非正式的法律概念,在2019年4月9日最高人民法院、最高人民检察院(以下简称"两高两部")发布《关于办理恶势力刑事案件若干问题的意见》(以下简称《恶势力意见》)之前,部分已结在账案件没有在裁判文书中明确表述"恶势力",但该类案件确系以恶势力标准进行起诉、审判,因此纳入本次调研的统计范围。

2. 统计对象

本次调研的统计对象包括涉黑、涉恶、涉"保护伞"三类刑事案件。《台账》基于"两个一律"和"一案三查"的要求,将与涉黑涉恶案件相关联的涉伞案件也纳入《台账》,统一管理。由于涉黑恶犯罪与"保护伞"犯罪之间在犯罪学层面及司法层面的紧密联系,课题组在选取统计样本时也将涉"保护伞"案件纳入统计范围。

(二)统计方法

1. 实地调查法

对北京法院特别是重大涉黑涉恶案件审理法院进行实地督导、现场调研;召开法院内部座谈会以及司法机关联合座谈会;对涉黑涉恶案件办理人员进行访谈,梳理总结侦查、起诉、审判各阶段承办人对涉黑恶犯罪及办案的直观感受,以定性方法分析困扰案件办理的各种因素。

2. 文本观察法

阅览近两年北京法院审理的涉黑涉恶案件的审理报告、裁判文书、卷宗材料等第一手资料,近距离观察涉黑涉恶案件的办理全貌,对涉黑涉恶案件审判情况开展定量分析。

(三)统计内容

为便于更好地把握黑恶势力的认定标准,课题组对违法犯罪活动实然样态和司法审判两个维度进行考察:一是涉黑涉恶犯罪自身的特点,包括犯罪主体自然情况、涉黑涉恶组织特征与涉黑涉恶犯罪手段特征。二是涉黑涉恶案件的审判特点,包括实体认定、审判程序与裁判文书撰写等方面。

(四)统计工具

本文使用统计分析软件 SPSS(IBM SPSS Statistics 23.0),对统计样本进行数据录入、整理,并对数据进行描述性统计①、均值比较、极值比较、多重响应②、卡方检验③等分析,由此获得对调查总体所有变量有关数据的频数分

① 描述性统计,是指运用制表和分类,图形以及计算概括性数据来描述数据特征的各项活动。载 https://baike.baidu.com/item/描述性统计,最后访问时间:2020 年 2 月 21 日。

② SPSS 软件进行多选题频数分析需首先将该问题编码变量合并为一个多重响应项集,“定义多重响应集”过程将基本变量分组为多二分集和多类别集,由此可以获取这些集合的频率表和交叉制表。载 https://www.ibm.com/support/knowledgecenter/zh/SSLVMB_subs/statistics_mainhelp_ddita/spss/base/idh_mrse.html,最后访问时间:2020 年 2 月 21 日。

③ 卡方检验是一种计数资料的假设检验方法。它属于非参数检验的范畴,主要是比较两个及两个以上样本率(构成比)以及两个分类变量的关联性分析。其根本思想就是在于比较理论频数和实际频数的吻合程度或拟合优度问题。求卡方值一般用 p 指表示,卡方值越大,p 值越小,变量相关的可能性越大。具体步骤是:第一,假设多个变量之间不相关;第二,根据假设计算得出每种情况的理论值,根据理论值与实际值的差别,计算得到卡方值及自由度;第三,查卡方表,求 p 值。卡方值越大,p 值越小,变量相关的可能性越大,当 $p \leq 0.05$,否定原假设,认为变量相关;当 $p \leq 0.01$,认为变量相关性显著。载 https://blog.csdn.net/arielle512/article/details/81234501,最后访问时间:2020 年 2 月 21 日。

析、集中趋势分析、极端值分析、相关性检验等。

二、涉黑涉恶犯罪的主要特点

(一)犯罪主体自然情况

1. 涉黑涉恶犯罪主体为青壮年男性,且有向未成年人渗透的趋势

由性别与年龄分组交叉表(见表1)可知,457名被告人的年龄中占百分比最高的年龄段集中在25岁至34岁,这一年龄段被告人占总体人数的比例为53.6%,而34岁以下被告人的人数累计百分比达64.1%。女性被告人人数为38人,占比为8.3%,远低于男性所占比例。可见,青壮年男性是实施涉黑涉恶犯罪的主要群体,易受黑恶势力的不良影响而误入歧途。

表1 性别 * 年龄分组交叉表

单位:人

分类 \ 项目			年龄分组						总计
			≤17岁	18-24岁	25-34岁	35-44岁	45-54岁	≥55	
性别	女	计数	2	7	19	6	3	1	38
		占性别的百分比	5.3%	18.4%	50.0%	15.8%	7.9%	2.6%	100.0%
	男	计数	5	34	226	107	35	12	419
		占性别的百分比	1.2%	8.1%	53.9%	25.5%	8.4%	2.9%	100.0%
总计		计数	7	41	245	113	38	13	457
		占性别的百分比	1.5%	9.0%	53.6%	24.7%	8.3%	2.8%	100.0%

通过分析极值,统计样本中年龄最大的被告人69岁,为杨继宝等人重大涉恶案中的被告人秦某某,其曾任顺义区某村党支部书记、村委会主任;年龄最小的被告人16岁,系未成年人。进一步分析未成年人参与涉黑恶犯罪的情况可知,统计样本中包含7名未成年人及41名年龄介于18岁至24岁的年轻人。一方面,上述7名未成年人包括赵某1恶势力案中的被告人崔某(17岁)、田某某(16岁)、赵某2(16岁),史某某恶势力案中的被告人史某某(16岁)、刘某某(17岁),任杰恶势力团伙中的王某某(17岁)、张某某(17岁)。其中,赵某1等人寻衅滋事案较为典型地反映出黑恶势力意图渗透在校学生或辍学少年,以"小恩小惠"驱使怂恿或利诱威逼青少年参与实施涉黑涉恶犯罪,产生较为严重的危害后果和恶劣的社会影响。另一方面,上述

41名年龄介于18岁至24岁的年轻人,虽然案发时年龄已超过18周岁,但其中有不少被告人在未成年时即参与黑恶势力犯罪,涉黑恶犯罪向未成年人渗透的趋势不容忽视,需要引起高度警惕。正如"两高两部"2020年4月23日发布的《关于依法严惩利用未成年人实施黑恶势力犯罪的意见》所指出的,"不少地方在办理黑恶势力犯罪案件时,发现一些未成年人被胁迫、利诱参与、实施黑恶势力犯罪,严重损害了未成年人健康成长,严重危害社会和谐稳定"。

2. 黑恶势力成员受教育程度普遍偏低,无业人员居多,企业化明显

表2　职业 * 教育程度交叉表

单位:人

分类		项目	教育程度					总计
			小学文化	初中文化	高中文化	专科文化	本科以上	
职业	无业	各教育程度人数	26	76	14	37	6	159
		占本类人数的百分比	44.8%	33.3%	28.0%	36.6%	30.0%	34.8%
	农民	各教育程度人数	14	42	7	12	0	75
		占本类人数的百分比	24.1%	18.4%	14.0%	11.9%	0.0%	16.4%
	私营企业职员	各教育程度人数	8	72	20	29	3	132
		占本类人数的百分比	13.8%	31.6%	40.0%	28.7%	15.0%	28.9%
	私营企业领导	各教育程度人数	9	26	8	12	5	60
		占本类人数的百分比	15.5%	11.4%	16.0%	11.9%	25.0%	13.1%
	个体经营者	各教育程度人数	1	2	0	1	0	4
		占本类人数的百分比	1.7%	0.9%	0.0%	1.0%	0.0%	0.9%
	国家机关、事业单位人员	各教育程度人数	0	1	0	2	6	9
		占本类人数的百分比	0.0%	0.4%	0.0%	2.0%	30.0%	2.0%
	基层(村民)自治组织人员	各教育程度人数	0	9	1	8	0	18
		占本类人数的百分比	0.0%	3.9%	2.0%	7.9%	0.0%	3.9%
总计		各教育程度人数	58	228	50	101	20	457
		占总人数的百分比	12.7%	49.9%	10.9%	22.1%	4.4%	100.0%

由表2可知,在受教育程度类别中,占比最高的是初中文化,有228名被告人具有初中文化程度,占比为49.9%;其次为专科文化,人数为101人,占

比为22.1%；初中文化(含)以下人员共计286人，占比为62.6%，显示出黑恶势力成员受教育程度总体偏低的特征。通过对职业与受教育程度交叉表中列百分比的比较可知：

其一，无业人员比例高。在具有小学、初中、专科文化程度的被告人中，占职业类型比例最高的均为无业人员。值得注意的是，由于部分法院在界定“农民”这一职业类型的主要根据是农业户口，而这部分人事实上没有固定职业，因此，各文化程度下无业人员的实际比例应当高于统计值。对于受教育程度较低的被告人而言，在没有正当职业的情况下，如果个人缺乏积极向上的兴趣爱好或理想信念，极易受到不良青年的影响或非法利益的诱惑，直至走上涉黑涉恶违法犯罪的道路。

其二，企业型黑恶势力特征明显。表2显示，私营企业职员为132人，占比为28.9%；私营企业领导[①]为60人，占比仅次于无业人员，占比为13.1%；私营企业人员占比共计42%，比例超过无业人员。特别是在具有高中文化程度的被告人中，私营企业职员占比达40%，私营企业领导比例达14%，即过半人员属于私营企业相关人员。这在一定程度上反映出当前部分黑恶势力以私营企业为据点或外壳，以招募职员的形式扩充组织成员，通过长期实施违法犯罪行为，严重扰乱特定行业经济秩序的特点，典型如朝阳区、丰台区、昌平区“黑中介”恶势力案及中关村电子城强迫交易类恶势力案。

其三，涉黑恶案件影响恶劣，个别公职人员参与其中充当“保护伞”，危害严重。涉“保护伞”类案件中，专科、本科以上文化程度中的国家机关、事业单位人员主要是为黑恶势力充当“保护伞”的国家公职人员。如个别国家公职人员被黑恶势力拉拢腐蚀，帮助黑恶势力组织者、领导者、骨干成员违规入党，侵蚀基层政权，捞取政治资本，使其凭借基层组织负责人身份非法逐利，区域危害严重；个别公职人员接受恶势力领导者的请托，在村集体土地租赁等方面为其谋取非法利益，致使恶势力团伙强占集体土地，非法获取了亿元拆迁补偿款，社会影响恶劣；个别公职人员丧失党性和工作原则，利用职务便利，为黑恶势力通风报信，纵容包庇，不仅对黑社会性质组织的滋

---

① 私营企业领导主要指的是私营企业法定代表人、经理或实际负责人。

生、蔓延起到推波助澜的作用，而且会使此类犯罪的社会危害进一步加大。

3. 黑恶势力成员再犯人数较多，早期违法犯罪行为暴力性特征明显

在统计的457名被告人中，具有前科劣迹①的有118人，占比为25.8%，其中有累犯情节的被告人有36人，占比为7.9%。具有前科劣迹与累犯人数较多的情况表明，涉黑涉恶案件被告人自控能力差，法律意识淡薄，在实施了违法犯罪行为后，不能够通过接受治安处罚或刑事处罚真正实现思想转变和自我改造，主观恶性和人身危险性相对较大。

图1、图2显示，涉黑涉恶案件被告人的前科劣迹及累犯罪中前罪主要表现为暴力行为。其一，前科劣迹行为属于暴力性违法犯罪的被告人有82人，非暴力性违法犯罪的有36人。暴力性前科劣迹主要表现为殴打他人、故意毁损公私财物等行为；非暴力性前科劣迹主要体现为吸食毒品、非法持有毒品、酒后驾车、贩卖淫秽物品、卖淫等行为。其二，累犯中前罪为暴力犯罪

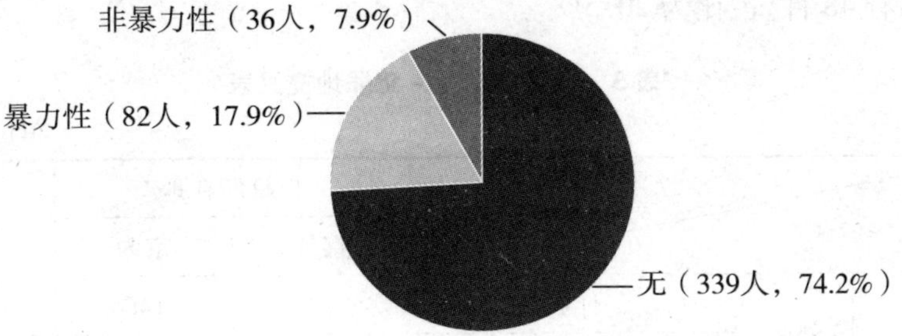

图1　前科劣迹类型

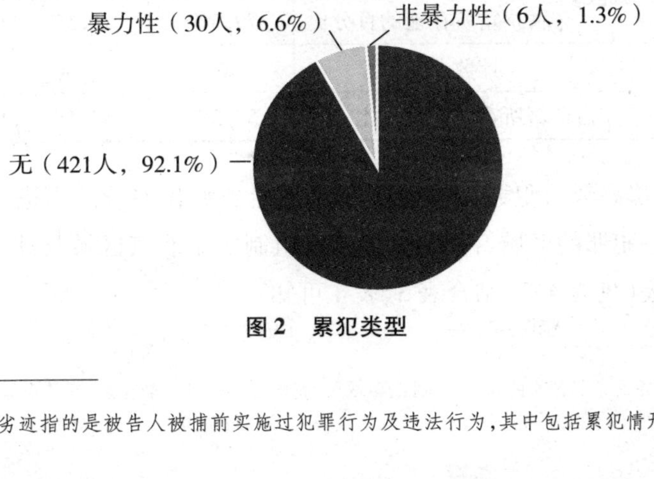

图2　累犯类型

① 前科劣迹指的是被告人被捕前实施过犯罪行为及违法行为，其中包括累犯情形。

的被告人有30人,非暴力犯罪的有6人。暴力性前罪主要体现为抢劫、故意伤害、敲诈勒索、聚众斗殴、寻衅滋事等行为;非暴力性前罪主要表现为诈骗、盗窃、危险驾驶、贩卖毒品等。

4. 黑恶势力犯罪呈现明显的区域和行业特征

其一,黑恶势力成员户籍所在地情况因犯罪地不同呈现差异。统计显示,非京籍黑恶势力成员人数为263人,占比为57.5%;京籍为194人,占比为42.5%。总体而言,北京涉黑涉恶犯罪主要由非京籍人员实施,但该指标因案件发生区域不同存在差异。户籍所在地与犯罪地交叉表(见表3)反映出,在北京郊区[①]发生的涉黑恶案件主要由京籍人员实施,其中由京籍人员实施的有146件,占比为65.5%;由非京籍人员实施的有77件,占比为34.5%。与郊区情况不同的是,北京城区发生的涉黑恶涉犯罪主要由非京籍人员实施,其中由非京籍人员实施的有186件,占比为79.5%;由京籍人员实施的有48件,占比为20.5%。

表3　户籍所在地＊犯罪地交叉表

单位:人

分类＼项目			户籍所在地		总计
			京外	京内	
犯罪地	郊区	计数	77	146	223
		占户籍所在地的百分比	34.5%	65.5%	100.0%
	城区	计数	186	48	234
		占户籍所在地的百分比	79.5%	20.5%	100.0%
总计	计数		263	194	457
	占户籍所在地的百分比		57.5%	42.5%	100.0%

其二,黑恶势力犯罪因区域不同呈现出类型化差异。为进一步分析北京涉黑涉恶犯罪的区域、行业特征,课题组制定了北京区域与涉黑涉恶犯罪类型交叉表(见表4)。结合表3、表4可知:

① 本文中北京郊区指的是除东城区、西城区、朝阳区、海淀区、丰台区、石景山区之外的北京各区。

在城区，经济活跃，商业繁华，人流密集，外来人口较多且构成复杂，外地来京人员中的部分不法分子利用城区市场需求旺盛、金融产业发达等特点，在农副产品批发市场、汽车和电子交易市场、房屋租赁市场、民间借贷融资等重点行业大量实施涉黑涉恶违法犯罪。例如，丰台区作为城六区之一，外来人口较多，房屋租赁行业发达，利用“软暴力”等方式实施的房屋“黑中介”犯罪多发，严重扰乱了当地房屋租赁市场经济秩序，侵害租户的人权和财产权，危及群众安全感和满意度；朝阳、海淀等地区经济发达、市场繁荣的环境下也潜伏着强买强卖、欺行霸市的“行霸”类恶势力犯罪，中关村电子城强迫交易系列案、大洋路市场穆建军恶势力强迫交易案等严重扰乱了特定地域、特定行业的营商环境，危害后果不容小觑。

在郊区，自然资源较为丰富，外来人口相对较少，本地部分不法分子为非法占有郊区土地、矿产等资源，攫取土地流转、拆迁补偿等过程中的巨额利益，染指基层政权，捞取政治资本，利用农村基层组织负责人身份，为非作恶，欺压百姓，对郊区尤其是农村地区的各类资源巧取豪夺，社会影响恶劣。例如，杨继宝等人是在顺义区拆迁领域中出现的恶势力团伙，其为追逐巨额拆迁补偿，在拆迁、征地等工程项目中煽动闹事，拉拢腐蚀个别国家工作人员，破坏基层政治生态，严重扰乱经济秩序；平谷等地矿产资源丰富，王小双团伙等恶势力以“黑开采”方式，破坏国家自然资源，攫取大量非法经济利益；京藏高速昌平、延庆路段，王海民等人靠路吃路、为非作恶，在高速公路上强行拖车、高额收费，形成了令过路群众人人畏惧的“路霸”恶势力犯罪集团。

表4　区域 * 涉黑涉恶犯罪类型交叉表

单位：件

类型/院别	犯罪类型							总计
	行霸	黄赌毒	村霸	黑中介	套路贷	路霸	其他	
丰台		2		10		3	3	18
朝阳	1	1	1	3	5	2	3	16
顺义	5	2	4				2	13
海淀	8		1				2	11

续表

类型 院别	犯罪类型							总计
	行霸	黄赌毒	村霸	黑中介	套路贷	路霸	其他	
平谷		5	2			1	3	11
房山	1	1					5	7
大兴		3	1	1			1	6
昌平	3						2	5
通州		1	1				2	4
二中院			1				1	2
三中院			1		2			3
西城			1				1	2
密云							2	2
怀柔			1				1	2
延庆			1					1
门头沟	1							1
石景山	1							1
东城		1						1
总计	20	16	15	14	7	6	28	106

5. 从宽情节认定中如实供述的比例较高

具有自首情节的被告人为29人，占比为6.3%；具有如实供述情节的被告人为149人，占比为32.6%；具有立功情节的被告人为4人，占比为0.6%（见图3）。相比而言，涉黑恶案件被告人主动投案、立功的比例低，但有近1/3的被告人能够如实供述主要犯罪事实，这为涉黑涉恶案件适用认罪认罚从宽制度提供了一定基础。

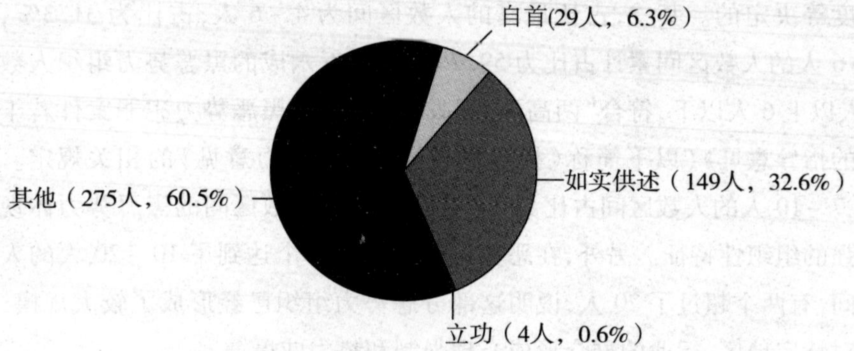

图3　涉黑涉恶案件被告人从轻情节

(二)涉黑涉恶犯罪组织特征

1.从组织人数看,黑恶势力人数多为3人以上6人以下,符合法律规定的人数要求

统计发现,由于存在公诉机关拆分案件的等情况,已结的106件涉黑涉恶案件实际共涉及67个涉黑涉恶组织,包括2个黑社会性质组织和65个恶势力组织。67个涉黑涉恶组织中,平均每个组织约7名被告人,其中人数最少的为3人,人数最多的有25人(如林国斌"套路贷"黑社会性质组织)。

表5　涉黑涉恶组织类型 * 人数分组交叉表

单位:人

类型 \ 分组			人数分组					总计(个)
			3人	4－6人	7－10	11－20人	20人以上	
组织类型	黑社会性质组织	计数	0	0	1	0	1	2
		占组织类型的百分比	0.0%	0.0%	50.0%	0.0%	50.0%	100.0%
	恶势力组织	计数	19	21	18	5	2	65
		占组织类型的百分比	29.2%	32.3%	27.7%	7.7%	3.1%	100.0%
总计	计数		19	21	19	5	3	67
	占组织类型的百分比		28.4%	31.3%	28.4%	7.5%	4.5%	100.0%

涉黑涉恶组织类型与组织人数交叉表(见表5)反映出:其一,黑社会性质组织人数普遍高于恶势力组织,这是由二者的组织特征、内部结构、紧密

程度等决定的。其二,占比最高的人数区间为4－6人,占比为31.3%,而3－6人的人数区间累计占比为59.7%,说明近六成的黑恶势力组织人数在3人以上6人以下,符合“两高两部”发布的《办理黑恶势力犯罪案件若干问题的指导意见》(以下简称《指导意见》)及《恶势力意见》的相关规定。其三,7－10人的人数区间占比为28.4%,符合此人数区间的黑恶势力体现出较强的组织性特征。另外,在恶势力组织中有5个达到了10－20人的人数区间,有两个超过了20人,说明这部分恶势力组织已经形成了较大规模,更易对特定地区、行业的群众形成心理强制和势力威慑。

2. 从犯罪时间看,违法犯罪事实多,作案跨度时间长

审结的106件涉黑涉恶案件违法犯罪事实共1500起,平均每个案件包括违法犯罪事实约14起,作案次数较多;作案持续时间长,平均14个月,最长跨度13年。一方面,说明黑恶势力长期积聚,有机会在较长时间内逐渐形成为非作恶、欺行霸市或欺压百姓的“恶名”,即使不直接实施暴力手段,也可以对特定区域、行业的群众造成了持续的心理威慑;另一方面,说明涉黑涉恶组织反侦查能力较强,这给涉黑涉恶案件的侦办带来了压力和挑战。

3. 从组织地位看,黑恶势力中组织者、领导者主要由非京籍人员担任,私营企业负责人比例高

统计显示,457名被告人中,在黑恶势力组织中担任组织者、领导者的有60人,占比为13.1%,其他成员为397人,占比为86.9%。分析可知:

其一,区域、户籍所在地、组织地位交叉表(见表6)显示,总体上看,无论组织者、领导者还是一般成员,非京籍人员占多数。但进一步按区域划分时,在郊区,组织者、领导者主要由京籍人员担任,在城区则主要由非京籍人员担任,这与不同户籍的涉黑涉恶案件被告人的地域分布基本一致。

表6　区域 * 户籍所在地 * 组织地位交叉表

单位:人

组织地位 \ 所在地			户籍所在地		总计
			京外	京内	
组织者、领导者	区域	郊区	5	17	22
		城区	30	8	38
	总计		35	25	60

续表

组织地位 \ 所在地			户籍所在地		总计
			京外	京内	
其他成员	区域	郊区	72	129	201
		城区	156	40	196
	总计		228	169	397
总计	辖区	郊区	77	146	223
		城区	186	48	234
	总计		263	194	457

其二,从表7显示的组织地位与职业交叉表来看,各类职业中,担任组织者、领导者最多的是私营企业领导,占比为43.3%;其次是无业人员,占比为35.0%。近半数的黑恶势力组织者、领导者为私营企业领导的现状,反映出涉黑涉恶犯罪逐渐由传统领域向经济领域渗透的趋势。

表7　组织地位 * 职业交叉表

单位:人

组织地位 \ 类型		职业							总计
		无业	农民	私营企业职员	私营企业领导	个体经营者	国家机关、事业单位	基层自治组织	
组织者、领导者	计数	21	3	6	26	0	1	3	60
	占比	35.0%	5.0%	10.0%	43.3%	0.0%	1.7%	5.0%	100.0%
其他成员	计数	138	72	126	34	4	8	15	397
	占比	34.8%	18.1%	31.7%	8.6%	1.0%	2.0%	3.8%	100.0%
总计	计数	159	75	132	60	4	9	18	457
	占比	34.8%	16.4%	28.9%	13.1%	0.9%	2.0%	3.9%	100.0%

其三,组织者、纠集者如实供述比例较高。表8、表9显示,就自首而言,其他成员在自首比例方面略高于组织者、领导者;但就如实供述而言,组织者、领导者的比例要高于其他成员。如果能充分利用组织者、领导者如实供述情节,运用好认罪认罚从宽制度,对有助于提升涉黑涉恶犯罪审判质效。

表8　组织地位 * 自首交叉表

单位:人

组织地位 \ 类型		自首 无	自首 有	总计
组织者、领导者	计数	57	3	60
	占组织地位的百分比	95.0%	5.0%	100.0%
其他成员	计数	371	26	397
	占组织地位的百分比	93.5%	6.5%	100.0%
总计	计数	428	29	457
	占组织地位的百分比	93.7%	6.3%	100.0%

表9　组织地位 * 如实供述交叉表

单位:人

组织地位 \ 类型		如实供述 否	如实供述 是	总计
组织者、领导者	计数	32	28	60
	占组织地位的百分比	53.3%	46.7%	100.0%
其他成员	计数	276	121	397
	占组织地位的百分比	69.5%	30.5%	100.0%
总计	计数	308	149	457
	占组织地位的百分比	67.4%	32.6%	100.0%

(三)犯罪手段特征

1.从犯罪手段看,黑恶势力就地伪装,暴力性趋于隐蔽,“软暴力”特征凸显,增加了识别和打击难度

与传统黑恶势力实施“打打杀杀”等直接暴力行为不同,当前黑恶势力犯罪手段趋于隐蔽,实施恐吓、威胁、滋扰等“软暴力”成为主要犯罪手段。表10显示,从审结的黑恶势力犯罪案件看,单纯使用传统“硬暴力”的案件约占二成,“软硬兼施”的案件约占一成,实施“软暴力”行为的案件占七成。例如,朝阳法院、丰台法院审理的“黑中介”类涉恶系列案件中,刘康、寇强等恶势力团伙在经营过程中通过实施强行索要违约金、断电断水、威胁、骚扰

等“软暴力”方式逼迫租户退租或者有意制造“违约”陷阱，非法获利，严重侵害租户的人身和财产权利，扰乱了房屋租赁市场秩序。

随着“软暴力”日益成为黑恶势力犯罪的主要行为类型，涉黑涉恶犯罪所侵犯的法益由传统的人身权、财产权向安宁权、隐私权、名誉权转变。这类犯罪行为虽不易造成肉眼可见的实体伤害，却会给被害人带来较大的精神伤害，形成心理强制。由于“软暴力”行为隐蔽性强，与民事纠纷不易区分，不少违法犯罪行为在初期存在被降格处理的现象，如陈海涛案、张艳超案中，出现将涉黑涉恶犯罪行为作为民事纠纷或治安案件处理的情形。

表 10 辖区 * 行为类型交叉表

单位：件

辖区＼类型		行为类型			总计
		软暴力	软硬兼施	硬暴力	
城区	计数	44	7	6	57
	占辖区的百分比	77.2%	12.3%	10.5%	100.0%
郊区	计数	26	7	16	49
	占辖区的百分比	53.1%	14.3%	32.7%	100.0%
总计	计数	70	14	22	106
	占辖区的百分比	66.0%	13.2%	20.8%	100.0%

2. 行为类型分布集中，由传统扰乱社会治安向侵财逐利、经济领域渗透

经过对罪名出现频次进行排序，频次最高的五个罪名依次是寻衅滋事罪、敲诈勒索罪、强迫交易罪、诈骗罪、故意伤害罪，其中敲诈勒索、强迫交易、诈骗等涉财类罪名出现频次共计 244 次，其他罪名出现频次共计 158 次。区域与罪名交叉表（见表 11）反映出，发生在城区、郊区的涉财罪名均有较广泛的分布，城区涉财性罪名的出现频次共计 170 次，占比高达 87.2%。这与城区经济发达、人流密集的特征有着密切关系。例如，在林国斌等人涉黑“套路贷”案中，林国斌等人在朝阳、海淀、东城等区实施“套路贷”犯罪活动，骗取 72 名被害人 74 套房屋，造成 65 名被害人 67 套房屋及财产损失合计人民币 1.8 亿余元。

表11　区域 * 罪名交叉表

单位:件

区域＼类型		罪名：寻衅滋事罪	敲诈勒索罪	强迫交易罪	诈骗罪	故意伤害罪	总计
城区	计数	31	57	58	55	13	214
	占比	15.9%	29.2%	29.7%	28.2%	6.7%	
郊区	计数	92	51	12	11	22	188
	占比	58.6%	32.5%	7.6%	7.0%	14.0%	
总计	计数	123	108	70	66	35	402

注:百分比和总计基于响应者。使用了值1对二分组进行制表。

三、涉黑涉恶犯罪审判的主要特点

(一)实体处理方面

1. 涉黑涉恶案件定罪量刑体现了依法从严

对涉黑涉恶犯罪依法从严惩处是扫黑除恶专项斗争的要求。统计显示,北京法院判处5年以上有期徒刑直至无期徒刑的被告人164人,重刑率达35.9%,远高于普通刑事案件重刑率。[①] 为了进一步分析《恶势力意见》的出台对量刑的影响,课题组制作了表12,从刑罚区间与判决时间交叉表可以看出,2019年4月9日之前,涉黑涉恶案件判处刑罚集中在5年以下有期徒刑,被判处5年以下有期徒刑的被告人有187人,占比高达84.6%,重刑率较低;2019年4月9日之后,涉黑涉恶案件判处刑罚重刑率较之前上升了32.5个百分点。另外,10年以上有期徒刑中各个刑罚区间的被告人人数百分比均有较大幅度的提升,充分彰显了“四个意见”出台后北京法院加大依法从严惩处黑恶势力的力度,尤其是对首要分子、组织者、领导者,如对林国

① 最高人民法院的数据显示:2018年全国法院判处5年以上有期徒刑、无期徒刑至死刑的毒品犯罪分子26 443人,重刑率为24.11%;2019年1月至5月,判处重刑人数10 029人,重刑率为26.38%,均高出同期全部刑事案件重刑率十几个百分点。据此可推知,全部刑事案件重刑率水平一般不高于15%。载http://courtapp.chinacourt.org/zixun-xiangqing-166432.html;最后访问时间:2020年2月21日。

斌、陈海涛等数罪并罚判处无期徒刑、有期徒刑25年不等的刑罚,沉重打击了黑恶势力的嚣张气焰。卡方检验显示,判决时间与刑罚区间的P值小于0.05,关系显著。

表12　刑罚区间＊判决时间交叉表

单位:人

刑罚区间＼时间		判决时间 2019年4月9日之前	判决时间 2019年4月9日之后	总计
5年以下有期徒刑	计数	177	116	293
	占判决时间的百分比	81.9%	48.1%	64.0%
5-10年有期徒刑	计数	25	79	104
	占判决时间的百分比	11.6%	32.8%	22.8%
10-15年有期徒刑	计数	13	26	39
	占判决时间的百分比	6.0%	10.8%	8.6%
15-20年有期徒刑	计数	1	15	16
	占判决时间的百分比	0.5%	6.2%	3.5%
20年以上有期徒刑	计数	0	4	4
	占判决时间的百分比	0.0%	1.7%	0.9%
无期徒刑	计数	0	1	1
	占判决时间的百分比	0.0%	0.4%	0.2%
总计	计数	216	241	457
	占判决时间的百分比	100.0%	100.0%	100.0%

注:a. $p<0.005$。

2. 涉黑涉恶案件财产刑判处、执行体现了依法从严

在涉黑涉恶案件财产处置上,北京市政法机关加大处置力度,在侦查、起诉阶段着力收集、固定有关涉黑涉恶财产的证据。法院改变"重定罪量刑,轻财产处置"的传统办案思路,强化"打财断血",依法判处追缴、罚没、退赔财产3亿余元,在涉案财产处置上体现了依法从严的精神。为了进一步分析"四个意见"的出台对涉黑涉恶财产刑判处的影响,课题组制作了表13,从

罚金分类与判决时间交叉表可以看出,2019年4月9日以前,超过半数的涉黑涉恶案件被告人被判处罚金金额在10万元以下,而10万元以下罚金及未判处罚金的情况占比高达90.2%;2019年4月9日以后,被判处10万元以下罚金的被告人人数大幅下降,10万元以上罚金所占百分比相较之前上升44.1个百分点。尤其是对陈海涛、林国斌等13名黑恶势力组织者、领导者判处没收个人全部财产;对杨继宝等人涉恶案中12名被告人共被判处罚金近2000万元;依法处理涉黑"套路贷"案涉案房产70余套。卡方检验显示,判决时间与财产刑区间的P值小于0.05,关系显著。

表13 罚金分类*判决时间交叉表

单位:人

罚金分类 \ 时间			判决时间:2019年4月9日之前	判决时间:2019年4月9日之后	总计
财产刑档次	无罚金	计数	77	55	132
		占判决时间的百分比	35.6%	22.8%	28.9%
	10万元以下	计数	118	75	193
		占判决时间的百分比	54.6%	31.1%	42.2%
	10万-20万元	计数	7	41	48
		占判决时间的百分比	3.2%	17.0%	10.5%
	20万-50万元	计数	8	40	48
		占判决时间的百分比	3.7%	16.6%	10.5%
	50万-100万元	计数	3	6	9
		占判决时间的百分比	1.4%	2.5%	2.0%
	100万-500万元	计数	3	8	11
		占判决时间的百分比	1.4%	3.3%	2.4%
	500万-1000万元	计数	0	2	2
		占判决时间的百分比	0.0%	0.8%	0.4%
	1000万元以上	计数	0	1	1
		占判决时间的百分比	0.0%	0.4%	0.2%
	没收个人全部财产	计数	0	13	13
		占判决时间的百分比	0.0%	5.4%	2.8%
总计	计数		216	241	457
	占判决时间的百分比		100.0%	100.0%	100.0%

注:a. $p<0.005$。

3. 宽严相济刑事政策的体现

其一,缓刑适用标准把握严格。《恶势力意见》第十三条第二款规定:“认罪认罚或者仅参与实施少量的犯罪活动且只起次要、辅助作用,符合缓刑条件的,可以适用缓刑。”该表述是宽严相济刑事政策在涉黑涉恶案件办理中的具体表现。统计样本发现,被判处有期徒刑缓期执行的被告人共有15人,相应判决书显示,上述被告人犯罪情节均较轻,实施犯罪造成的危害后果较小,通常具备从犯、自首、如实供述、赔偿被害人并获谅解、初犯等从宽处罚情节,被告人社会危害性、人身危险性及再犯可能性较小。

其二,涉案未成年人得到从宽处罚。《刑法》第十七条第三款规定:“已满十四周岁不满十八周岁的人犯罪,应当从轻或者减轻处罚。”未成年人由于年龄小,心智尚不成熟,法院在对未成年黑恶势力成员进行量刑时,除遵循依法严惩的原则外,还格外注意教育、保护、挽救功能。年龄与刑法交叉表(见表14)反映出,涉黑涉恶案件中未成年被告人量刑较轻,刑期均未超出5年有期徒刑,其中判处3年有期徒刑2人,2年有期徒刑2人,1年有期徒刑3人;18-24岁的青年人量刑也相对较轻,重刑人数较少,且重刑率相较于25岁以上各年龄区间均较小,表明法院综合考虑未成年人对犯罪的认识能力、实施犯罪行为的动机和目的、犯罪时的年龄、是否初犯、偶犯、悔罪表现、个人成长经历和一贯表现等情况,依法予以从宽处罚。

表14　年龄分组＊刑罚区间交叉表

单位:人

年龄分组 \ 类型	刑罚区间						总计
	5年以下有期徒刑	5-10年有期徒刑	10-15年有期徒刑	15-20年有期徒刑	20年以上有期徒刑	无期徒刑	
≤17岁	7	0	0	0	0	0	7
18-24岁	33	7	1	0	0	0	41
25-34岁	167	55	15	8	0	0	245
35-44岁	68	23	14	5	2	1	113
45-54岁	12	16	6	2	2	0	38
≥55	6	3	3	1	0	0	13
总计	293	104	39	16	4	1	457

(二)审理程序方面

1. 变更、追加起诉、补充侦查现象普遍,案件审理周期较长

按照涉黑涉恶案件"案不漏人、人不漏罪、罪不漏证"的办理要求,在法院审理涉黑涉恶案件过程中,变更指控或补查补证现象较为普遍。样本统计显示,法院立案后公诉机关变更、追加起诉或补充侦查的有41件,占比为38.7%,这在很大程度上迟延办案进度,延长了办案周期。图4显示,上述已结的106件一审涉黑恶案件平均审理周期为136天(约4.6个月),其中有59件审理时长为3个月以下,占比为55.7%;有20件为3-6个月,占比为18.9%;有23件为6-12个月,占比为21.7%;有4件为12个月以上,最长为13个月。易言之,超过四成的一审涉恶案件延长了为期3个月的基本审限。值得注意的是,与大部分涉恶案件相比,涉黑案件的案情更为复杂,审判体量更大。例如,二中院审理的陈海涛黑社会性质组织案,涉及违法犯罪近40起,触犯罪名17项,卷宗资料350余册,光盘100余张,审判难度很大。但与不少涉恶案件无法在正常审限内审结相比,已结的2件涉黑案件(陈海涛案、林国斌案)均能在3个月内审结,主要原因可能在于:其一,涉黑罪名系《刑法》第二百九十四条明确规定,构成要件较为清晰,相关法律法规较为完善;其二,上述2起涉黑案件的前期侦查、起诉工作较为扎实,为顺利审判奠定良好基础;其三,依托会商研判机制,以审判标准引导侦查起诉,有利于审判依法快速推进。

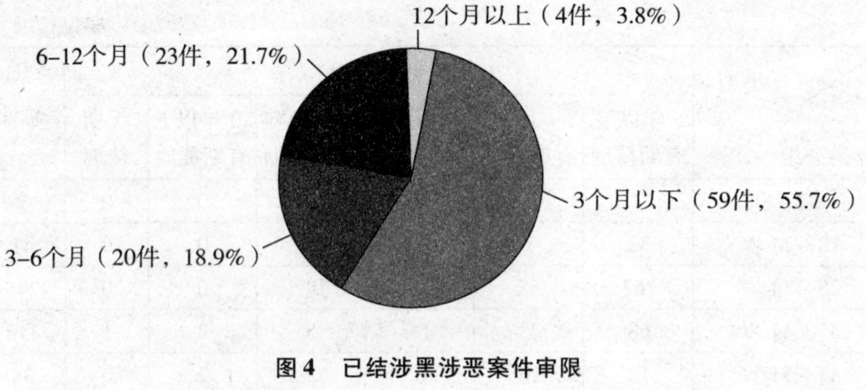

图4 已结涉黑涉恶案件审限

2. 关联案件分步起诉情形较为突出

黑恶势力组织规模较大,人数较多,在已结的106件一审涉黑涉恶案件

中，部分存在主案与关联案件的侦诉进度不一，检察机关分步起诉的情况。涉黑涉恶犯罪主案是指该案被告人中包含黑恶势力组织者、领导者的案件，关联案件是指该案被告人中仅包含黑恶势力普通成员或者“保护伞”的案件。实践中，按照主案、关联案件协同审结的要求，[①]导致部分关联案件的审判受主案定性、审判进度的制约，或者主案等待关联案件移送起诉、一并宣判，这一定程度上影响涉黑涉恶案件整体办理节奏。具体表现为：

其一，涉黑涉恶串案分步起诉多。在上述106件案件中，有8件为黑恶势力及其“保护伞”串案，分别为陈海涛串案、贾会琴串案及陈志永串案。例如，贾会琴串案中，2件涉及“保护伞”关联案件于2019年3月6日起诉至法院，主案于2019年8月22日起诉至法院，3起案件均于2019年12月30日一审宣判。这是因为涉黑涉恶案件和涉“保护伞”案件由不同单位办理，前者由公安机关侦办，后者由监察机关调查，尽管二者建立了“同步上案、协同配合”的办案机制，但受制于案件复杂程度、办理难度和办案程序等不同，二者的办理进度很难完全一致。

其二，涉黑涉恶团伙成员分案起诉多。在上述106件案件中，涉黑涉恶团伙被拆分、分步起诉的案件为64件，涉及25个恶势力团伙。例如，寇强“黑中介”系列案中，寇强恶势力团伙成员被分成9起案件分别起诉至法院。造成上述情况的主要原因在于：一方面，涉黑涉恶犯罪本质上属于有组织犯罪，犯罪人数众多，成员背景复杂，组织中部分犯罪人“闻风而逃”的情况时有发生。因此，部分案件中犯罪嫌疑人归案时间不同，导致起诉时间先后不同。另一方面，侦诉机关对案件进行拆分处理主要是基于侦诉便利考量。例如，在穆建军恶势力案（大洋路市场案）等人数规模较大的案件中，侦诉机关通过将行为性质不同、组织地位相异、认罪态度有别的不同犯罪嫌疑人分案处理，区别对待，既有助于瓦解规模较大的恶势力团伙，也有利于适用认罪认罚从宽制度。因此，有必要根据案件具体情况合理看待分案起诉，有针对性地开展侦诉审协调会商工作。

① 这里涉及黑恶势力“保护伞”的认定问题，即涉黑涉恶案件的定性是前提基础，在认定黑恶势力性质的基础上，进一步审查判断相关涉伞案件被告人是否构成“保护伞”。

3. 法律政策把握、诉判趋于一致

在扫黑除恶专项斗争初期,由于不同办案单位对黑恶势力及其成员的认定标准等方面存在一定分歧,个别案件出现了法检意见不一致,进而改变定性或罪名的情况,如朝阳法院对房屋黑中介系列案、海淀法院对强迫交易系列案、丰台法院对团伙诈骗系列案等公安、检察机关未指控恶势力犯罪案件,法院建议检察机关变更或补充起诉,依法认定恶势力,避免案件被降格处理。同时对检察机关指控的7起涉恶案件依法不认定恶势力,避免案件被拔高处理;对华士中恶势力敲诈勒索案等7起案件变更指控罪名。需要指出的是,上述案件的起诉时间均早于2019年4月9日。2019年4月9日"四个意见"出台后,北京法院、检察院对恶势力、"软暴力"、"套路贷"等违法犯罪行为的界定有了更加明确、统一的认识。在"四个意见"出台后,北京法院审结的涉黑涉恶案件诉判趋于一致,有助于实现案件法律效果、政治效果和社会效果的统一。

4. 适用认罪认罚案件比例不高

2018年10月修改的《刑事诉讼法》正式确立了认罪认罚从宽制度和刑事速裁程序。从理论和法律层面而言,认罪认罚从宽制度贯穿于刑事诉讼全过程,适用于侦查、起诉、审判各阶段;没有适用罪名和可能判处刑罚的限定,所有刑事案件都可以适用。[①] 但受依法从严惩处方针的影响,对于黑恶势力犯罪能否适用认罪认罚从宽制度,实践中一线办案人员思想上有顾虑,不敢用、不愿用。《恶势力意见》第十六条明确规定,"恶势力刑事案件的犯罪嫌疑人、被告人自愿如实供述自己的罪行,承认指控的犯罪事实,愿意接受处罚的,可以依法从宽处理,并适用认罪认罚从宽制度。对于犯罪性质恶劣、犯罪手段残忍、社会危害严重的犯罪嫌疑人、被告人,虽然认罪认罚,但不足以从轻处罚的,不适用该制度"。这为认罪认罚从宽制度适用于黑恶势力刑事案件提供了明确的指引。2018—2019年,北京法院适用认罪认罚审结的涉黑涉恶案件共8件(见表15)。

---

① 2019年10月最高人民法院 最高人民检察院 公安部 国家安全部 司法部共同发布的《关于适用认罪认罚从宽制度的指导意见》,以规范性文件(准司法解释)的形式予以明确。

表 15　涉黑涉恶案件认罪认罚从宽制度适用情况

适用法院	案件名称
市三中院	林国斌涉黑“套路贷”案
丰台法院	朱阳东等人强迫交易案
昌平法院	赵丹丹敲诈勒索案
大兴法院	许海跃等人绑架、强奸、强制猥亵案
顺义法院	冯磊等人寻衅滋事案
	隋宇轩等人寻衅滋事案
通州法院	于明受贿涉“保护伞”案
密云法院	赵某1等人寻衅滋事案

为了进一步分析《恶势力意见》的出台对司法机关适用认罪认罚从宽制度的影响，课题组制作了表16，从判决时间与适用认罪认罚制度交叉表可以看出，近两年来，北京法院共对22名被告人适用了认罪认罚从宽制度，适用率较低。值得注意的是，在2019年4月9日之前，适用认罪认罚制度人数为2人，占比为0.9%；在4月9日之后，适用人数为20人，占比提高至8.3%。这说明《恶势力意见》的出台，提升了司法机关在涉黑涉恶案件中适用认罪认罚从宽制度积极性，这对加速分化瓦解黑恶势力，提升办案质效均具有积极的影响。

表 16　判决时间 * 适用认罪认罚制度交叉表

单位：人

判决时间 \ 类型		适用认罪认罚制度：无	适用认罪认罚制度：有	总计
2019年4月9日之前	计数	214	2	216
	占判决时间的百分比	99.1%	0.9%	100.0%
2019年4月9日之后	计数	221	20	241
	占判决时间的百分比	91.7%	8.3%	100.0%
总计	计数	435	22	457
	占判决时间的百分比	95.2%	4.8%	100.0%

5.涉黑涉恶案件上诉率高,恶势力组织者、领导者上诉趋势明显

在审结的106件一审涉黑涉恶案件中,上诉48件,均为恶势力案件,审结46件。上诉案件比为45.3%;上诉人共计130人,上诉人数占比为28.4%。

其一,涉恶案件上诉原因主要是量刑过重、认定事实错误。上诉理由与裁判时间交叉表(见表17)①显示,从整体上看,占比最高的上诉理由为"量刑过重",占上诉理由比例约40.7%;其次是"事实认定错误",占比为22.6%。可见四成上诉人对一审量刑结果不满。值得注意的是,"四个意见"出台后,除了"量刑过重"占比有所提高以外,"恶势力认定错误""事实认定错误""财产刑量刑过重"三项上诉理由占比也有不同幅度的提高,其中,"财产刑判罚过重"上升5.6个百分点。

表17　上诉理由 * 上诉时间交叉表

单位:件

类型 \ 时间			上诉理由		总计
			2019年4月9日前	2019年4月9日后	
上诉理由	恶势力(成员)认定错误	计数	15	13	28
		占上诉时间的百分比	10.2%	13.5%	
	事实认定错误	计数	31	24	55
		占上诉时间的百分比	21.1%	25.0%	
	罪名有误	计数	19	9	28
		占上诉时间的百分比	12.9%	9.4%	
	量刑过重	计数	58	41	99
		占上诉时间的百分比	39.5%	42.7%	
	不构成犯罪	计数	8	3	11
		占上诉时间的百分比	5.4%	3.1%	
	一审程序违法	计数	1	0	1
		占上诉时间的百分比	0.7%	0.0%	
	财产刑量刑过重	计数	1	6	7
		占上诉时间的百分比	0.7%	6.3%	
	文书未显示	计数	14	0	14
		占上诉时间的百分比	9.5%	0.0%	
总计		计数	147	96	243

① 涉黑涉恶案件二审裁判文书中,准许撤回上诉案件一般不在文书中列明被告人上诉理由,故此类文书的上诉理由归为"文书未显示"。

其二,恶势力组织者、领导者上诉的倾向更为明显。统计发现,在48件二审审结的涉恶案件中,二审法院裁定驳回上诉,维持原判的有38件;裁定准许撤诉的有8起案件14名上诉人,撤诉案件比为17.4%。从组织地位看,组织者、领导者对涉恶案件一审判决结果不满程度高于普通成员:提出上诉的恶势力组织者、领导者有26人,占其总人数的比率为43.3%;普通成员有104人,占比为26.3%。另外,表18显示,提出上诉后,恶势力普通成员撤诉率更高。

表18　组织地位 * 撤诉交叉表

单位:件

组织地位 \ 情况		申请撤诉		总计
		是	否	
组织者、领导者	计数	1	25	26
	占组织地位的百分比	3.8%	96.2%	100.0%
普通成员	计数	10	94	104
	占组织地位的百分比	9.6%	90.4%	100.0%
总计	计数	11	119	130
	占组织地位的百分比	8.5%	91.5%	100.0%

为进一步分析恶势力组织者、领导者坚持上诉倾向[①]更为明显的原因,课题组制作了上诉理由与组织地位交叉表(见表19)。表19显示,恶势力组织者、领导者因人为"恶势力认定错误""事实认定错误""不构成犯罪"原因提起上诉的比例高于普通成员,因此,与普通成员多对量刑不满,更高比例的组织者、领导者无法接受一审法院对组织性质、行为性质的认定,这在一定程度上能够解释为何组织者、领导者坚持上诉的倾向更为明显。

① 本调研所称"上诉倾向",主要表现为在多个人群类别中,某一类被告人上诉率更高、撤诉率更低。

表19 上诉理由 * 组织地位交叉表

单位:件

类型 \ 组织地位			组织者、领导者	普通成员	总计
上诉理由	恶势力认定错误	计数	10	18	28
		占组织地位的百分比	16.7%	9.8%	
	事实认定错误	计数	14	41	55
		占组织地位的百分比	23.3%	22.4%	
	罪名有误	计数	9	19	28
		占组织地位的百分比	15.0%	10.4%	
	量刑过重	计数	21	78	99
		占组织地位的百分比	35.0%	42.6%	
	财产刑量刑过重	计数	1	6	7
		占组织地位的百分比	1.7%	3.3%	
	不构成犯罪	计数	3	8	11
		占组织地位的百分比	5.0%	4.4%	
	一审程序违法	计数	1	0	1
		占组织地位的百分比	1.7%	0.0%	
	文书未显示	计数	1	13	14
		占组织地位的百分比	1.7%	7.1%	
总计		计数	60	183	243

除了8件撤诉案件[①]外,其余二审案件裁判结果均为驳回上诉,维持原判,这说明一审定罪量刑适当,审判程序合法,因而有必要分析涉黑涉恶案件上诉率高的症结所在。调研发现,涉黑涉恶案件须遵循依法从严从快审理的原则,尤其是对组织者、领导者而言,依法严惩的力度更大,因而判决结果很可能引发被告人不理解,这也对判后答疑、服判息诉工作提出了更高要求。如二中院在办理陈海涛涉黑案中严把案件质量关,注重释法说理、服判

① 8件准许撤回上诉的二审案件,裁判文书显示的撤诉理由均为"表示服从原判"。

息诉工作，尤其是通过强化与看守所监管人员的联系进行判后跟进，及时了解被告人的思想动态，最终所有被告人均表示服从判决，无一上诉。相反，如果对被告人释法说理不充分，特别是缺乏判后答疑环节，无法消解被告人对判决结果的不满，影响裁判效果。

（三）涉黑涉恶案件的法律文书

裁判文书是人民法院所有司法活动的最终产品，是检验公正司法、司法为民的重要载体。加强释法说理有利于提高裁判文书的可接受性，增强司法认同，提升司法公信。涉黑涉恶案件裁判文书释法说理不充分会影响人民群众认识、甄别、防范黑恶势力的能力，影响专项斗争合力的形成。统计发现，已结涉黑涉恶案件裁判文书说理情况差异较大，主要存在以下特点：

1.“四个意见”出台后，法律文书规范化程度有进一步提升

其一，《恶势力意见》出台后起诉书表述规范化程度提高。表 20 显示，在《恶势力意见》出台之前，有 43.6% 的起诉书在案件事实部分没有明确表述恶势力；“四个意见”出台后，起诉书对恶势力的表述基本实现规范化。

表 20　判决时间 * 起诉书交叉表

单位：份

判决时间＼情况		起诉		总计
		无	有	
2019 年 4 月 9 日之前	计数	24	31	55
	占判决时间的百分比	43.6%	56.4%	100.0%
2019 年 4 月 9 日之后	计数	0	51	51
	占判决时间的百分比	0.0%	100.0%	100.0%
总计	计数	24	82	106
	占判决时间的百分比	22.6%	77.4%	100.0%

其二，“四个意见”出台后一审涉黑涉恶案件判决书表述规范化程度提高。表 21 显示，在“四个意见”出台之前，北京法院有近五成的一审涉黑涉恶案件判决书在“经审理查明”部分没有明确表述恶势力的纠集者、其他成员、违法犯罪事实。“四个意见”出台后，超九成判决书在“经审理查明”部分规范表述，但仍有近一成的判决书没有在认定事实部分明确表述。《恶势力

意见》第十七条规定,人民法院、人民检察院、公安机关经审查认为案件符合恶势力认定标准的,应当在起诉意见书、起诉书、判决书、裁定书等法律文书中的案件事实部分明确表述,列明恶势力的纠集者、其他成员、违法犯罪事实以及据以认定的证据;符合恶势力犯罪集团认定标准的,应当在上述法律文书中明确定性,列明首要分子、其他成员、违法犯罪事实以及据以认定的证据,并引用《刑法》总则关于犯罪集团的相关规定。

表21　判决时间＊审理查明部分交叉表

单位:份

判决时间 \ 情况		审理查明部分 有	审理查明部分 无	总计
2019年4月9日之前	计数	28	27	55
	占判决时间的百分比	50.9%	49.1%	100.0%
2019年4月9日之后	计数	46	5	51
	占判决时间的百分比	90.2%	9.8%	100.0%
总计	计数	74	32	106
	占判决时间的百分比	69.8%	30.2%	100.0%

2.涉黑恶案件裁判文书撰写不规范、标准不统一

裁判文书中表述恶势力的具体位置不统一。统计发现,部分涉恶案件裁判文书在"审理查明"部分表述恶势力,部分则放在"本院认为"部分,这种情况主要集中在涉恶案件中,且《恶势力意见》出台前后均有存在。表22显示,"四个意见"出台后,有34份判决书在事实认定和裁判理由两部分均对恶势力予以表述,约占该时期裁判文书数量的66.7%;有12份判决书只在事实认定部分进行表述,占比为23.5%;有5份判决书只在裁判理由部分进行表述,占比为9.8%。

刑事判决书中的"审理查明"部分,首先应当写明经庭审查明的事实;其次列举经举证、质证定案的证据;最后对控辩双方有异议的事实、证据进行分析、认证。在"本院认为"部分,应当根据查证属实的事实、证据和有关法律规定,论证公诉机关指控的犯罪是否成立,被告人的行为是否构成犯罪,触犯何种罪名,具备何种量刑情节,并就控辩双方所提有关适用法律的意

见,有分析地表示是否予以采纳。[①] 因此,结合《恶势力意见》第十七条之规定,恶势力组织及其成员相关情况作为犯罪事实构成要素,首先应当在“审理查明”部分予以列明;结合《恶势力意见》第十三条之规定,恶势力组织性质及其组织成员的作为量刑情节,有必要在“本院认为”部分予以论述。可见,如果判决书认定涉案组织构成恶势力或恶势力犯罪集团,有必要在事实认定和裁判理由两部分给予相应的阐述。

表 22 审理查明部分 * “本院认为”部分 * 判决时间交叉表

单位:份

判决时间 \ 情况			“本院认为”部分		总计
			有	无	
2019 年 4 月 9 日之前	“审理查明”部分	有	17	11	28
		无	1	26	27
	总计		18	37	55
2019 年 4 月 9 日之后	“审理查明”部分	有	34	12	46
		无	5	0	5
	总计		39	12	51
总计	“审理查明”部分	有	51	23	74
		无	6	26	32
	总计		57	49	106

3. 涉黑涉恶案件裁判文书释法说理水平存在提升空间

其一,“四个意见”出台后裁判文书说理翔实度大幅提升。表 23 显示,“四个意见”出台前,一审涉黑涉恶案件裁判文书存在说理不充分的情况,如表述“恶势力”认定情况时说理不充分,存在套用《指导意见》中的格式化用语;也有部分判决书较规范,如中关村电子城系列案裁判文书,虽然当时规范性文件没有明确要求,但该系列判决书能够较为严谨、翔实地对恶势力认定进行表述和论证。

① 最高人民法院司法改革领导小组办公室:《最高人民法院关于加强和规范裁判文书释法说理的指导意见理解与适用》,中国法制出版社 2018 年版,第 378 页。

表23 文书说理字数区间＊判决时间交叉表

单位:份

类型		判决时间	2019年4月9日之前	2019年4月9日之后	总计
说理字数区间	0字	计数	32	2	34
		占判决时间的百分比	58.2%	3.9%	32.1%
	100字以下	计数	6	6	12
		占判决时间的百分比	10.9%	11.8%	11.3%
	100－200字	计数	6	12	18
		占判决时间的百分比	10.9%	23.5%	17.0%
	200－300字	计数	3	5	8
		占判决时间的百分比	5.5%	9.8%	7.5%
	300－400字	计数	2	13	15
		占判决时间的百分比	3.6%	25.5%	14.2%
	400－500字	计数	0	7	7
		占判决时间的百分比	0.0%	13.7%	6.6%
	500－1000字	计数	6	3	9
		占判决时间的百分比	10.9%	5.9%	8.5%
	1000字以上	计数	0	3	3
		占判决时间的百分比	0.0%	5.9%	2.8%
	总计	计数	55	51	106
		占判决时间的百分比	100.0%	100.0%	100.0%

随着扫黑除恶转向斗争的深入推进,北京法院涉黑恶案件裁判文书说理力度普遍加强,尤其是《恶势力意见》规定,被告人及其辩护人对恶势力定性提出辩解和辩护意见,人民法院可以在裁判文书中予以评析回应。北京法院涉黑涉恶案件裁判文书说理翔实度明显提高,涌现出一批优秀裁判文书,如陈海涛案、林国斌案、张艳超案等裁判文书逻辑清晰、布局严谨、驳辩有力、说理充分,部分判决书已作为优秀裁判文书予以公布,陈海涛案一审判决书则作为典型案例在第七次刑事审判工作会议上予以推介。

其二,不同法院说理水平参差不齐现象大为改观。首先,即使在“四个意见”出台后,仍有个别涉黑涉恶案件裁判文书说理篇幅较小。其次,涉黑涉恶关联案件的说理程度弱于主案。黑恶势力成员的认定是涉黑涉恶案件的要点和难点,但部分法院认为主案裁判文书已经就定性问题进行了较为详尽的论证,因此在关联案件中说理过于简短。最后,部分裁判文书回应辩护意见方式过于简单。在涉黑涉恶案件审理过程中,犯罪团伙是否构成“黑社会性质组织”“恶势力”以及具体行为人是否属于“黑恶势力成员”往往是庭审的争议焦点之一,不少被告人或其辩护人就此展开激烈辩论。但部分法院驳辩简单,不能有效回应辩方异议。例如,部分判决书对与辩护人所提定恶意见,以“各被告人及辩护人关于恶势力犯罪团伙的相关辩解及辩护意见,本院均不予采纳;其他辩护意见,本院酌情考虑”,这种较为简单的驳辩方式可能加剧被告人对裁判结果的不理解,影响服判息诉效果的发挥。

四、结论

(一)加强对重点人群的关注和重点行业的治理

对法制现象的深入思考,可以把我们的思考从法律规则、原则的层面带到原理的层面。[①] 统计分析结果表明:一方面,黑恶势力成员普遍受教育程度较低,且其中约五成属于无业人员及不事耕作的农民;另一方面,涉黑涉恶犯罪呈现明显的地域和行业特征,城区外来人口实施涉黑涉恶犯罪比例高的现状尤为值得关注。美国学者帕克提出,规范道德对人的控制随着非正式社会控制的不断解体而逐渐消失,这个过程叫作社会解组。[②] 社会解组所描述的,正是经济高速发展的社会中,道德规范的强大作用是怎样悄悄减弱的过程。在经济发展和城市化进程中,外来人口急剧流动,尤其是农村地区的剩余劳动力大量进入城市,而流动人口在远离故土的过程中,其原生环境所具有的道德约束力逐步下降。另外,在城区,已就业的外来人口所感受

① 白建军:《法律规律与量刑实践:刑法现象的大样本考察》,北京大学出版社 2011 年版,第 148 页。

② [美]杰克·D. 道格拉斯、[美]弗兰西斯·C. 瓦克勒斯:《越轨社会学概论》,张宁、朱欣民译,河北人民出版社 2008 年版,第 77 页。

的收入的绝对上升和同时的相对下降，很可能造成部分人员相对剥夺感的上升，进而盲目追逐巨额不法利益；由于“无固定工作、无稳定收入群体犯罪成本更低”，①城区就业困难的外来人口则更有可能选择铤而走险。从这个意义上来说，在对涉黑涉恶犯罪进行归因时，有必要考虑一定的社会因素。

刑事司法中的法条主义无法独自解决全部犯罪问题，②从某种意义上来说，犯罪控制过程，实际上是社会控制过程。为了缓解经济发展和“社会解组”情况下，北京城区外来人员实施涉黑涉恶犯罪较多的趋势，有必要重点关注以下几方面工作：其一，加强重点人群帮助、教育及引导工作，特别关注农村转移劳动力及城市青年无业人员，必要时要开展有针对性的职业技能培训，提供及时有效的职业介绍、就业指导、岗位信息等公共就业服务，防止无业人群演变为黑恶势力。其二，由于有相当一部分涉黑涉恶案件被告人具有前科劣迹，公安机关和基层组织，有必要重点关注暴力性犯罪刑满释放人员、长期吸毒人员等重点人群，给生活困难的相关人员给予必要的救助，帮助解决困难，树立生活信心。其三，根据城区、城区经济发展的不同特点，加强对重点行业、重点领域的治理。特别是面对企业型涉黑涉恶犯罪日渐增长的趋势，工商管理部门应加强现场检查，并适时建立健全评分、分级机制，有针对性地对不同等级企业、商户进行复评，动态升降级，激励企业主动提升，从源头上铲除黑、恶、乱滋生发展的土壤。其四，规范村民入党、村委会选举流程，加强农村土地流转、拆迁等重点领域的治理，严厉打击以欺骗、贿选等手段插手基层选举，非法占有集体土地、矿产资源以及以农村宗族势力为依托恃强凌弱、横行乡里等行为，切实增强了人民群众的安全感。

（二）与时俱进，转变更新刑事司法理念

当前涉黑涉恶犯罪已经逐渐放弃使用传统硬暴力手段，转而使用威胁、滋扰等“软暴力”侵犯公民的安宁权、名誉权，犯罪手法更为隐蔽，部分涉黑涉恶案件在初期可能不会被公安机关发现、立案，或者仅作为普通违法行为来处理。造成这种情况可能是因为证据不够充分，尚未达到立案标准，但不能否认的是，这在客观上使黑恶势力获得了滋生壮大的机会。为遏制黑恶

① 曲伶俐：《论社会支持理论下的社会性弱势群体犯罪预防》，载《法学论坛》2014年第1期。

② ［美］理查德·波斯纳：《法官如何思考》，苏力译，北京大学出版社2008年版，第37页。

势力犯罪,办案机关还需要与时俱进,转变传统刑事案件侦办理念,加强敏感类型违法行为及轻微刑事案件的记录、联网及数据库的建立,特别是提升对伪装成普通债权债务纠纷的“套路贷”犯罪的甄别水平,真正实现“打早打小”。

(三)提升涉黑涉恶案件办理质效

“四个意见”出台后,涉黑涉恶案件依法严惩力度提升,不仅表现在主刑上,也表现在财产刑金额上。但实践中,面对黑恶势力及其成员的认定、网络等新类型涉黑涉恶案件的判断标准等问题,公检法之间及法院内部仍一定程度存在把握不准、理解不透的问题。如果涉黑涉恶案件办理能力存在短板不足,则案件办理难以实现依法从严从快和精准司法的双重要求。

在确保办案质量方面,须严格落实“案不漏人、人不漏罪、罪不漏证”的要求,摒弃传统的“指控什么就审判什么”的机械、简单办案思维,对于发现漏人、漏罪、漏证的,应及时向检察机关提出书面建议,发挥审判作为最后一道防线的把关作用。同时正确对待诉判关系,在坚持以审判为中心的前提下,妥善处理诉判一致与司法责任制的关系,确保案件办理经得起法律和历史的检验。与此同时,加强学习培训,深刻理解“两高两部”印发的八个扫黑除恶法律法规和相关规范性文件,提升涉黑涉恶案件办理能力。

在提升办案效率方面,充分发挥协调会商机制的作用,最大限度减少不规范起诉的发生;在涉黑涉恶案件中运用好认罪认罚从宽制度,利用制度优势瓦解分化黑恶势力,助推案件审理进度;开展公检法联合培训或座谈会,发挥审判对侦查、审查起诉的引导作用,倒逼侦诉机关以司法审判的尺度为标准,提高审判质效。

(四)提升涉恶案件裁判文书说理水平

一方面,涉恶案件的上诉率较高,反映出相当一部分恶势力成员不满一审判决结果,尤其是组织者、领导者对恶势力定性、行为认定的不理解。另一方面,大量涉恶上诉案件被准许撤诉或维持原判,表明部分一审文书说理水平有限,难以令被告人信服,对司法资源也是一种不必要的浪费。作为案件构成要件事实和重要的量刑情节,“恶势力”的认定于被告人实体权益影响重大。涉恶案件裁判文书应围绕重点恶势力组织及其具体行为,判之有法、论之有据,才能真正做到服判息诉,提升对涉恶案件被告人的震慑和教育力度,促使其真心悔改。为此,有必要开展不同形式的裁判文书规范化及说理水平培训和专题研讨,重点学习优秀涉黑恶案件裁判文书。同时,加强对"套路贷"、非法集资、网络恶势力等新型涉恶案件的调研,提升对新型涉恶犯罪证据认定、法律适用的研判水平,以涉恶案件文书为抓手,提升刑事裁判文书整体说理水平。

文烈宏等组织、领导、参加黑社会性质组织案

湖南省常德市中级人民法院
刑事判决书

（2018）湘07 刑初35 号

公诉机关湖南省常德市人民检察院。

被告人文烈宏，曾用名文烈红，绰号“文三爷”，男，1969 年12 月10 日出生，汉族，初中文化，住址湖南省长沙市天心区新世纪花苑小区。因本案于2017 年3 月2 日被刑事拘留，同年4 月8 日被逮捕。2017 年7 月24 日脱逃，同年7 月28 日被抓获。现羁押于常德市看守所。

辩护人严福生、苏节进，江西华星律师事务所律师。

（其他被告人基本情况略。）

湖南省常德市人民检察院以湘常检刑一诉（2018）34 号起诉书指控被告人文烈宏犯组织、领导黑社会性质组织罪、故意伤害罪、非法拘禁罪、敲诈勒索罪、强迫交易罪、寻衅滋事罪、妨害作证罪、聚众斗殴罪、诈骗罪、开设赌场罪、赌博罪、行贿罪、破坏生产经营罪、脱逃罪、非法占用农用地罪；被告人舒开犯参加黑社会性质组织罪、非法拘禁罪、敲诈勒索罪、强迫交易罪、寻衅滋事罪、聚众斗殴罪、诈骗罪、故意伤害罪、非法持有枪支罪；被告人佘彬犯参加黑社会性质组织罪、非法拘禁罪、强迫交易罪、寻衅滋事罪、故意毁坏财物罪、妨害作证罪；被告人龚浩犯参加黑社会性质组织罪、非法拘禁罪、强迫交易罪、寻衅滋事罪、聚众斗殴罪，向本院提起公诉。本院受理后，依法组成合议庭，召开了庭前会议。就案件管辖、回避、公开审理、有无新的证据、是否申请排除非法证据、是否申请证人、鉴定人或有专门知识的人出庭作证、举

证质证方式及其他与审判有关的问题，充分听取了控辩双方的意见。常德市人民检察院指派检察长余湘文、检察员魏峥嵘、储杨、柳回军、代理检察员刘陈德君、雷蕾出庭支持公诉，证人张剑波、周文辉，被告人文烈宏及其辩护人江西华星律师事务所律师严福生、苏节进，被告人舒开及其辩护人湖南金州律师事务所律师唐光明，被告人佘彬及其辩护人湖南恒昌律师事务所律师颜立东、王威，被告人龚浩及其辩护人湖南龙阳律师事务所律师杨开文到庭参加诉讼。现已审理终结。

湖南省常德市人民检察院指控：

组织、领导、参加黑社会性质组织罪

自1997年以来，被告人文烈宏因多次随意殴打他人、赌博作弊（俗称"杀猪"），在湖南省长沙市望城县（今望城区）桥驿镇一带素有恶名。自2002年，文烈宏先后认识了凯达（湖南）房地产开发有限公司董事长乐根成（湖南省第十二届人民代表大会代表）、湖南新猎鹰科教有限公司董事长张剑波（第十一届全国人民代表大会代表）、湖南浏阳河酒业有限公司董事长彭潮等一批省内企业主，大肆向这些企业主发放高利贷，并在长沙市内各大宾馆组织赌局、开设赌场，提供赌资结算，吸引、招揽众多企业主参与赌博活动，从中抽头渔利。2009年，文烈宏招募被告人佘彬、龚浩等人专门负责采用非法拘禁（俗称"看牛"）等暴力手段追讨高利贷债务和赌债。2010年2月，在姚跃（另案处理）的建议和帮助下，文烈宏注册成立湖南宏大典当有限公司，以公司化模式高利放贷，自此走上暴力讨债、开设赌场的违法犯罪道路，逐步建立以被告人文烈宏为组织者、领导者，被告人舒开、佘彬、龚浩为骨干成员，刘初平、王峰、姚跃、易辉跃、文雅（均另案处理）为积极参加者，陈致富、胡高生、张祥伟、黄泽孟、郭卓、周玉明、陈剑林、舒云、舒浩、刘祥雄、万钢、文思文、汤宇、周闻天、齐宁波、罗德新（均另案处理）等人为其他参加者的较稳定的犯罪组织。该犯罪组织人数众多，层级分明，分工明确，文烈宏负责决策、指挥整个组织的运转；佘彬、舒开、龚浩各带一批马仔直接听从文烈宏的指挥，实施违法犯罪活动，其中刘初平、刘祥雄、万钢等人系佘彬手下马仔；陈致富、胡高生、张祥伟、黄泽孟、周玉明、陈剑林、舒云、舒浩等人系舒开手下马仔；王峰、文思文、汤宇、周闻天、齐宁波等人系龚浩手下马仔；姚跃负责为组织出谋划策，规避法律风险，调处涉案纠纷，帮助组织成员逃避法律追究；郭卓负责协助文烈宏放高利贷、开设赌场，牟取非法利益；易辉跃负责代持、管理组织资产、公司股份；文雅负责管理组织的资金账户，转移、划拨组织资金。该组织在长期违法犯罪活动中，逐渐形成了一些不成文的规约和纪律。如对文烈宏要尊重，成员之间称呼有别，除佘彬可以称文烈宏“三哥”外，其他人员均要称呼“老板”；等级有序，马仔不得越级联络报告，如龚浩马仔王峰因越级联系文烈宏，龚浩被文烈宏责骂；马仔要服从命令，听从指挥，维护老大权威，如舒开组建微信群对马仔进行管理，发号施令；对组织要忠心，背叛组织将受严惩，如张岩平因背叛文烈宏被打伤；办事要尽心尽力，论功行赏，出了事老大负责“了难”，如文烈宏奖励收账有功的舒开100余万元，并为佘彬、舒开逃避刑事追究开脱罪责；保守秘密，骨干成员单独受领任务，重要事项当面授意，相互之间不得私自联系及打听情况等。该犯罪组织通过奖励办事得力的成员，惩罚背叛组织的成员，不断强化组织纪律和规约，树立组织者、领导者权威。

该犯罪组织通过有组织地长期实施非法高利放贷、暴力讨债、敲诈勒索、强迫交易、诈骗、开设赌场、赌博等违法犯罪活动，攫取了巨额经济利益，具有强大的经济实力，在案查封、扣押、冻结该组织涉案资产12亿多元（以下如无特殊注明，均指人民币）。文烈宏号称长沙的“现金王”，随时可以提供几千万元甚至上亿元的资金高利放贷或者兑付赌债。为了维系组织的生存、发展，壮大组织势力，增强犯罪能力，该犯罪组织将获取的部分利益用于给组织成员发放工资、奖金，安排组织成员承揽工程，提供资金给组织成员个人放高利贷，还为组织成员提供住房、旅游、聚餐等其他福利。为了支持、鼓励组织成员实施违法犯罪活动，该组织为组织成员提供、购买了砍刀、管杀、匕首、汽车、苹果手机、对讲机等作案工具；还提供专门作案经费、逃跑经费，指使组织成员串供并发放“封口费”，并为因作案被羁押的成员提供生活费。为了帮助组织成员逃避法律追究，该组织出资为组织成员协调平息事端，化解涉案纠纷。为了寻求非法保护，该组织向多名国家工作人员巨额行贿，行贿数额高达2500余万元；并通过行贿等手段拉拢长沙市公安局原常务副局长单大勇(另案处理)等人充当“保护伞”,包庇、纵容该组织实施违法犯罪活动。

该犯罪组织宣扬暴力,要求“做事敢打敢冲,只要不出人命,老板(文烈宏)都能了难”。为树立非法权威,扩大非法影响,该犯罪组织多次采用暴力、威胁或者滋扰、纠缠、哄闹等“软暴力”手段实施违法犯罪活动,为非作恶,欺压、残害群众,严重侵害被害人的人身权利和财产权利。

该犯罪组织通过有组织地实施故意伤害、非法拘禁、敲诈勒索、强迫交易、寻衅滋事、聚众斗殴、诈骗、开设赌场、赌博、破坏生产经营、行贿等60余起违法犯罪活动,并利用国家工作人员的包庇和纵容,称霸一方,致使张剑波、胡诗伟、欧阳仕兵等多名合法利益受损的群众不敢举报、控告,或者控告后案件被从轻处理、不处理而不敢继续追究;严重干扰、破坏了湖南正湘置业有限公司、湖南德江南国际商贸城实业有限公司等多家公司的正常生产、经营、工作秩序,致使其经营活动陷入停顿,所开发的房地产项目停工烂尾,从而引发多次大规模群体性事件,在长沙市岳麓区、常德市鼎城区等地造成重大影响,严重破坏了当地的经济秩序和社会生活秩序。

(指控的具体犯罪事实略。)

常德市人民检察院当庭出示和宣读了被害人陈述、证人证言、相关书证、鉴定意见、被告人及其同案人的供述等证据。

公诉机关认为,被告人文烈宏组织、领导黑社会性质组织实施故意伤害1起,致1人轻伤;非法拘禁6起;敲诈勒索1起,数额特别巨大;强迫交易4起,情节特别严重;寻衅滋事7起,并纠集他人多次实施寻衅滋事犯罪行为,严重破坏社会秩序;妨害作证1起;聚众斗殴2起;诈骗6起,数额特别巨大;开设赌场1起,情节严重;赌博6起;向多名国家工作人员行贿,数额特别巨大,情节特别严重;破坏生产经营1起;被告人文烈宏在黑社会性质组织外还实施脱逃1起;非法占用农用地1起,其行为应当以组织、领导黑社会性质组织罪、故意伤害罪、非法拘禁罪、敲诈勒索罪、强迫交易罪、寻衅滋事罪、妨害作证罪、聚众斗殴罪、诈骗罪、开设赌场罪、赌博罪、行贿罪、破坏生产经营罪、脱逃罪、非法占用农用地罪追究其刑事责任。被告人文烈宏组织、领导的黑社会性质组织是犯罪集团,其系犯罪集团的首要分子,应当按照集团所犯的全部罪行处罚；在第1起、第2起聚众斗殴犯罪过程中，系首要分子，但自动放弃犯罪，是犯罪中止；在第5起、第6起诈骗犯罪中，已经着手实行犯罪，由于意志以外的原因而未得逞，是犯罪未遂；在被追诉前主动交代行贿行为；在共同非法占用农用地犯罪中，起主要作用，系主犯；一人犯数罪，应当数罪并罚。

（对其他被告人的指控意见略。）

被告人文烈宏辩解及其辩护人辩护提出：涉案组织不是黑社会性质组织，文烈宏不构成组织、领导黑社会性质组织罪；未指使佘彬故意伤害张剑波，不构成故意伤害罪；未指使舒开、佘彬、龚浩非法拘禁石湘中、莫慧民、胡诗伟、张剑波，不构成非法拘禁罪；敲诈勒索张剑波2293.5万元的事实证据不足，不能认定；强迫交易案中，系张剑波自愿向他人借款，没有强迫行为，且与文烈宏无关，文烈宏也没有强迫行为，不构成强迫交易罪；寻衅滋事殴打欧阳仕兵、张岩平、金敏、万小娜、刘伟案与文烈宏无关，文烈宏未参与也不知情，在天鲜海鲜楼和盛记海鲜楼寻衅滋事案中，不是文烈宏指使，因此，文烈宏不构成寻衅滋事罪；在长沙华天大酒店聚众斗殴案中，双方只是对峙，没有斗殴的主观故意，在常德喜来登酒店聚众斗殴案中，系舒开个人行为，与文烈宏没有关系，文烈宏的行为不构成聚众斗殴罪；关于公诉机关指控文烈宏诈骗作案的事实，其中，文烈宏未指使乐根成虚假竞标土地，也没有骗取彭建平等人钱财，该起事实不成立；指控的3起"诈赌"事实，证据不足，不能认定；指控诈骗张剑波5000万元和2.65亿元的事实，上述两笔均系与张剑波的真实债务，不构成诈骗；公诉机关指控文烈宏开设赌场、赌博的事实，证据不足，不能认定；关于行贿罪，文烈宏未向任何人行贿，也未牟取非法利益，指控文烈宏行贿的事实均不存在，不构成行贿罪；关于破坏生产经营罪，文烈宏将张剑波开发的项目房产网签到自己女儿文雅名下是为了保证债权得到偿还，主观上不具有破坏生产经营的故意，客观上未造成直接损失，不构成破坏生产经营罪；关于非法占用农用地罪，该宗土地的性质不是基本农田，不构成非法占用农用地罪。

被告人舒开、佘彬、龚浩及其辩护人均提出：涉案组织不是黑社会性质组织，三被告人不构成参加黑社会性质组织罪。

经审理查明:

组织、领导、参加黑社会性质组织的事实

被告人文烈宏自20世纪八九十年代起,通过贩卖水产、承包工程、赌博、诈骗,动辄施暴行凶解决纠纷,在当地形成恶名。1997年,文烈宏与同乡姚跃(时任湖南省公安厅干部,另案处理)相识并刻意结交,自2002年开始,先后结识了乐根成、张剑波、胡诗伟、彭潮、卢坚、胡正奇、石湘中等一批省内知名企业主,后通过在长沙市内各大宾馆开设赌场、组织这些企业主参赌,提供赌资结算服务,从中抽头渔利,并向这些企业主发放高利贷,收取高额利息,经济实力迅速扩张。随着文烈宏对外发放高利贷的规模逐渐扩大,人数和金额不断增多,收账的难度也越来越大,文烈宏开始招募"马仔"收账。自2005年至2009年,文烈宏先后将其姐夫易辉跃、外甥郭卓、同乡佘彬以及龚浩、张岩平等人招致麾下,为己所用。同时通过佘彬及龚浩招募社会闲杂人员刘初平、万钢、刘祥雄、王峰、文思文、汤宇、齐宁波(另案处理)等人为马仔,扩充势力。2009年9月,因胡正奇未按时偿还文烈宏1000万元高利贷利息80万元,文烈宏指使佘彬、龚浩以及张岩平等人采用非法拘禁的方式向胡正奇强索高利贷利息。2010年2月,文烈宏成立了湖南宏大典当有限公司,实施高利放贷、开设赌场、暴力讨债等违法犯罪,形成了以文烈宏为组织、领导者的黑社会性质组织。该组织先后对高利贷债务人石湘中、莫慧民、胡诗伟、张剑波、李新球采用非法拘禁方式讨债。被告人舒开系文烈宏同乡,曾因犯非法拘禁罪被判刑,刑满释放后于2011年主动向文烈宏黑社会性质组织靠拢。同年11月,文烈宏在桥驿镇修建通往别墅的公路时,与同村村民欧阳仕兵产生纠纷,文烈宏指使舒开打伤欧阳仕兵夫妇。从此,舒开被文烈宏吸纳为马仔。2014年7月,文烈宏与张剑波就长沙骑龙大街项目签订《债权债务总清结协议》以后,因文烈宏逼张剑波重新认下已经还清的2亿多元债务,张剑波已经无力还债,文烈宏认为龚浩对张剑波讨账不力,改由舒开向张剑波讨账,舒开招募陈致富及胡高生、张祥伟、黄泽孟、周玉明、陈剑林、舒云、舒浩(均另案处理)等人,集中住宿,随喊随到,每天发500元工资,准备砍刀、管杀等,对张剑波采取限制自由或跟随的方式进行讨债。

该犯罪组织成员稳定,人数较多,结构严密,层级分明,分工明确。文烈宏系组织、领导者,负责决策、指挥整个犯罪组织的运转;舒开、佘彬、龚浩直接听从文烈宏的指挥,各自带领手下马仔具体组织实施违法犯罪活动,系该犯罪组织的骨干成员;姚跃利用其影响力,为组织出谋划策,帮助组织成员逃避法律追究,直接听从文烈宏指挥,在该犯罪组织中起主要作用,系积极参加者;文雅系文烈宏的女儿,直接听从文烈宏指挥,负责管理组织的资金账户,转移、划拨组织资金,系该犯罪组织的积极参加者;易辉跃系文烈宏的姐夫,直接听从文烈宏指挥,负责为文烈宏代持股份、管理组织资产,系该犯罪组织的积极参加者。刘初平、王峰,多次参加实施有组织的犯罪,并起主要作用,系该犯罪组织的积极参加者。万钢、刘祥雄、陈致富、周玉明、胡高生、张祥伟、黄泽孟、舒云、舒浩、陈剑林、周闻天、文思文、汤宇、齐宁波及郭卓、罗德新受指使参加实施有组织的犯罪,起次要作用,为其他参加者。该组织在长期的违法犯罪活动中,逐渐形成了一些不成文的规约和纪律,如对文烈宏要尊重,成员之间称呼有别,除佘彬可以称呼文烈宏为"三哥"外,其他组织成员均要称呼"老板";等级有序,马仔不得越级联络报告,如龚浩的马仔王峰因越过龚浩联系文烈宏,被文烈宏开除,龚浩因此遭到文烈宏责骂;马仔要服从命令,听从指挥,维护老大权威,如舒开组建微信群,安排手下马仔集中住宿,进行统一管理,发号施令;对组织要忠心,背叛组织将受严惩,如张岩平背叛组织被文烈宏惩罚派人打伤;办事要尽心尽力,论功行赏,出了事老大负责了难,如佘彬指使余启仁(已判刑)砍伤张剑波被公安机关抓获后,未供出文烈宏,文烈宏奖励其600余万元;舒开向张剑波收取高利贷有功,获得文烈宏奖励100万元,且文烈宏帮助佘彬、舒开逃避刑事追究开脱罪责;保守秘密,骨干成员单独受领任务,重要事项当面授意,相互之间不得私自联系及打听情况。该犯罪组织通过奖励办事得力的成员,惩罚背叛组织的成员,不断强化组织纪律和规约,树立组织者、领导者权威。

该犯罪组织敛财的基本手段是放高利贷、开设赌场抽头渔利、诈赌。放高利贷特点:一是利息高,文烈宏借贷的利息一般为月息5% -6%,如逾期未还,月息涨至8% -10%;二是时间短,一般为一个月或几个月,最长1-2年;三是收"砍头息",即先把头月的利息扣除;四是如逾期未还,则高利转本,俗称"利滚利";五是还债不起则以其他财产如房产作抵;六是逾期未还,则派人限制债务人人身自由,即非法拘禁。如债务人反抗,则以伤害家人相威胁或通过“保护伞”予以打击甚至派人砍杀。开设赌场特点:一是在宾馆开房提供场所和茶水饮食;二是提供资金,参赌者无须自带现金,由文烈宏提供,文烈宏因此号称长沙的“现金王”,可提供几千万元甚至上亿元的赌资;三是赢者当场带钱走,输者记账,在规定期限内免息,逾期计高息;四是参加者一般为民营企业主;五是文烈宏从中抽头5%;六是输赢大,一场下来,输赢可达百万元或千万元。诈赌特点:一是地点在文烈宏的家里;二是在楼上装监控设备,安排人通过监控设备偷窥他人牌面,另一人坐在文烈宏边上告诉如何出牌;三是输赢大,输赢也达百万元或千万元。文烈宏通过以上方式大肆敛财。其中,如2012年6月,文烈宏因长沙骑龙大街项目向张剑波发放高利贷3.655亿元,至2014年4月,共收取利息高达几亿元。2011年1月,文烈宏在长沙天都国际商务酒店开设赌场,抽头渔利1000余万元。2011年至2016年间,文烈宏在长沙喜来登酒店、豪廷酒店等地与蒋宗平、乐根成、范可风等人赌博,获利2000余万元。案发后,公安机关依法查封、扣押、冻结该组织及其他相关人员涉案资产时值高达12亿余元。该犯罪组织将获取的部分财产用于给组织成员发放工资、奖金,安排组织成员承揽工程,提供资金给组织成员个人放高利贷,为组织成员提供住房、旅游等福利;为实施违法犯罪活动,提供、购买砍刀、管杀、匕首、汽车、苹果手机、对讲机等作案工具,提供作案和逃跑经费,指使组织成员串供并发放“封口费”,为因作案被羁押的成员提供生活费,帮助组织成员逃避法律追究,出资为组织成员协调平息事端,以此笼络组织成员积极效力,以支持该犯罪组织的生存、发展和壮大组织势力。

该犯罪组织为树立非法权威,扩大非法影响,多次采用暴力、威胁或者滋扰、纠缠、哄闹等“软暴力”手段实施违法犯罪活动,为非作恶,欺压、残害群众,严重侵害被害人的人身权利和财产权利。如为找卢坚索取高利贷和赌债,文烈宏带领龚浩对卢坚及其妻子万小娜、女儿进行纠缠、滋扰。2012年9月,在卢坚病故后,文烈宏又安排龚浩带领手下马仔王峰持棒球棒对万小娜进行殴打,以逼迫万小娜认可卢坚生前所欠文烈宏的不法债务。2014年11月,因张剑波向公安机关举报文烈宏涉嫌逃税和非法经营犯罪,文烈宏指示佘彬安排人员报复张剑波，欲砍断张剑波的手或脚。2015 年 2 月，在佘彬两次安排马仔万钢等人作案未达到效果的情况下，文烈宏再次指令佘彬实施作案。佘彬安排余启仁持砍刀对张剑波进行砍杀，致其左颈部下颌、左胸锁关节、头面部及左手掌等多处锐器伤，构成轻伤。2015 年 10 月至 2016 年 5 月间，为向张剑波索取高利贷，文烈宏安排舒开带领手下马仔陈剑林、周玉明、胡高生、黄泽孟、张祥伟、舒云等人非法拘禁张剑波长达数月。2012 年 8 月，文烈宏指使龚浩带领王峰、汤宇、齐宁波等人及 20 多名其他社会闲杂人员手持管杀、砍刀在长沙华天大酒店与彭潮一方人员“摆场子”聚众斗殴，轰动长沙，极度扩大了该犯罪组织的非法影响，树立了非法权威。该犯罪组织通过向湖南正湘置业有限公司发放高利贷，控制该公司股权、公司印章、网签 U 盾的方法和对该公司法定代表人张剑波实施非法拘禁、强迫交易、敲诈勒索等犯罪手段索债，严重干扰、破坏该公司的正常生产、经营活动，导致该公司资金链断裂，项目停工烂尾，引发民工、业主、项目经理数百人上街封堵长沙市枫林三路和长沙市政府机关大门等多起大规模群体性事件。同时造成交通银行科大支行数亿元项目贷款无法收回，银行放贷负责人员段云因此自杀，在长沙市造成了极坏的社会影响。此后，该犯罪组织又采取非法拘禁、强迫交易等犯罪手段，将不法债务引向张剑波为主要股东的湖南德江南国际商贸城实业有限公司，通过虚假诉讼，查封该公司房产 1768 套，造成该公司无房可卖，正常经营活动陷入停顿，项目停工，引发多次大规模群体性事件，在常德市造成重大不良社会影响，严重破坏了当地的经济秩序和社会生活秩序。

因张剑波举报文烈宏涉嫌非法经营犯罪，长沙市公安局立案侦查，并且查封、冻结了文烈宏巨额资产；因文烈宏企图通过举报张剑波涉嫌私刻公司印章罪使张剑波受到刑事处罚；因文烈宏向长沙地区法院起诉高利贷债权和对佘彬、余启仁涉嫌伤害犯罪从轻处理，文烈宏向湖南省公安厅原常务副厅长周符波、长沙市公安局原常务副局长单大勇、长沙市委政法委原副书记谭学军、长沙市中级人民法院原政治部主任陈永超（均另案处理）等多名国家工作人员巨额行贿，行贿数额高达 2500 余万元，让其充当“保护伞”，导致 2014 年长沙市公安机关先后两次对文烈宏涉嫌犯罪立案侦查，在明显不符合撤案条件的情况下,通过周符波、单大勇的包庇,文烈宏两次均被撤案处理,成功逃避查处;2016年12月,为打击报复张剑波,文烈宏请托单大勇将张剑波予以羁押,长沙市公安局以张剑波涉嫌伪造公司印章罪对其刑事拘留。当月,在检察机关作出张剑波涉嫌犯罪事实不清,证据不足,不批准逮捕决定的情况下,单大勇仍然指示将张剑波非法指定居所监视居住;2013年至2016年间,文烈宏通过陈永超的关照,将多起非法高利贷债权利用法院民事诉讼判决确认为合法债权,并使故意伤害张剑波的佘彬、余启仁得到从轻的刑事处罚,严重损害社会公平正义和司法机关的公信力。

上述事实,有下列经庭审举证、质证的证据予以证明:

1.证明黑社会性质组织组织特征的证据

(1)被害人佘利春的陈述,证明佘利春和文烈宏同村,住在文烈宏家对面。1998年上半年,听说刘森林与文烈宏等人在一起打麻将时发现文烈宏作弊,和文烈宏争吵动了手。后文烈宏、易辉跃等一帮人找到刘森林,将刘森林的老表李树山打伤,佘利春也被推倒在了田里。李树山到长沙163医院治疗,头上缝了很多针。文烈宏一直没有赔一分钱,后来这件事情就不了了之了。当时文烈宏在桥驿镇蛮恶,一般人不敢惹他,后来又听说了很多文烈宏在当地打人的事情。

(其他被害人陈述略。)

(5)证人李文辉的证言,证明李文辉与文烈宏同村,两家相隔不远。文烈宏最开始在乡里收鳝鱼、蛇,做了10多年,后来在外面赌博打牌,听说在澳门开赌场,在长沙开典当行放高利贷。从2005年开始,文烈宏越来越有钱,势力也越来越大,仗势欺人,村里人都怕他,只要谁惹了他,就会被打。20世纪90年代,文烈宏因为打牌搞鬼,跟刘森林打了一架,还把李树山打伤;2006年左右,文烈宏拿螺纹钢把文义打伤;2011年文烈宏修路把通往田里的口子留得太窄,贺利平把口子搬宽了一点,晚上贺利平就在家里被人打了,贺利平说是文烈宏叫人打的。有一次,村上的廖泽元被文烈宏打了一个嘴巴子,具体原因不清楚。大概两三年前,文烈宏看到高压线从家前面过觉得不舒服,就去找人把线路改一下,要将电线杆移到胡良定的田里,胡良定的妻子张玉看到了,就去找文烈宏说理,文烈宏没有理睬,骂了张玉,仍然霸道地把电线杆架在了胡良定的田里。文烈宏手下有马仔，舒开、佘彬等人就是文烈宏的马仔，打贺利平这件事，就是文烈宏安排舒开等人办的。

（其他证人证言略。）

（7）同案人刘森林的供述，证明刘森林系望城桥驿镇民福村村民。1997年1月14日，文烈宏和刘森林玩麻将搬坨子出老千，刘森林当时发现后和文烈宏发生了争吵和扭打。过了几天的一个晚上，文烈宏带着易辉跃、瞿凯其、李三罗等人找到刘森林，殴打刘森林及其老表李树山，将李树山的头部打伤流血，在医院缝了8针。李树山被打后头部一直不舒服，精神不怎么样好，比较消沉，1997年7月就喝农药自杀了。文烈宏喜欢打牌赌博，通过赌博和放高利贷积累了一定的财富，变成了一个有钱有势的人，在当地也有了影响。舒开、佘彬是文烈宏的铁杆马仔，各自带了一群马仔给文烈宏做事。周玉明、胡高生、陈剑林、舒浩、陈致富等一些人是舒开带的马仔。文烈宏是这个组织的老大，舒开、佘彬在组织中排列第二个层次，周玉明、胡高生、陈剑林、舒浩等人是第三个层次。

（8）同案人姚跃的供述，证明姚跃于1988年6月进入省公安厅工作，先后任宣传科科长，省厅两法办调研员。2013年农历六月十九退休。姚跃与文烈宏都是望城桥驿镇人，1995年左右认识，后通过姚跃介绍，文烈宏先后认识了张剑波、乐根成、彭潮、蒋宗平等人。文烈宏开始组织这些老板赌博，同时也放高利贷，负责"抽水"和提供赌资。2013年姚跃从省公安厅退休后，文烈宏邀其到公司做法律顾问。从2014年5月开始，姚跃就对外宣称是宏大集团的法律顾问，还专门印了名片。文烈宏主要看中姚跃省公安厅退休正处级干部身份和人脉资源，承诺按年薪50万元开工资，另外每年还给10万元的开支费用，还承诺把中湘美乐城房产项目的消防和门窗业务交给姚跃来做，这两个业务可以赚三四百万元。文烈宏靠赌博和高利贷发家后，慢慢跟着搞事的人也多了起来，佘彬、舒开、龚浩等人都是文烈宏的马仔，专门负责帮着收高利贷，搞赌场生意，平时叫文烈宏老板或者"三爷"。文烈宏为了收取高利贷，不择手段。张剑波因为欠文烈宏的高利贷，不仅被文烈宏手下马仔砍杀，还被非法拘禁逼债。文烈宏先后把姚跃介绍的一些老板和企业家都搞垮了，而文烈宏本人攫取了巨额财富。文烈宏是这个团伙的老大，佘彬、龚浩、舒开都是跟着文烈宏做事的马仔,舒开自己也有“麻阳佬”一些马仔。文烈宏要求做事的人绝对服从,必须听从安排办事,论功行赏。

(其他同案人及被告人龚浩的供述略。)

(19)被告人佘彬的供述,证明佘彬和文烈宏是同乡。2003年,佘彬开了龙凤酒楼,文烈宏经常到佘彬店里照顾生意和聊天。2005年,文烈宏介绍怀化中方县一条3公里长的公路路基土方工程给佘彬,佘彬赚了30万元左右,从那时开始感激、佩服文烈宏,尊称文烈宏“三哥”。2007年左右,佘彬承接湘江化工厂的土石方工程,喊了刘初平带着万钢等人来工地上“站墙子”。后刘初平等尊称佘彬为“佘哥”。2007年年底,佘彬与张岩平、龚浩出资一起搞工程。其间,张岩平、龚浩跟着佘彬认识了文烈宏。2008年左右,张岩平、龚浩就被文烈宏喊到身边做事了。2010年,文烈宏安排佘彬的弟弟佘灿找胡正奇收账,佘彬才知道文烈宏放高利贷。后来,文烈宏还安排张岩平、龚浩找胡正奇收账。2010年,文烈宏安排佘彬找石湘中收账。佘彬带着刘初平等人跟着石湘中约一个星期后帮文烈宏收回了账,文烈宏给了佘彬30万元报酬,佘彬给了刘初平等人5万元左右辛苦费。通过这件事,佘彬认为文烈宏出手大方,更加敬重文烈宏,从此文烈宏安排佘彬做什么事都会去做。不久,文烈宏说张岩平在找胡正奇收账期间,背叛文烈宏,要佘彬找人狠狠教训了张岩平。

文烈宏是老大、老板,佘彬与舒开、龚浩、张岩平、郭卓、易辉跃等人都是文烈宏的手下。佘彬的手下有刘初平、万钢等人,龚浩、舒开也分别有各自的手下。佘彬、龚浩、舒开分别带着各自的手下为文烈宏做事,基本上相互不交叉。舒开以前在望城桥驿镇社会上混,搞赌博、收账之类的事,名气大恶得很。2012年左右加入跟着文烈宏做事,龚浩、张岩平2008年左右跟着文烈宏做事。郭卓、易辉跃、瞿凯其三人2010年左右开始跟着文烈宏做事,罗德新是2013年左右加入跟着文烈宏做事,开始是跟文烈宏开车,后来帮文烈宏打理天都天鲜海鲜楼。文烈宏安排佘彬收高利贷、了难、教训别人、帮文烈宏撑面子;安排舒开、龚浩帮收高利贷、到澳门洗码;安排郭卓到澳门洗码、在宏大典当行搞事,帮文烈宏开车;安排易辉跃到澳门洗码、到宏大典当行做事,当中湘置业公司的法人代表、以易辉跃的名义买土地,易辉跃像文烈宏的管家;安排瞿凯其到宏大典当行搞事;以瞿凯其和易辉跃的名义买望城丁字镇的土地;安排罗德新开车、打理天都天鲜海鲜楼。文烈宏最信任佘彬,因佘彬比龚浩、舒开年纪大,更成熟、稳重、靠得住。文烈宏知道如果出了事,佘彬不会出卖文烈宏。佘彬喊人砍伤张剑波被长沙警方抓后,佘彬没有把文烈宏供出来,出卖文烈宏。文烈宏知道佘彬在长沙市有宗亲、同学在公安系统,安排佘彬去帮罗德新、舒开了过难。文烈宏安排大家做事有一定的要求,如要把安排的事情做好,不要把他牵扯出来;在电话中不要讲具体的事情,有事见面后再谈;等级有别,除了佘彬称呼文烈宏"三哥"之外,龚浩、舒开都称呼文烈宏老板,对文烈宏非常恭敬,文烈宏说一不二,不理龚浩、舒开下面小马仔,吃饭都不在一起;文烈宏不会和佘彬讲龚浩、舒开做什么事佘彬也不会去问,相互之间都不打听,只听文烈宏的安排,佘彬和舒开、龚浩之间基本上没有直接联系。

(被告人舒开等人的供述略。)

(21)被告人文烈宏的供述,证明文烈宏小学四年级辍学,先后贩卖小菜、当瓦匠、承包小型工程、贩卖水产等,从2002年开始在长沙放高利贷和开赌场。佘彬是桥驿镇人,年纪与文烈宏相差不大,对文烈宏很敬重。2009年,房地产开发商石湘中欠文烈宏钱,文烈宏一人收账力度不够,就找到了佘彬,佘彬就这样跟着文烈宏做事了。佘彬做事稳重可靠,也讲义气。2012年至2014年间,文烈宏曾4次带佘彬去澳门赌场玩,还去过新加坡,没有要佘彬出一分钱。有时文烈宏在桥驿别墅请客,也会要佘彬去帮忙或者陪客,这是对佘彬的器重、信任,佘彬也会觉得有面子。文烈宏还将一些土石方工程交给佘彬去做,让佘彬赚钱。2007年左右,龚浩和张岩平跟着佘彬搞土石方工程,与文烈宏相识。龚浩是混社会的,有一群手下。那时候文烈宏在放高利贷,需要人手帮忙收账,张岩平收账时背叛了文烈宏,文烈宏就要龚浩开始帮着做事,先后安排龚浩找卢坚收账;要龚浩冒充老板借钱给胡正奇并收账;安排龚浩带人看莫慧民的"牛"收账;在华天大酒店找彭潮逼债安排龚浩喊人摆场子;安排龚浩找人教训万小娜、殴打金敏;在澳门看台底;找乐根成、盛国平收账;安排龚浩带人在酒店看张剑波的"牛"收账。文烈宏是龚浩的老板,龚浩平时对文烈宏很尊敬,很听话,安排的事情都会去做。龚浩做的事情,有时是龚浩一个人去完成,有的是带着手下一起做的。文烈宏认识龚浩的手下只有王峰,还有一些人见过,但是叫不出名字。王峰后来还绕过龚浩直接找文烈宏借了两次钱,文烈宏对此很不舒服,为此事文烈宏还打电话责怪龚浩没有管好手下,乱了规矩。

舒开是望城桥驿镇人,2010年开始帮文烈宏做事。此前,高利贷比较好收。打一个电话基本上就能收到,因为银行贷款很容易就审批下来,2010年之后,很难申请银行贷款,高利贷收回来就比较困难,需要人手帮着收账。舒开手下有一帮人跟着混社会,文烈宏就有意识地把舒开收拢在身边帮着做事。那时觉得舒开这个人还不错,非常恭敬,也愿意帮着做事,慢慢地就成了文烈宏的马仔。舒开帮着做的第一件事情就是殴打欧阳仕兵,后来因为收高利贷非法拘禁李新球并殴打刘伟,文烈宏安排佘彬一起出面帮舒开了难。因为文烈宏是舒开的老板,舒开在文烈宏手底下做事收账,出了事情文烈宏肯定要帮忙。不仅是舒开,包括佘彬、龚浩做事惹了麻烦,也会帮着了难。

除了佘彬之外,跟着做事的还有舒开、龚浩、郭卓、易辉跃等人。像放高利贷、赌博、开赌场等,一个人完成不了,必须要有一帮人才行,资金放出去了,收不收的回来要看收账的人、收账的措施得不得力,这些都需要人员作保证。做事的规矩和要求,不是口头讲出来的,是在办每一件具体事中按照要求做出来的。文烈宏只管几个办事得力、认可的人,一件事情只管一个人。像安排佘彬收石湘中的高利贷,佘彬一个人做不来,肯定安排其他人来搞,但这些文烈宏是不管的,只要把事情做好就可以了。再有就是电话里不谈事,因为不安全,每次有事总是先打电话联系,见面后再谈。在放高利贷的过程中,尽量转账给对方,留下证据,但在收账时,只收现金不要银行转账,这样就不容易留下证据。再就是要懂得规矩,要有上下尊卑之分,文烈宏每次到现场,手下会出来迎接,走的时候也会送到电梯口或者车边,非常恭敬。还有就是出了事,不要把文烈宏牵扯进来,要独自承担。文烈宏会积极想办法了难、解决。这些规矩是完成任务的保证,如果万一出了事情,也不容易留下证据,处于一个比较有利的位置。

2. 证明黑社会性质组织经济特征的证据

(1)被害人张剑波的陈述,证明张剑波系湖南省十届人大代表(2003—2008年),十一届全国人大代表(2008—2013年)。2007年至2016年间,张剑波共向文烈宏借高利贷12亿多元,向其支付本金和利息22亿多元,还有以买卖的形式作抵押的房产、土地、停车场等,现在都网签在文烈宏的女儿文雅、文鑫以及易辉跃、瞿凯其、刘森林等人名下,这些财产估计4亿多元。向文烈宏借款和还款都在公司账目上有记载,印象比较深刻的高利贷有以下几笔:2011年至2012年间,因开发长沙骑龙大街项目,向文烈宏借款共计3.655亿元,按照月息5-6分支付高息,加上未及时还款支付的罚息、复水(利滚利)等,共支付给文烈宏7亿多元,其中利息6亿多元,本金仅1亿元。2013年6月,张剑波向文烈宏借款7000多万元,和文烈宏合作成立湖南中湘置业有限公司,开发雨花区人民中路一块土地,约定月息5分,至2014年年底,张剑波共投入资金4000多万元,其中支付利息3000多万元,投入开发资金1000多万元。后来没有钱继续支付借款本息,文烈宏强行要张剑波净身出户,退出中湘公司。2013年8月,彭潮欠文烈宏高利贷8000万元未还,文烈宏以张剑波是借款担保人为由,对张剑波"看牛"非法拘禁,后来张剑波在骑龙大街项目开盘之前还了这笔钱。2013年9月,张剑波找文烈宏借款8000万元用于归还银行贷款,月息5分,逾期按20万元每天支付罚息,至2014年4月全部还清,就该笔借款共向文烈宏支付本息1.3亿多元。2013年11月,张剑波向文烈宏借款4000万元用于归还银行贷款,用麓山后街项目房产作抵押,后来归还了其中的700万元,还有3300万元本金未归还,支付利息的数额记不清楚了。张剑波多次要求文烈宏直接处置抵押的房产,文烈宏不同意。文烈宏放高利贷只要活钱,不要资产,因为资产处置起来很麻烦,也收不到高利贷这么高的收益。2014年8月,张剑波和文烈宏签订《债权债务总清结协议》时,找文烈宏借款6000万元用于归还招商银行委托警察基金贷款4000万元,此后就再也没有找文烈宏借过钱。当时约定月息2分,后因未及时还款,文烈宏擅自将利息涨到6分、1角,并安排手下马仔对张剑波非法拘禁。从2014年下半年至2016年5月,张剑波又向文烈宏支付了1亿多元的高利贷本息。

(2)湖南德源司法鉴定所湘德源会鉴字(2017)6009号司法会计鉴定意见,证明自2007年4月至2016年12月,文烈宏共给张剑波借款1 282 427 600元,张剑波及相关公司共向文烈宏及相关公司和个人偿还借款及支付利息合计2 259 834 056元(含代彭潮支付借款本息7026万元和代胡诗伟还款2700万元),文烈宏实际获利977 406 456元。

(3)被害人乐根成的陈述,证明乐根成是湖南省十二届人大代表。2001年,乐根成通过朋友介绍认识了文烈宏,从2001年至今,乐根成陆续向文烈宏借款5244万元,已经归还了13 292万元,尚欠1255万元。2008年5月之前,按照月息6分的标准计算利息,5月之后,按照月息7分的标准支付利息,每月都要支付利息,如果没有按时支付利息,则该月利息计入本金,下月一同计息,俗称"利滚利",至今共支付了8048万元利息给文烈宏。每次向文烈宏借钱都打了欠条,盖上了房产公司的公章作担保,2010年7月8日之后再也没有找文烈宏借过钱了。

(4)证人周丽萍的证言,证明乐根成与文烈宏的资金往来都做了账,凯达公司从文烈宏处共计入账4494万元,共向文烈宏支付1.2312亿元。因为没有正规业务往来,全部都是支付文烈宏赌博和高利贷债务,文烈宏非法收入7818万元,都有记账明细和凭证。周丽萍所提供的"2004—2012年凯达与文烈宏往来明细账"是根据乐根成、凯达公司与文烈宏交易的所有会计凭证、交易单据统计出来的。

(5)2004—2012年凯达房产公司与文烈宏往来明细账、2011年10月文烈宏转账凯达(湖南)房地产开发有限公司及乐根成建行卡共计10 000万元用于竞拍望城土地明细借款协议、借条、和解协议、承诺书、交易明细及银行凭证,证明2005年7月至2014年1月,乐根成累计向文烈宏借款4494万元,共向文烈宏支付12 312万元。另《和解协议》1份、《承诺》1份载明:2015年4月7日,甲方文烈宏与乙方凯达房产公司、乐根成签订和解协议,双方约定自协议签订之日起,双方的债权、债务关系彻底清结;乙方向长沙市公安局申请撤案,撤案后,甲方向长沙中院撤回对乙方的起诉。2015年8月10日,乐根成出具承诺:"因错(借)文烈宏人民币现金1100万元整未归还,以股金证作抵过户冲抵借支。"

(6)被害人彭潮的陈述,证明彭潮原系浏阳河酒业公司董事长,2014年之前的五六年间,找文烈宏多次借款用于银行城投汇票,每次借贷金额少的时候四五千万元,多的时候2个亿左右。与文烈宏签订协议或者口头约定之后,文烈宏通过银行卡汇款到彭潮公司需要还贷的银行账户上。利息一般是以月息或者天息来计算,月息是5至6分不等,天息是千分之三至五不等。若以天息计算,基础天数是10天,没有满10天也按照10天来算;若以月息计算,基础天数为一个月,没有满一个月也按照一个月来算。2007年至2012年间,共借了文烈宏高利贷41 140万元,连本带息共还了574 478 080元,最后还有6257万元本金和22 099 700元利息未归还,该笔借款文烈宏后来要求张剑波还掉了,文烈宏总共至少赚了2.4亿元。

(7)证人陈乐的证言,证明陈乐于1999年至今在湖南浏阳河酒业有限公司工作。陈乐通过彭潮认识文烈宏,文烈宏放高利贷、经营赌场,是长沙有名的"现金王",彭潮经常找文烈宏借钱。

(8)彭潮与文烈宏资金往来明细及凭证,包括付利息明细表、付本金明细表、财务记账凭证、银行进账单、汇款单等,证明2007年8月至2012年12月间,彭潮找文烈宏共借款41 140万元,还款34 883万元,欠本金6257万元(转由张剑波支付完毕)。2007年8月至2012年12月间,彭潮向文烈宏共支付利息22 564.808万元,还欠2209.97万元利息未支付(转由张剑波支付完毕)。2007年至2012年间,彭潮找文烈宏共借款41 140万元,共支付文烈宏本金加利息57 447.808万元,文烈宏获利16 307.808万元。

(9)被害人石湘中的陈述,证明2008年石湘中通过吴建伟认识了文烈宏,后找文烈宏借了3次钱。2008年1月,石湘中的房地产公司需要资金,找文烈宏借款300万元,月息1角,借款一个半月连本带利还清了;2011年1月,文烈宏以其马仔郭卓名义借给石湘中300万元,这笔钱也还清了;2011年8月,石湘中找文烈宏借款400万元,只借了几天时间,连本带利还了。

(10)石湘中的记账本、借款合同、中国光大银行客户对账单、中国建设银行账户交易明细、石湘中融资借款、还本付息情况明细表,证明2008年1月至2011年8月间,石湘中三次向文烈宏共借款1000万元,月息8%-10%,共支付利息255万元。其中2008年1月20日借款300万元,本金全部归还，支付利息45万元；2011年1月借款300万元（以郭卓的名义借款），本金全部归还，支付利息178万元；2011年8月7日，借款400万元，本金全部归还，支付利息32万元。

（11）被害人胡诗伟的陈述，证明2008年至2015年间，多次向文烈宏借高利贷人民币3500万元、港币1亿元，月息3%－8%不等，累计支付利息人民币490万元、港币2700万元。

（12）常德市鼎城区公安局协助冻结通知书回执、查封决定书、协助查封通知书回执、搜查证、搜查笔录、扣押物品清单、机动车信息查询单、长沙市望城区桥驿镇财政所集体土地使用权转让协议、解除合同协议书、收据、记账凭证，证明案发后，公安机关查封、扣押、冻结文烈宏的资产共计12亿余元。

（13）望城县宏大建材有限公司等14家公司的注册登记和税务登记资料、湖南德源司法鉴定所湘德源会鉴字（2017）6008号司法会计鉴定意见，证明文烈宏自2007年起，先后成立了望城县宏大建材有限公司、长沙宏旗投资咨询有限公司、长沙红旭文化传播有限公司、望城县明福园林绿化工程有限公司、望城石湖施工工程有限公司、湖南宏大典当有限公司、长沙市望城区宏大园林绿化有限公司、长沙市望城区宏辉土石方工程有限公司、望城区宏吉园林绿化有限公司、长沙宏吉建材有限公司、长沙市望城区辉宏建材有限公司、长沙市望城区宏大房地产开发有限公司、湖南中湘置业有限公司、长沙享美物业管理有限公司。

2017年8月22日，常德市鼎城区公安局委托湖南德源司法鉴定所对文烈宏实际控制的14家公司的实际经营情况、经营收入进行司法会计鉴定。经鉴定，除湖南中湘置业有限公司尚在投资阶段，没有盈利；湖南宏大典当公司2010年3月至2013年12月记录了相关收入和费用支出外，其他12家公司均未发现有相关的经营收入。根据湖南宏大典当公司2010年3月至2014年1月财务会计凭证，该公司在此期间的经营收入为11 930 500元，经营费用及支出为11 069 231.41元，净利润为861 268.59元。根据湖南省长沙市雨花区地方税务局纳税资料，该公司2010年3月至2015年5月纳税申报表缴纳的营业税金额为709 162.71元，经测算其营业收入为14 183 254.20

元(709 162.71 元/5%)。但根据提供的财务凭证汇总,仅有 2010 年 3 月至 2014 年 1 月的财务会计凭证反映了该期间的营业收入为 11 930 500 元。

(14)文雅 6210802920015940 建行卡等 46 个银行账户、郭继行华融湘江银行卡 6213882973100005549 等 3 个银行账户的开户资料、交易流水清单,证明文雅所控制的 49 个境内银行账户资金交易量巨大,累计进账 79.36 亿元、出账 79.21 亿元。上述银行账户资金主要用于向他人发放高利贷借款以及收取利息和本金、购买房产、债券、股票、理财产品等。

(15)文雅香港中国银行账户、文烈宏香港渣打银行账户、瞿艳旗香港周生生证券账户、郭卓香港渣打银行账户流水,证明文雅掌控有文烈宏、瞿艳旗、郭卓等人多个账户。其中文烈宏香港渣打银行账户、文雅香港中国银行账户、郭卓香港渣打银行账户、瞿艳旗香港周生生证券账户余额共计 206 571 594.58 港币。

(同案人郭卓、文雅等人的供述略。)

(22)长沙市拘留所出具的监管场所代保管现金登记本,证明汤宇、林伟聪被拘留后,王峰在长沙市拘留所分别给汤宇、林伟聪各上账 230 元。

(23)常德市鼎城区看守所收款凭证,证明 2016 年 9 月至 2017 年 1 月,舒云、樊国军、胡高生、黄泽孟、张祥伟在鼎城区看守所羁押期间,每月都有人定期给舒云等 5 人上账,金额每次从 300 元至 2000 元不等。

(24)湖南宏大典当有限公司、湖南中湘置业有限公司、长沙宏大房地产开发有限公司、长沙亨美物业管理有限公司、长沙天鲜海鲜酒楼工资表,证明 2014 年 4 月至 2017 年 2 月间,文烈宏控制的上述公司给郭卓、易辉跃、文雅、罗德新发放工资的情况,4 人每月工资从 3000 元至 10 000 元不等,其中郭卓、易辉跃、文雅同时从多家公司领取工资。

(25)湖南中湘置业有限公司社会保险缴费情况表,证明该公司为舒开、易辉跃、文雅缴纳社会保险费的情况。

(证人周符波、单大勇的证言及被告人龚浩、舒开、佘彬的供述略。)

(31)被告人文烈宏的供述,证明文烈宏的房产、股票、存款、现金等资产在 10 亿元以上,这些资产主要是靠做生意、做工程、玩股票、赌博、开设赌场以及放高利贷得来的。做生意搞工程赚了 4000 多万元,赌博和洗码抽水赚了1亿多元,其他的钱是放高利贷得来的。开设赌场、赌博以及给郭卓、舒开、龚浩、佘彬的钱主要是来源于前期做小生意、赌博、放高利贷得来的钱。从2002年开始放高利贷,那时借出去的钱金额不大,一般只有几十到几百万元。从2008年到2010年在长沙喜来登、天都等宾馆开设赌场和赌博,2012年以后,觉得放高利贷与赌博和洗码抽水相比,钱来得更快,就把主要精力放在放高利贷上,很少在长沙赌博抽水了。通过前期赌博认识张剑波、乐根成、胡诗伟等人,借钱给他们收取利息,放高利贷的量也越来越大,最多一次借给张剑波3.655亿元。通过向这些老板放高利贷,又安排舒开、佘彬、龚浩等人"看牛"收高利贷,获得了巨大的利益。文烈宏先后注册成立了十几家公司,这些公司没有做什么业务,这些公司的银行账户有大量的交易,进出资金数十亿元,主要是用于发放和收取高利贷、赌账。

2014年张剑波举报文烈宏偷税漏税后,文烈宏请周文辉出面帮忙撤案花费了2200多万元;乐根成举报文烈宏偷税漏税后,为撤案花费了300万元至400万元;而且在姚跃的建议下,找到省公安厅常务副厅长周符波,长沙市公安局常务副厅长单大勇等人,并多次对周符波、单大勇巨额行贿。之后,其涉嫌犯罪的案件得以被撤销。

2011年下半年,文烈宏安排舒开打伤欧阳仕兵后,文烈宏找到望城县公安局桥驿派出所副所长袁铁辉,给了袁铁辉2万元进行调解。佘彬砍张剑波被抓后,花了150万元请周文辉出面办取保把佘彬"捞出来",因佘彬始终没有供出文烈宏,事后文烈宏为此奖励了佘彬几百万元辛苦费,还免除了80万元的借款。安排佘彬教训张岩平,给佘彬10万元;2016年文烈宏指使舒开非法拘禁张剑波,给了舒开200多万元开支;后来舒开收账效果好,奖励舒开100多万元;为了报复张剑波,承诺花2000万元找单大勇帮忙将张剑波抓起来,实际给了1500万元;安排龚浩"看牛"、收账等,给龚浩约40多万元。其他方面的开支零零碎碎也有几百万元,如每次安排手下做事都会给活动经费,事情办好之后也会给报酬和奖励。2012年至2014年间,文烈宏曾4次带佘彬去澳门赌场赌博、到澳门玩,还去过一次新加坡,费用都是文烈宏出。将一些工程,譬如中湘美乐成的土石方工程交给佘彬做,佘彬做工程差钱也会免息提供资金。2016年9月,张剑波在网上举报文烈宏,为了回击,安排佘彬在网上发帖诋毁张剑波，为此给佘彬4万元。安排龚浩做事陆续给了几十万元，龚浩买车、搞工程、在外面放高利贷缺资金，也会借钱帮助，还带龚浩到新疆、越南、澳门去玩。文烈宏在天都大厦24楼有一套房子，长期给舒开使用，舒开安排手下住在里面，还买了一些刀具之类的凶器。安排舒开的老婆先后在宏大典当行、中湘美乐成上班。给刘森林承包门前修水坝的工程赚钱。姚跃每次做事，文烈宏都给了好处费，姚跃过生日时文烈宏带姚跃到越南旅游、赌博，到马来西亚等地游玩、赌博等。在常德公安机关追查拘禁张剑波的事时，给舒开20万元逃避抓捕，安排舒开给"麻阳佬"发封口费，不能把文烈宏供出来。在"麻阳佬"、舒开被抓后，又安排人请律师，还到看守所上账。2012年8月，因为在华天大酒店与彭潮"摆场子"，警察把龚浩的两个手下抓了，文烈宏给了龚浩2万元钱报酬安抚手下。龚浩的手下是帮文烈宏做事时被抓，文烈宏负责找关系摆平，摆不平就给钱补偿。

3.证明黑社会性质组织行为特征的证据

（详见本判决书列举的该黑社会性质组织实施的具体犯罪事实的证据。）

4.证明黑社会性质组织危害性特征的证据

（1）被害人张剑波的陈述，证明张剑波是长沙骑龙大街项目实际开发人。2011年年底项目拿地，张剑波与文烈宏签订了《项目合作开发协议》《股权预约回购协议》。这两份协议都是由文烈宏起草，目的就是保障高利贷利益。《项目合作开发协议》的主要内容：一是由文烈宏借款3.655亿元给张剑波用于购买项目用地，期限8个月，按实际付款时间计算借款期限和利息，月息5%－6%（文烈宏为规避法律风险，协议写作年息28%）；二是成立正湘置业公司开发骑龙大街项目，由文烈宏安排瞿凯其、易辉跃持有公司全部股权，直至张剑波还清文烈宏所有借款本息后才能"回购"股权；三是由文烈宏掌握除财务章以外所有公司印章，项目上签署20万元以上对外经济合同，需经过文烈宏同意，另项目建成后送文烈宏一套别墅。《股权预约回购协议》是约定张剑波在还清文烈宏所有本息后，可以3000万元价格回购正湘公司股权，这个规定很没道理，正湘公司的3000万元注册资金实际已算在3.655亿元借款里面了，在还清所有借款本息后再额外拿3000万元回购公司股权，很霸道。《项目合作开发协议》《股权预约回购协议》约定的内容把张剑波彻底套牢，只要张剑波一天不还清文烈宏的高利贷本息，公司、土地、项目都不是张剑波的，即便项目建设完成了，只要钱没还清，成果都是文烈宏的，张剑波等于是在给文烈宏打工，而且连工资都没有。就算还清了债务，张剑波想要拿回公司和项目，还必须额外出3000万元"回购"。这些条件，终导致张剑波债台高筑，项目停工烂尾。文烈宏不仅安排瞿凯其、易辉跃持有全部股权，还控制了公司除财务章外的所有印章、公司的所有证照以及开发过程中形成的如贷款合同、贷款抵押合同等重要文件，还安排了彭毅到项目上任出纳，掌握资金进出情况；安排易汉民到项目工程部了解工程进度，控制工程款的支付；后期还安排文雅到项目上监督财务和销售两个核心部门。这些手段招招狠毒，控制股权，让张剑波从根本上受制，再高的利息也不敢不还；控制印章、证照，就控制了项目的日常经营，只要文烈宏的条件得不到满足，文烈宏可随时对项目开发设置障碍逼张剑波就范。比如，张剑波要申请开发贷款，也必须要经文烈宏同意。文烈宏派驻人员到关键部门，可随时掌握项目情况，比如出纳彭毅，对项目上进账付账、资金是充裕还是紧张，都会及时向文烈宏汇报。要支出一笔钱，只要文烈宏不同意，彭毅就不付款，项目上有钱时，张剑波为减少高利贷压力，想提前归还本金，文烈宏不答应。骑龙大街项目完全是因为文烈宏的高利贷盘剥而停工烂尾，文烈宏以高利贷债权为由控制项目公司的全部股份，进而以此为要挟，迫使张剑波偿还本金及高额利息7亿多元，致使项目资金难以为继。2014年7月，在政府协调下，张剑波与文烈宏达成《债权债务总清结协议》。原以为终于摆脱文烈宏的高利贷控制，可以全力开发项目了，可怎么也想不到文烈宏并不甘心，一方面把被公安机关立案调查的账算在张剑波头上，对张剑波怀恨在心，另一方面还想榨取更多利益，然后开始近乎疯狂地对张剑波施以报复、拘禁、勒索。在安排马仔对张剑波"看牛"期间，文烈宏逼迫张剑波对不存在的债务认账。为逼张剑波就范，采取了砍杀、拘禁、恐吓、威胁等多种手段，追魂索命一般，让张剑波在一年多里处于持续的被伤害、被胁迫状态，人身没有自由、内心充满恐惧。2014年年底至2015年年初，文烈宏安排佘彬派人三次砍张剑波，事后软硬兼施让张剑波对佘彬签下所谓刑事和解书。

此后,张剑波为避免再次被伤害,四处躲藏,战战兢兢过了几个月,2015 年 5 月,张剑波伤刚好,文烈宏又找上门来,派龚浩带马仔对张剑波贴身"看牛"逼债,直到 2016 年 5 月,在长达一年里,一直被文烈宏组织的人"看牛",行踪一刻也没有脱离过文烈宏这伙人的视线,每天去哪些地方、见什么人、谈什么事都跟着,出席会议、商业谈判也跟着,连吃饭睡觉都在监视之下,完全无法正常工作、生活,完全无法对公司经营和项目开发进行有效管理和资金调度。文烈宏之所以花这么大精力逼债,是因为骑龙大街项目已经死了,再也无利可图,要把手伸到德江南上面来,通过伤害、"看牛"、威胁、恐吓,摧垮张剑波的意志,在被胁迫的状态下重新确认在签订《债权债务总清结协议》时已经免除的骑龙项目 2.65 亿元借款和对已偿还的 8000 万元债务重新确认 5000 万元等,约定用德江南物业偿还。上述所谓"债务",都无一例外把德江南牵扯进来,张剑波迫于无奈,将德江南项目经理交纳的保证金 9000 余万元中的 8032 万元左右用作归还文烈宏等人借款,还将项目上 1000 多万元工程款用来归还了文烈宏。因为文烈宏逼债,强迫签订各种担保、抵押,逼张剑波从德江南项目上抽走保证金、工程款偿还高额利息,致使公司账户被冻结,影响正常经营;大量物业被查封、占有,致使无房销售;其间,文烈宏还以讨债为由指使手下马仔多次到项目工地滋扰,干扰公司正常经营,给客户造成很大负面影响,不敢投资买房。这两个项目在时间上有重合,文烈宏后期对张剑波的砍杀、非法拘禁行为,对两个项目都造成了直接影响。张剑波时刻担心被人砍杀,人身和家人的安全时刻受到威胁,没有自由,人身和精神时刻都处于被胁迫状态,没有精力去管理项目。这么长时间不是没想过报警,而是不敢报警,被文烈宏砍杀过一次,不想再把命及家人和孩子都搭进去。2014 年公安机关对文烈宏立案调查过,案子一撤,立马组织人报复砍杀张剑波,根本没把公安机关放在眼里,没把法律放在眼里。

(证人吴松的证言略。)

(3)《项目合作开发协议》《股权预约回购协议》《补充协议》,证明 2012 年 6 月 9 日,文烈宏(甲方)、张剑波(乙方)、瞿凯其和易辉跃(丙方)、湖南正湘置业有限公司(丁方)签订《项目合作开发协议》《股权预约回购协议》,约定:①张剑波为开发长沙市梅溪湖骑龙村(2011)网挂 032 号地块,分三期共向文烈宏借款3.655亿元,年资金回报率为28%(实际双方口头约定为月息5%);②以瞿凯其、易辉跃二人名义登记成立湖南正湘置业有限公司,张剑波持有正湘公司100%的股权,全面负责从事项目开发活动,但要将其持有的股权委托给瞿凯其、易辉跃代持,其中瞿凯其持股51%,易辉跃持股49%;③在张剑波归还本金及资金回报前,正湘公司的公章、合同章、私人印鉴由文烈宏控制,财务专用章由张剑波控制;文烈宏派驻出纳及现场施工主管监督项目运作;张剑波签署金额20万元以上的对外经济合同应征得文烈宏同意;在张剑波按照约定或提前归还借款本金及资金回报后,可以3000万元回购正湘公司100%股权。

2013年6月15日,文烈宏(甲方)、张剑波(乙方)、瞿凯其和易辉跃(丙方)、湖南新猎鹰科教有限公司(丁方)、湖南猎鹰建筑工程有限公司(戊方)又签订《补充协议》,约定:文烈宏的3.655亿元借款展期(其中2亿元展期6个月,1.655亿元展期1年),利息不变,但本息逾期按50万元/天复计罚息;湖南新猎鹰科教有限公司、湖南猎鹰建筑工程有限公司为借款提供连带责任担保,且猎鹰建筑公司放弃骑龙大街项目建设工程款的优先受偿权;文烈宏派驻出纳、现场管理人员参与骑龙大街项目管理,项目收益权归项目实际控制人张剑波享有,税务等相关责任、义务由乙方承担;在协议签署后的4至6个月内,正湘公司每月优先截留销售回款7000万元归还借款,从第7个月开始,每月优先截留2600万元归还借款。

(4)长沙市国有建设用地使用权网上挂牌出让成交确认书、湖南正湘置业有限公司注册登记资料公司、变更登记资料,证明2011年12月16日,瞿凯其、易辉跃以3.3269亿元成交价竞拍购得(2011)网挂032号地块。2012年6月11日,湖南正湘置业有限公司注册登记成立,法定代表人瞿凯其,注册资本金3500万元,瞿凯其出资1530万元占股51%,易辉跃出资1470万元占股49%。

2014年7月31日,正湘公司注册登记信息进行了变更,法定代表人变更为王斌,股东变更为王斌持股51%、王芳持股49%;2015年4月29日,法定代表人变更为胡正佑,股东变更为胡正佑持股51%、王芳持股49%。

(5)长沙高新区社会管理综合治理局关于请求对湖南宏大典当有限公

司等三家公司开展案前调查的函、长沙市公安局经济犯罪侦查支队报警案件登记表、受案登记表、长沙市公安局直属分局立案决定书、撤销案件决定书、《债权债务总清结协议》、长沙高新技术产业开发区管理委员会关于骑龙大街项目稳定及善后处理协调会纪要、关于对维护骑龙大街项目稳定积极配合的文烈宏作出立案撤销处理的建议函、湖南新猎鹰科教有限公司收款确认函、物品移交清单、长沙市公安局案件处理呈批表、呈请对文烈宏撤销案件的报告，证明2014年5月，骑龙大街项目因资金链断裂、经营陷入困境，引发数次大规模群体性事件等社会不稳定因素。经长沙高新区建议长沙市公安局经侦支队调查，发现文烈宏向张剑波个人及其经营的猎鹰公司发放高利贷7.8亿元，收取本金和利息共计13亿余元，涉嫌犯非法经营罪，长沙市公安局直属分局于2014年6月6日对文烈宏立案侦查。

2014年7月21日，文烈宏（甲方）、张剑波（乙方）、瞿凯其和易辉跃（丙方）签订《债权债务总清结协议》，约定：文烈宏投入的3.655亿元除收回本金及合法利息外的其余部分退还张剑波，文烈宏、张剑波、瞿凯其和易辉跃就骑龙大街项目原形成的债权债务关系全部终结；三方确认，原协议履行期间，张剑波系项目的实际运营方，文烈宏、瞿凯其和易辉跃未参与实际经营，在此期间正湘公司形成的债务及税务、工商责任等均与文烈宏等无关；协议生效后，文烈宏、瞿凯其和易辉跃将正湘公司的法定代表人、股权过户给张剑波指定人员，并将实际保管的公司印章、网签U盾、证照等资料移交给张剑波，文烈宏协助解除网签在文雅名下的253套骑龙大街房产；文烈宏再次向张剑波出借人民币6000万元，期限为4个月，借款利息按月息为2%，其中4000万元专项用于清偿湖南省警察基金会借款本息。

2014年7月29日，长沙高新技术产业开发区管理委员会形成了关于骑龙大街项目稳定及善后处理协调会纪要，对文烈宏与张剑波签订的《债权债务总清结协议》予以认可。2014年8月8日、9月3日，湖南新猎鹰科教有限公司出具收款确认函，称已收到文烈宏两次退款共计2.23亿元，文烈宏上交了其保管的正湘公司相关证照、U盾等资料。

（6）湖南湘江新区管理委员会关于骑龙大街项目信访问题处理情况、长沙市人民政府办公厅关于骑龙大街项目信访问题处理工作方案、湖南省信访局接访一处出具的长沙市岳麓区骑龙大街项目信访数据、长沙岳麓区天顶街道社会管理综合治理办公室出具的情况汇报、来访登记表和受理告知书、会议纪要材料、湖南正湘置业有限公司总经理刘又喜出具的骑龙大街项目大型上访统计表、骑龙大街项目购房业主姜军等人提供的请愿书、诉求书、在湖南省政府、长沙市政府、售楼部集访维权的照片、湖南经视、湖南都市频道报道业主上访维权的视频截图,证明2014年5月至2017年6月间,由湖南正湘置业有限公司开发,位于长沙市岳麓区的“骑龙大街”房产项目因受民间借贷债务纠纷的影响导致资金链断裂先后两次停工,拖欠农民工工资和工程款,致使项目住房及商铺不能按期交房,引发民工、购房业主先后数十次到项目现场、交通银行、岳麓区天顶街道、湘江新区管委会、长沙市政府、湖南省政府等地,采用喊口号、打横幅、封马路、堵机关大门等方式大规模上访维权,上访群体有时多达400百余人。如2014年5月31日,200余名民工因讨要工资堵塞长沙市岳麓区主干道枫林大道;2015年5月13日,400余名业主到长沙市政府上访;2016年5月9日,300余名业主到省政府集访;2016年8月9日,200余名业主到省政府聚集、堵门、堵路等。多次大规模群体性集访事件造成了非常恶劣的社会影响,引发了社会舆论的广泛关注,严重影响了当地正常的经济和社会生活秩序。

(7)长沙市公安局岳麓分局出具的关于段云自杀事件的情况汇报、现场平面示意图及现场照片、现场提取的段云手书遗书,证明2016年8月28日凌晨,交通银行长沙科大支行(骑龙大街项目的贷款银行)行长段云在骑龙大街商业街5楼上吊自杀身亡。其在2016年8月24日手书遗书中称:“由于我在湖南正湘置业公司贷款的管理上太无知,太轻心、太轻信,致使交行资产面临巨大风险……我无脸面对一切帮助、关心过我们的人。最近我了解,骑龙大街项目恢复正常希望渺茫,我已经心灰意冷了。我当初做骑龙大街项目,一直认为是个好项目……但是现在回想起来,我是被张剑波一帮人骗了,上了他们的当,一切都源于我社会经验太浅,太相信张剑波身上的光环,直到出事前都不知道项目涉及高利贷……只是他们人太坏,心太黑,使我上当受骗,我与他们没有任何勾结去损害交行利益。”

(8)湖南德源司法鉴定所湘德源会鉴字(2017)6009号司法会计鉴定意

见，证明经鉴定，在骑龙项目中，文烈宏于2011年12月15日至2012年10月12日间，向张剑波借贷共计3.655亿元，除此以外文烈宏再无资金投入湖南正湘置业有限公司。至2014年5月31日止，张剑波就该笔借款已经偿还文烈宏本金1亿元，利息6.01117亿元，实际支付利率为6%。

2014年6月1日以后，文烈宏给张剑波借款金额为6000万元，张剑波向文烈宏支付本息182 307 800元，其中偿还借款本金78 927 600元，支付借款利息103 380 200元，协议清结骑龙项目借款本金265 500 500元。截至本阶段尚未偿还的借款本金为93 000 000元。其中："文雅1600万元、文鑫2400万元借款项目"本金中的3300万元未还，但该借款将抵押物长沙市红枫大厦4层401号商铺网签到文雅名下，501号商铺网签到文鑫名下。"江笑一、文雅借款项目"借款本金6000万元未还，但借款中的4240万元以罗马商业广场B区38套商铺作抵押；余下的1760万元由长沙猎鹰驾驶培训有限公司和湖南猎鹰房地产开发有限公司提供连带责任保证担保。

2013年6月至2014年5月间，湖南正湘置业有限公司收到与售房有关的收入为760 756 734.56元，收到交通银行科大支行贷款3亿元，合计金额为1 060 756 734.56元。其资金去向为：支付文烈宏及文烈宏有关的款项583 919 578元，其中，直接支付给文烈宏351 086 878元，支付与文烈宏有关的款项232 832 700元；支付骑龙大街项目工程款及工程相关费用341 251 214.79元。2013年6月至2016年12月间，湖南正湘置业有限公司收到与售房有关的收入为169 252 632.95元，收到交通银行科大支行贷款170 000 000元，合计金额339 252 632.95元。其资金去向为：支付骑龙大街项目工程款202 770 319.75元；支付骑龙项目贷款及利息38 561 611.22元；直接支付骑龙大街项目费用24 513 694.75元；实际不属于正湘公司售房收入而属于过账资金69 950 000元。

（9）证人江新平、谢灿、刘又喜、王伟、陆序展、罗元平的证言，证明2012年文烈宏给张剑波借款3.655亿元开发骑龙大街项目，并成立了湖南正湘置业有限公司。文烈宏与张剑波仅为借贷关系，不参与正湘公司的经营管理，由张剑波对正湘公司进行经营管理、自负盈亏、操作项目。文烈宏采取多种手段对正湘公司的经营管理进行干扰以逼取高利贷，安排人员代持公司股份,控制公司的印章、证照,安插人员控制公司资金的使用、调拨,资金的拨付必须经过文烈宏同意。文烈宏还采取多种手段破坏正湘公司的经营管理以逼取高利贷,如限制、剥夺公司管理人员张剑波的人身自由,对其进行威胁、恐吓甚至故意伤害,将正湘公司可销售的房产网签到文雅名下,导致正湘公司无房可售。正湘公司绝大部分销售收入被文烈宏控制用于归还其高利贷,导致项目资金链断裂,被迫停工,引发农民工、购房户多次采用喊口号、打横幅、封马路、堵机关大门等。

(其他证人证言略。)

(16)同案人易辉跃的供述,证明文烈宏安排易辉跃代持了多家公司的股份,有中湘置业公司、宏辉土石方工程公司、宏大房地产公司、正湘置业公司等。其中正湘置业公司文烈宏安排易辉跃代持张剑波49%股份、瞿凯其代持51%股份。易辉跃和瞿凯其虽然是正湘公司的股东,但都没有出一分钱,也没有在正湘公司上班,更没有参与管理,只是需要股东签字的时候被文烈宏叫去签字,私人印章也是文烈宏安排人刻了管理和使用。文烈宏借钱给张剑波开发骑龙大街项目,安排易辉跃代持股份是为了保证资金安全,及时回收本金和利息,以此来控制正湘公司。

(17)同案人周文辉的供述,证明周文辉主动参与协调文烈宏与张剑波之间骑龙大街项目纠纷,双方达成了总清结协议,后来文烈宏又撕毁该协议,要求张剑波对已经清结的债务重新进行了认可。

(18)湖南德江南现代商贸城实业有限公司营业执照、外资企业基本登记情况表,证明2014年5月7日,湖南德江南现代商贸城实业有限公司注册登记成立,法定代表人吴松,注册资本人民币5000万元,初始股东分别是湖南同发投资有限公司、湖南新猎鹰科教有限公司、南方香江集团有限公司。在经营期间,该公司的注册登记信息进行了数次变更,截至2017年5月25日,法定代表人为熊勇,注册资金1亿元,股东分别为湖南华民资本集团有限公司占股51%、香港德江南电商贸易物流城国际控股有限公司占股49%。

(19)民事起诉状、受理案件通知书、诉讼保全申请书、民事裁定书、协助执行通知书、执行保全案件结案通知书,证明2016年7月,文烈宏隐瞒债务已经全部清偿的事实,就8000万元和2.655亿元虚假债务向法院提起民事诉讼,并通过诉讼保全申请,查封了德江南公司1768套在售房产,严重破坏该公司生产、经营的情况。

(20)民事起诉状、诉前财产保全申请书、民事裁定书、协助冻结存款通知书、受理案件通知书,证明文烈宏伙同朱红军强迫张剑波向朱红军借款2500万元后,又指使朱红军通过诉前财产保全申请,冻结了德江南公司5个银行账户共700余万元的流动资金。

(21)德江南被查封房产、土地及被冻结银行账户统计表,证明文烈宏通过法院查封德江南项目土地、房产、银行账户的情况。德江南可销售房产C区有6栋,文烈宏通过法院查封了其中5栋,查封总套数1771套,占所有房屋比例63%,房产面积占整个项目可售房产面积64%;占所有被查封的面积和套数比例高达80%以上。德江南项目的网签销售工作在2016年8月18日法院冻结德江南所有房产以后彻底停止,是德江南项目销售停止的主要原因。

(22)常德市鼎城区信访局群众信访接待登记表、鼎城区公安局国内安全保卫专刊共6期、鼎城区维护办维稳工作日志、购房业主在常德市人民政府、德江南项目部等地集访的现场照片、德江南项目现状照片,证明2016年5月至2017年5月间,由湖南德江南现代商贸城实业有限公司开发,位于常德市鼎城区的德江南房产项目,因受民间借贷债务纠纷的影响导致资金链断裂停工烂尾,已建成可售房源被债权人通过法院全部查封(其中包括部分已签约房源),造成销售工作停滞,大额拖欠农民工工资和工程款,引发民工、材料商、购房业主先后多次到项目现场、鼎城区政府、常德市政府等地,采用打横幅、下跪、静坐等方式大规模上访维权。2016年8月8日,30余名民工聚集项目部讨要工资;2016年12月1日,近百名业主打横幅集访常德市政府;2017年5月2日,50余名业主统一着装,采取打横幅、下跪、静坐等方式集访常德市委。多次大规模群体性集访事件造成了非常恶劣的社会影响,严重影响了当地正常的经济和社会生活秩序。

(其他证人证言略。)

(36)被告人文烈宏的供述,证明2012年6月,张剑波为开发骑龙大街项目先后向文烈宏借款3.655亿元,后来项目停工,政府部门介入调查协调,文烈宏与张剑波双方签订了《债权债务总清结协议》。后因张剑波新借的6000 万元债务,文烈宏每月都会找张剑波催款,张剑波并不能按期归还利息和本金,文烈宏很恼火,对张剑波的怨恨在一点点积累。2014 年张剑波告状,让文烈宏被长沙公安立案调查,冻结资产,文烈宏为此被迫逃到香港。签订《债权债务总清结协议》,虽然是自愿签的,但始终心里不舒服,认为受了张剑波的气并且遭受了损失,多年以来做高利贷生意从来没受过这样的气,以后高利贷生意还怎么做,越想越生气,越想越恨张剑波,积累的怨恨也爆发了。于是指使佘彬砍杀张剑波,佘彬砍了张剑波后,心里稍微平衡一点了,但问题没解决,张剑波欠的钱还是没还,于是又指使舒开安排人对张剑波"看牛"逼债,要张剑波还了大概 6000 多万元。其中通过朱红军、刘森林、佘彬之手借了 5000 多万元给张剑波,然后再还给文烈宏,另外张剑波也从其他地方弄了 1000 多万元。2015 年 10 月间,文烈宏安排舒开等对张剑波"看牛"逼债,文烈宏知道骑龙大街项目已经没戏了,了解到张剑波在常德有德江南项目在运作,但德江南项目和张剑波欠的债务没有关系,所以就想了"债务转移"的办法将张剑波欠的债务引向德江南。先后安排朱红军给张剑波借款 2500 万元和 800 万元;安排佘彬给张剑波借款 1276 万元;安排刘森林给张剑波借款 450 万元,都要求张剑波用德江南的资产作抵押。

2015 年 7 月的一天,文烈宏和龚浩等人将张剑波控制在海天大酒店的房间里面几天,逼迫张剑波继续承认在骑龙大街项目中被免除的 2.655 亿元的本金,用常德德江南公司对这笔债务作担保;同时还就张剑波到珠海拍地期间借的 8000 万元重新认账 5000 万元,用德江南的项目进行担保,只有用德江南项目作担保以后,这些债务才有可能真正实现。

文烈宏采取"看牛"的方式对张剑波进行逼债,先后派了龚浩和舒开带马仔对张剑波"看牛",时间持续有一年左右。2016 年四五月,张剑波脱离控制,文烈宏安排舒开等人四处找张剑波,为了找张剑波花了很大力气,动用了很多资源,还亲自去公安局门口堵过,但都没找到人。后来发现张剑波到处告状,去过长沙经侦队,去过常德刑侦队,并且还在网上发帖,说骑龙大街项目停工烂尾是因为项目上的钱都被文烈宏逼走了。为了争取主动,文烈宏安排朱红军到法院起诉德江南公司,冻结德江南公司账户,对德江南公司的经营产生障碍。后又安排朱红军到长沙市公安局报案，告张剑波诈骗。2016年6月左右，又安排舒开和刘森林到常德德江南项目，要刘森林把借给张剑波的450万元全部用德江南的门面办理抵押到刘森林的名下。紧接着就向长沙市中级人民法院起诉张剑波和德江南公司，向法院申请财产保全查封的德江南公司的房产。此后又以2.655亿元的债务起诉，也申请财产保查封德江南公司的房产和土地，导致被查封的房产不能销售。

以上证据，证明该组织干扰、破坏湖南正湘置业有限公司、湖南德江南国际商贸城实业有限公司正常生产、经营、工作秩序，致使其不能正常生产、经营，造成重大经济损失，多次引发大规模群体性事件，在长沙市、常德市鼎城区形成重大影响的事实。

(37)被害人乐根成的陈述，证明从2001年至今，乐根成陆续向文烈宏借款5244万元，已经归还本息13 292万元，其中付了8048万元利息，还欠1255万元。

2014年3月初，文烈宏打电话将乐根成叫到办公室又签了一份《借款协议》，金额是1100万元。同年12月17日左右，乐根成向公安机关举报了文烈宏放高利贷和偷税漏税，长沙市公安局经侦支队立案，要乐根成和文烈宏两人先协商。乐根成就找到文烈宏的顾问姚跃，在姚跃的协调下与文烈宏达成了《和解协议》，乐根成先到公安局申请撤销举报，文烈宏再到长沙市中级人民法院撤诉，并免除乐根成的债务。公安机关撤案后文烈宏一直没去长沙市中级人民法院撤诉，乐根成打电话催过，文烈宏没有拒绝也没有同意。2015年8月10日，乐根成接到姚跃电话，当日13时许，司机欧阳国仕开车送乐根成赶到怡海大酒店三楼汉子足浴城，房间好像是315号房，文烈宏、姚跃和龚浩三人在洗脚。姚跃说和文烈宏在国外赌博输了三四个亿，资金很紧张，之后洗完脚直接走了，房间里只剩下乐根成、文烈宏和龚浩。乐根成提出离开，文烈宏不许乐根成走，说签的和解协议不作数，在国外输了钱，没有钱了，龚浩还在旁边言语威胁。一直到17时许，乐根成安排司机欧阳国仕拿来股金证给文烈宏后，文烈宏还是不让乐根成离开，又逼着写承诺。乐根成被逼的没办法，就写了一个《承诺》，内容是还欠文烈宏1100万元，并以信用社股金证作抵押，故意将“借”写成“错”字，写完《承诺》后，文烈宏就让乐根成离开了。后来文烈宏把乐根成2015年8月10日写的《承诺》交到法院。2015年10月20日，长沙市中级人民法院作出一审判决，文烈宏胜诉，要求乐根成偿还1100万元本金和利息374万元。乐根成提出上诉，湖南省高级人民法院做出事实不清，发回重审的决定，长沙市中级人民法院又判文烈宏胜诉，乐根成又上诉，因文烈宏被抓，湖南省高级人民法院作出中止审理的决定。

（其他证人证言、被害人陈述略。）

对上述证据证明的事实，针对被告人辩解及其辩护人提出文烈宏等人犯罪组织不构成黑社会性质组织的意见，本院综合评判如下：

（一）关于文烈宏等人违法犯罪的组织特征，经查：多名被害人及组织成员均证明该犯罪组织通过笼络乡邻、招募马仔、雇请员工等，逐渐坐大成势，形成了以文烈宏为首，较稳定的犯罪组织。文烈宏系该犯罪组织公认的组织者、领导者，骨干成员舒开、佘彬、龚浩基本固定，人数较多，组织结构清晰，层级分明，分工明确，形成了一定的组织纪律和活动规约，如该组织资产、资金分别由文烈宏的亲属文雅、易辉跃管理；舒开、佘彬、龚浩各自均有马仔，且具体实施违法犯罪活动；组织成员对文烈宏要忠诚，服从文烈宏指挥，不得越级联系，相互之间不能打听消息，背叛组织要严惩，对组织有功给予奖励等。文烈宏等人已形成较稳定的犯罪组织，人数较多，有明确的组织者、领导者，骨干成员基本固定，符合黑社会性质组织的组织特征。

（二）关于文烈宏等人违法犯罪的经济特征，经查：该组织通过高利贷、赌博、开设赌场、诈骗、敲诈勒索、强迫交易等违法犯罪活动，攫取了巨额经济利益，在案扣押、查封、冻结的资产高达10亿余元，具有强大的经济实力。该组织获取利益后，为组织成员发放工资、奖励、报酬、封口费以及拉拢贿赂公职人员等，以支持组织的发展、壮大。如文烈宏指使佘彬故意伤害张剑波，提供作案经费100万元，佘彬被抓获后，未供出文烈宏，因此获得奖励600余万元；舒开因向张剑波收账有功，奖励100余万元；向舒云等组织成员发放封口费；向长沙市公安局原副局长单大勇和长沙市政法委原副书记谭学军等人行贿2500余万元等。文烈宏等人有组织地通过违法犯罪活动或者其他手段获取经济利益，具有一定的经济实力，以支持该组织的活动，符合黑社会性质组织的经济特征。

（三）关于文烈宏等人违法犯罪的行为特征，经查：该组织为了树立非法权威，牟取不法利益，通过有组织地实施故意伤害、寻衅滋事、非法拘禁、聚众斗殴、强迫交易、诈骗、敲诈勒索、开设赌场等违法犯罪活动，作案数 10 余起，为非作恶，欺压、残害群众。上述违法犯罪活动中，既有组织、领导者文烈宏组织、策划并直接参与实施的犯罪，又有组织、领导者文烈宏组织、策划、指使骨干成员具体实施的犯罪，具有较强的组织性；该犯罪组织存续时间长，实施违法犯罪活动作案次数多，被侵害的被害人众多，社会危害严重；该犯罪组织以暴力和暴力相威胁为主要手段，实施违法犯罪，行为的暴力性明显，符合黑社会性质组织的行为特征。

（四）关于文烈宏等人违法犯罪的危害性特征，经查：该犯罪组织通过有组织地实施故意伤害、寻衅滋事、非法拘禁、聚众斗殴等违法犯罪活动，并且通过拉拢、贿赂湖南省公安厅原常务副厅长周符波、长沙市公安局原常务副局长单大勇等人，寻求非法保护，称霸一方，致使张剑波、胡正奇、胡诗伟等多名被害人合法利益受损，心理恐惧，不敢举报或举报、控告后被从轻处理和不处理；通过控制公司股权、公司印章、资金调度的方式和强迫交易、虚假诉讼的手段，严重干扰湖南正湘公司和湖南德江南商贸公司的正常工作和经营，引发多起群体事件，在当地造成了重大影响，严重破坏了当地的经济秩序和社会秩序。符合黑社会性质组织的危害性特征。

综上所述，以被告人文烈宏为首的犯罪组织，符合黑社会性质组织的组织特征、经济特征、行为特征、危害性特征，依法应当认定为黑社会性质组织。被告人文烈宏、舒开、佘彬、龚浩的辩解及其辩护人提出的相关意见均不能成立，本院不予采纳。

（具体犯罪事实、证据及对被告人文烈宏等人相关辩解、辩护意见的评判内容略。）

本院认为，被告人文烈宏作为黑社会性质组织的组织、领导者，不仅应当对其直接参与实施的犯罪行为承担刑事责任，依法还应当按照其组织、领导的黑社会性质组织所犯的全部犯罪行为承担刑事责任。被告人文烈宏直接参与或组织、策划、指使组织成员实施故意伤害 1 起，致 1 人轻伤；非法拘禁 6 起；敲诈勒索 4 起，数额特别巨大；强迫交易 4 起，情节特别严重；寻衅滋事7起,严重破坏社会秩序;妨害作证1起;聚众斗殴2起;诈骗4起,数额特别巨大;开设赌场6起,情节严重;赌博6起;向多名国家机关工作人员行贿,数额特别巨大,情节特别严重;破坏生产经营1起;单独实施脱逃1起;非法占用农用地1起,其行为分别构成组织、领导黑社会性质组织罪、故意伤害罪、非法拘禁罪、敲诈勒索罪、强迫交易罪、寻衅滋事罪、妨害作证罪、聚众斗殴罪、诈骗罪、开设赌场罪、聚众赌博罪、行贿罪、破坏生产经营罪、脱逃罪、非法占用农用地罪。公诉机关指控的罪名成立。公诉机关指控被告人文烈宏诈骗作案的第5起、第6起事实,符合敲诈勒索罪的犯罪构成,应当认定为敲诈勒索罪,公诉机关指控的罪名欠妥,上述2起敲诈勒索系犯罪未遂;聚众斗殴犯罪2起,系犯罪未遂。被告人文烈宏犯数罪,依法应当数罪并罚……对文烈宏用于违法犯罪的财产,依法应予没收;对文烈宏、舒开、佘彬、龚浩、佘启仁通过违法犯罪活动获得的财产及其孳息、收益也依法应予追缴……对查封、扣押、冻结的财产经查与黑社会性质组织及其违法犯罪无关,以及应当对被告人及其扶养的家属保留必需的生活费用,对部分财产予以返还。对于有证据证明确属被害人合法财产的,依法予以返还。依照《中华人民共和国刑法》第二百九十四条第一款、第四款、第五款,第二百三十四条第一款,第二百三十八条第一款、第三款,第二百七十四条,第二百二十六条第(一)项、第(二)项,第二百九十三条第一款第(一)项、第(四)项、第二款,第三百零七条第一款,第二百九十二条第一款第(二)项、第(四)项,第二百六十六条,第三百零三条第一款、第二款,第三百八十九条第一款,第三百九十条第一款,第二百七十六条,第三百一十六条第一款,第三百四十二条,第二百七十五条,第一百二十八条第一款,第二十五条第一款,第二十六条,第二十七条,第二十三条,第五十二条,第六十五条第一款,第六十七条,第五十六条,第五十七条,第七十条,第七十一条,第七十七条,第六十九条,第五十九条,第六十四条之规定,判决如下:

一、被告人文烈宏犯组织、领导黑社会性质组织罪,判处有期徒刑十五年,剥夺政治权利五年,并处没收个人全部财产;犯诈骗罪,判处无期徒刑,剥夺政治权利终身,并处没收个人全部财产;犯行贿罪,判处有期徒刑十五年,并处没收个人财产人民币二百万元;犯敲诈勒索罪,判处有期徒刑十五年，并处罚金人民币一百万元；犯寻衅滋事罪，判处有期徒刑六年，并处罚金人民币一万元；犯强迫交易罪，判处有期徒刑五年，并处罚金人民币三十万元；犯开设赌场罪，判处有期徒刑五年，并处罚金人民币一百万元；犯聚众斗殴罪，判处有期徒刑三年；犯非法拘禁罪，判处有期徒刑三年；犯赌博罪，判处有期徒刑三年，并处罚金人民币二百万元；犯脱逃罪，判处有期徒刑三年；犯故意伤害罪，判处有期徒刑三年；犯破坏生产经营罪，判处有期徒刑二年六个月；犯非法占用农用地罪，判处有期徒刑一年六个月，并处罚金人民币十万元；犯妨害作证罪，判处有期徒刑二年，决定执行无期徒刑，剥夺政治权利终身，并处没收个人全部财产（详见附表）；

（其他被告人判决情况略。）

如不服本判决，可在接到判决书的第二日起十日内，通过本院或者直接向湖南省高级人民法院提出上诉。书面上诉的，应当提交上诉状正本一份，副本二份。

审 判 长 廖具之
审 判 员 戴小军
审 判 员 樊 英
二〇一九年一月十一日
书 记 员 郑 凡
赵丽娜

湖南省高级人民法院
刑事裁定书

（2019）湘刑终68号

原公诉机关湖南省常德市人民检察院。

上诉人（原审被告人）文烈宏，曾用名文烈红，绰号“文三爷”，男，1969年12月10日出生，汉族，初中文化，住址湖南省长沙市天心区新世纪花苑小区。因本案于2017年3月2日被刑事拘留，同年4月8日被逮捕。2017年7月24日脱逃，同年7月28日被抓获。现羁押于常德市看守所。

辩护人严福生、苏节进，江西华星律师事务所律师。

（其他上诉人基本情况略。）

湖南省常德市中级人民法院审理湖南省常德市人民检察院指控原审被告人文烈宏、舒开、佘彬、龚浩分别犯组织、领导、参加黑社会性质组织罪和故意伤害罪、非法拘禁罪、敲诈勒索罪、强迫交易罪、寻衅滋事罪、妨害作证罪、聚众斗殴罪、诈骗罪、开设赌场罪、赌博罪、行贿罪、破坏生产经营罪、脱逃罪、非法占用农用地罪、非法持有枪支罪、故意毁坏财物罪一案，于2019年1月11日作出（2018）湘07刑初35号刑事判决。宣判后，原审被告人文烈宏、舒开、佘彬、龚浩均不服，分别向本院提出上诉。本院依法组成合议庭审理本案。经过阅卷，讯问被告人，听取辩护人意见，认为事实清楚，决定不开庭审理本案。现已审理终结。

原判认定：（具体事实、证据略。）

据此，湖南省常德市中级人民法院依照相关法律规定判决：一、被告人文烈宏犯组织、领导黑社会性质组织罪，判处有期徒刑十五年，剥夺政治权利五年，并处没收个人全部财产；犯诈骗罪，判处无期徒刑，剥夺政治权利终身，并处没收个人全部财产；犯行贿罪，判处有期徒刑十五年，并处没收个人财产人民币二百万元；犯敲诈勒索罪，判处有期徒刑十五年，并处罚金人民币一百万元；犯寻衅滋事罪，判处有期徒刑六年，并处罚金人民币一万元；犯强迫交易罪，判处有期徒刑五年，并处罚金人民币三十万元；犯开设赌场罪，判处有期徒刑五年，并处罚金人民币一百万元；犯聚众斗殴罪，判处有期徒刑三年；犯非法拘禁罪，判处有期徒刑三年；犯赌博罪，判处有期徒刑三年，并处罚金人民币二百万元；犯脱逃罪，判处有期徒刑三年；犯故意伤害罪，判处有期徒刑三年；犯破坏生产经营罪，判处有期徒刑二年六个月；犯非法占用农用地罪，判处有期徒刑一年六个月，并处罚金人民币十万元；犯妨害作证罪，判处有期徒刑二年，决定执行无期徒刑，剥夺政治权利终身，并处没收个人全部财产。

（其他判决情况略。）

上诉人文烈宏上诉及其辩护人辩护提出，应全部排除非法获取的文烈宏口供，原判以非法证据定案违反法律规定；除脱逃罪以外，原判认定文烈宏的其他罪名事实错误、证据不足，均不构成犯罪；原判对脱逃罪量刑过重，请求对文烈宏公开判决。

（其他上诉人的上诉理由及辩护人的辩护意见略。）

经审理查明：

（一）组织、领导、参加黑社会性质组织事实

上诉人文烈宏自20世纪八九十年代起，在湖南省长沙市望城区等地靠贩卖水产品、承包工程、使用欺诈手段打牌赌博、动辄施暴行凶解决纠纷，积累了一定的财富，也有了一定的恶名。文烈宏通过同乡湖南省公安厅原正处级干部姚跃等人的引见介绍，先后结识了乐根成、张剑波、胡诗伟、彭潮、卢坚、胡正奇、石湘中、蒋宗平等一批湖南省内知名企业主。后文烈宏通过在长沙市内各大酒店和澳门等地开设赌场，组织企业主参与赌博，提供赌资抽头渔利、发放高利贷，攫取到巨额财富。随着对外发放高利贷的规模不断扩大，文烈宏开始招募马仔，以确保收回高利贷本息、维护赌场秩序等。文烈宏通过到同乡上诉人佘彬经营的酒楼消费、为佘彬介绍工程项目等手段，笼络佘彬，又通过佘彬结识了上诉人龚浩及张岩平等人。2005 年至 2009 年

间,文烈宏先后将自己的姐夫易辉跃、外甥郭卓和佘彬、龚浩、张岩平等人招致麾下,为己所用。其中,佘彬手下又带有刘初平、刘祥雄、万钢等众多无业人员;龚浩手下又带有王峰、文思文、汤宇、齐宁波等众多无业人员。2010年2月,文烈宏登记成立湖南宏大典当有限公司,以公司名义从事高利放贷。自此以文烈宏为组织、领导者,以佘彬、龚浩为骨干成员,参与人数众多,以从事高利放贷、开设赌场、暴力讨债等违法犯罪活动为主业的黑社会性质组织逐步形成。上诉人舒开是文烈宏的同乡,刑满释放以后仰慕于文烈宏的恶名与财富,通过陪文烈宏妻子瞿艳旗打牌靠拢文烈宏。2011年11月,舒开受文烈宏指使带人打伤欧阳仕兵、贺利平夫妇以后,赢得文烈宏的信任并被吸纳为手下成员。后舒开招募到胡高生、张祥伟、黄泽孟、周玉明、陈剑林、舒云、舒浩等一批无业人员,充当自己手下,受命于文烈宏,进而使文烈宏为首的黑社会性质组织进一步壮大。以文烈宏为首的犯罪组织人数众多,结构严密,层级分明,分工明确。文烈宏作为首要分子,负责决策、指挥整个犯罪组织的运转,是该犯罪组织的组织、领导者;舒开、佘彬、龚浩直接听从文烈宏的指挥,各自带领手下马仔具体组织实施文烈宏安排的违法犯罪活动,均系该犯罪组织的骨干成员;姚跃为组织出谋划策,用其公安厅退休干部的影响力帮助组织成员逃避法律追究,在该犯罪组织中具有不可替代作用,系积极参加者;文雅系文烈宏的女儿,负责管理组织的资金账户,转移、划拨组织资金,系该犯罪组织的积极参加者;易辉跃负责为文烈宏代持股份,管理组织资产,系该犯罪组织的积极参加者;刘初平、王峰均带有众多马仔并多次实施组织内的违法犯罪活动,刘初平还为首成立"地下出警队"从事违法犯罪活动,均系该犯罪组织的积极参加者;周闻天、罗德新、刘祥雄、万钢、文思文、汤宇、齐宁波、郭卓、陈致富、周玉明、胡高生、张祥伟、黄泽孟、舒云、舒浩、陈剑林受指使参加组织内的违法犯罪活动,均为该犯罪组织的其他参加者。该犯罪组织在长期的违法犯罪活动中,逐渐形成了一些不成文的规约和纪律,如等级有序,马仔不得越级联络报告,如王峰因越过龚浩联系文烈宏,被文烈宏开除出组织,龚浩也因此遭到文烈宏责骂;管理严密,马仔要服从命令,听从指挥,维护老大权威,如舒开建立马仔微信群,对马仔进行统一管理,集中安排食宿,随时听候指令;对组织要忠心,背叛组织将受严惩，如张岩平因背叛组织被文烈宏派人打伤；办事要尽心尽力，论功行赏，出了事老大负责出面摆平，如佘彬指使佘启仁砍伤张剑波被公安机关抓获后，未供出文烈宏，文烈宏出面向有关人员行贿以帮助逃避打击，并奖励佘彬600余万元；保守秘密，骨干成员单独受领任务，重要事项当面授意，相互之间不得私自联系及打听情况。该犯罪组织通过奖励办事得力的成员，惩罚背叛组织的成员，不断强化组织纪律和组织规矩，树立起文烈宏的绝对权威。

该犯罪组织通过有组织地发放高利贷、开设赌场抽头渔利、使用欺诈手段赌博及敲诈勒索等违法犯罪手段，攫取到巨额经济利益。该犯罪组织放高利贷的利息高、借期短、收息名目多，除要收取“砍头息”、复息以外，还要收取罚息。如2011年12月至2012年10月，张剑波因开发长沙骑龙大街项目，先后向文烈宏借款共计3.655亿元，截至2014年4月，张剑波支付给文烈宏借款本息金额高达7亿余元，却仍欠文烈宏本金2.655亿元。该犯罪组织除在长沙各大酒店开设赌场以外，还到澳门开设赌场，召集企业主参与赌博，通过在赌场提供资金抽头渔利，一场赌博动辄抽头渔利几十万元甚至数百万元。如2011年春节期间，文烈宏带人在长沙天都酒店组织赌局，三天三夜就抽头渔利高达1000余万元。该犯罪组织自始就以疯狂敛财为终极目的，为敛财不择手段、不分对象、不计后果。如2016年，文烈宏以打牌为名邀请朋友蒋宗平等人到其位于望城区桥驿镇的别墅里赌博，通过安装监控窃照设备偷看与赌人员的牌面，3场赌博共骗得3000余万元。该犯罪组织具有雄厚的经济实力，随时可提供几千万元甚至上亿元的现金用于放高利贷、赌博等违法犯罪活动，文烈宏也因此号称长沙的“现金王”。该犯罪组织除提供资金给组织成员安排食宿、发放工资、奖金、购买作案工具和向国家机关工作人员行贿以外，还提供资金给组织成员放高利贷、承揽工程、旅游等，以此笼络组织成员、获得非法保护，支持该犯罪组织的生存、发展和壮大。案发后，侦查机关查封、扣押、冻结该犯罪组织及其成员的涉案资产高达12亿余元。

该犯罪组织通过采取暴力、威胁手段和滋扰、纠缠、哄闹等“软暴力”手段，有组织地大肆实施非法拘禁、寻衅滋事、聚众斗殴、故意伤害、强迫交易等违法犯罪活动,一贯为非作恶,肆意欺压、残害群众。遭到该犯罪组织成员预谋伤害或者随意殴打的人员现已经查实的就有张剑波、张岩平、万小娜、金敏、刘伟、熊烈、欧阳仕平、贺利平等人。其中,张剑波、金敏、刘伟均受轻伤。该犯罪组织对逾期不能归还高利贷的借款人,动辄派人限制或者控制借款人的人身自由,俗称"看牛",以逼迫还款。借款人张剑波、石湘中、莫慧民、胡诗伟、李新球等均因没有如约还款遭到该犯罪组织成员"看牛"。其中,张剑波因不能如期归还文烈宏的借款,不仅在长沙、常德的各酒店被连续"看牛"长达7个多月,还被文烈宏下令要砍断一只手或者一只脚,因此遭到该组织成员有预谋的再三加害。该犯罪组织为找卢坚索要高利贷及赌债,再三对卢坚及其妻子、女儿进行纠缠、滋扰。2012年9月,卢坚因病去世后,文烈宏仍不肯罢休,还安排龚浩带领王峰跟踪卢坚妻子万小娜,持棒对万小娜实施殴打,意图逼迫万小娜认可卢坚对文烈宏的非法债务。该犯罪组织为了逼迫张剑波归还高利贷,确保对张剑波的非法债务有保障,除了控制张剑波的人身自由以外,还控制张剑波房产开发公司的股权、印章、网签U盾,先后导致张剑波在长沙开发的骑龙大街项目、在常德开发的德江南国际商贸城房产项目的资金链断裂、房产被查封,项目停工烂尾,引发民工、业主、项目经理集体维权,发生多起大规模群体性事件。交通银行长沙科大支行向张剑波开发的骑龙大街项目发放了3亿元贷款,银行负责人段云因见回款无望,自杀身亡。

该犯罪组织为树立非法权威、扩大非法影响,除通过有组织地实施违法犯罪活动以外,还大肆向长沙市公安局原常务副局长单大勇、长沙市委政法委原副书记谭学军、长沙中院原政治部主任陈永超、长沙中院原民二庭庭长胡冬华、长沙市公安局经侦支队原情报大队副大队长黎华等国家机关工作人员行贿,其中向单大勇一人行贿金额就超过2000万元。该犯罪组织通过湖南省公安厅原常务副厅长周符波和单大勇等国家机关工作人员的包庇、纵容,公然在长沙城区实施非法拘禁、寻衅滋事、聚众斗殴、聚众赌博、放高利贷等违法犯罪活动,严重破坏了长沙地区的经济、社会生活秩序。长沙市公安局因张剑波举报文烈宏涉嫌非法经营犯罪,对文烈宏立案侦查,并且查封、冻结了文烈宏的巨额资产。文烈宏为对抗张剑波,向长沙市公安局举报张剑波涉嫌私刻公司印章。文烈宏通过向单大勇、谭学军行贿,在周符波和单大勇等人的包庇、纵容之下,导致长沙市公安机关对文烈宏被举报犯罪作撤案处理,对张剑波被举报犯罪作出刑事拘留决定。其中单大勇在长沙市检察机关对张剑波涉嫌犯罪以事实不清,证据不足,不批准逮捕的情况下,仍然指示长沙市公安机关对张剑波非法采取指定居所监视居住。文烈宏还通过向陈永超行贿,由陈永超出面给胡冬华等相关办案人员打招呼,使该犯罪组织在长沙地区的多个非法债权案件通过法院判决得到不法确认,使因伤害张剑波受指控的佘彬、余启仁均获得缓刑判决。

上述事实,有经第一审开庭审理查证属实的被害人张剑波、乐根成、彭潮、石湘中、胡诗伟、佘利春、廖泽元等人的陈述,证人李文辉、曹朵朵、吴松、邹雄狮、王富春、罗晓东、江新平、姜军、谭星、丰婷、张露、李兰英、段皓、李世红、陈志海、王鹏辉、熊勇、陆敏、黄七老、陈文教、刘立强、欧阳国仕、杨蓓、周丽萍、曾进、陈章文等人的证言,司法会计鉴定意见、项目合作开发协议、股权预约回购协议、补充协议、土地持牌出让成交确认书、公司注册登记资料、借款协议、银行交易明细等书证,另案被告人刘森林、周符波、单大勇、刘初平、王峰、易辉跃、文雅、刘祥雄、万钢、文思文、汤宇、周闻天、罗德新、齐宁波、姚跃、陈致富、郭卓、胡高生、张祥伟、黄泽孟、周玉明、陈剑林、舒云、舒浩的供述,以及上诉人文烈宏、舒开、佘彬、龚浩的供述证实,足以认定。

(二)诈骗事实

1. 2011年9月至10月间,上诉人文烈宏与彭建平和王德良、李宏虎三方为避免抬高地价达成项目合作协议,结成联合体共同竞拍长沙市望城区国土资源局挂牌出让的望城区丁字镇网挂(2011)第23至25号三块土地,约定彭建平占51%股份,文烈宏占25%股份,王德良、李宏虎共占24%股份。同年10月中旬,第23号地块挂牌竞拍后,文烈宏产生了指使他人报名参与竞拍第23号地块,以骗取彭建平等人钱财的念头。文烈宏指使凯达公司法人代表乐根成报名参与第23号地块的竞拍后,于10月20日将竞拍土地所需1亿元保证金转账给乐根成,承诺事成后给予乐根成报酬。后在文烈宏周旋下,乐根成与彭建平、王德良、李宏虎等人于10月23日达成协议,由彭建平等人支付给乐根成补偿款1000万元,乐根成退出竞拍。10月24日,彭建平控制的湖南嘉宁置业投资有限公司(以下简称嘉宇公司)顺利竞拍到丁字镇网挂(2011)第23号地块。10月25日,彭建平和王德良按股份比例分别将510万元和240万元转至文烈宏提供的银行卡账户上。此次文烈宏伙同乐根成诈骗所得750万元,文烈宏分得650万元。

(2.其他诈骗事实略。)

(三)行贿事实

1. 2014年6月,上诉人文烈宏被长沙市公安局以涉嫌非法经营罪立案侦查后,公安机关将文烈宏及其主要关系人的存款、理财产品、房产等7亿余元资产予以冻结。同年9月7日,文烈宏为撤销刑事立案,解除查封、冻结资产,在姚跃建议下将人民币100万元存入户名为姚跃的银行卡账户上,由姚跃在长沙金源大酒店将该银行卡送给长沙市公安局原常务副局长单大勇,次日单大勇将该银行卡退给文烈宏。同月,文烈宏先后两次分别送给单大勇伯爵男士手表一块和港币200万元请单大勇帮忙协调相关事宜,但手表和港币均被单大勇退回。同月11日,单大勇假借侄子单双印需要工程保证金为由向文烈宏借款人民币100万元用于炒股。同年10月20日,单大勇明知文烈宏还存在涉黑涉恶等其他犯罪线索,仍签字同意撤销对文烈宏涉嫌犯罪案件的立案侦查。同月,单大勇又假借弟弟单大胜购房为由再次向文烈宏借款人民币160万元用于炒股。同年12月25日,乐根成向湖南省公安厅举报文烈宏偷税漏税,长沙市公安局拟再次对文烈宏立案侦查。同月28日,单大勇闻讯后将160万元人民币还给文烈宏。2016年1月,文烈宏以春节拜年名义在长沙通程国际大酒店送给单大勇港币10万元。同年3月,单大勇表外甥谢雷涛请单大勇出面向文烈宏借款人民币300万元用于支付民工工资。同年6月,长沙市公安局成立"6·17"专案组调查长沙骑龙大街项目资金去向,单大勇任专案组总指挥。文烈宏趁机通过谢雷涛向单大勇举报张剑波涉嫌伪造公司印章犯罪。其间,文烈宏得知单大勇要出国,又在长沙通程国际大酒店送给单大勇美元2万元。同年9月,湖南省委主要领导在关于"血泪控诉文烈宏黑恶势力团伙雇凶杀人等罪行"的网上舆情专报上作出批示后,文烈宏先后通过姚跃、谢雷涛向单大勇求证该消息的真实性,单大勇均予以证实。同月,文烈宏为转移公安机关调查视线,通过谢雷涛向单大勇提出尽快对张剑波采取刑事拘留强制措施的请求,并承诺送给单大勇感谢费人民币2000万元。同年10月,文烈宏通过谢雷涛送给单大勇感谢费人民币300万元后,单大勇即要谢雷涛将该300万元人民币通过银行转账给文烈宏,用于归还谢雷涛之前向文烈宏所借的300万元人民币。同月26日,单大勇在常德市公安机关调查文烈宏时为撇清其与文烈宏的关系,安排谢雷涛归还了之前向文烈宏所借的100万元人民币。同年11月4日,单大勇将张剑波被刑事拘留的消息通过谢雷涛转告给文烈宏后,在检察机关于同年12月10日未批准逮捕张剑波的情况下,单大勇违法决定对张剑波采取指定监视居住强制措施。同年12月,文烈宏委托谢雷涛转送给单大勇港币10万元。2016年12月26日和2017年1月20日,文烈宏按照事先承诺,先后两次在长沙秀峰公园附近通过谢雷涛送给单大勇感谢费人民币1000万元和人民币500万元。

2. 2012年,上诉人文烈宏结识长沙中院原政治部主任陈永超后,为在民事诉讼中占据有利地位、竞买法院所拍卖土地、帮助马仔逃避打击等,先后向陈永超行贿共计人民币73.4万元、港币16万元及价值9.27万元人民币的卡地亚女式镶钻手表一块、价值9.6万元人民币的紫薇盆景一株,通过陈永超向基层法院相关领导和承办法官打招呼,谋取不正当利益。具体事实如下:

(1)2013年,长沙市雨花区人民法院受理申请执行人中国建设银行股份有限公司长沙铁岭支行诉被执行人湖南聚鑫源进出口有限公司金融借款合同纠纷一案后,先后3次对被执行人名下位于长沙市雨花区港岛路37号的东方时代商业广场0栋101、102、103三栋商业用房地产进行拍卖,均未以竞价方式成交。根据法院拍卖、变卖工作相关规定,该执行标的物应当采取在剩余变卖公告期内先到先得的方式变卖。湖南景龙房产公司按规定提出购买意向,并付清保证金及全额变卖款竞买该宗土地后,上诉人文烈宏通过陈永超找到相关人员说情、打招呼,顺利竞买到东方时代商业广场三栋商业用房地产。2013年下半年,陈永超到香港学习时,文烈宏赶到香港送给陈永超港币16万元。

(2)2014年上半年,上诉人文烈宏向长沙中院提起与乐根成1100万元民间借贷纠纷诉讼,并同时起诉了乐根成任法人代表的凯达公司。文烈宏为达到凯达公司承担连带责任的目的,通过陈永超给相关办案人员打招呼,在案件上提供帮助。后文烈宏在长沙市中级人民法院陈永超办公室送给陈永超人民币10万元。同年9月,文烈宏在长沙创莲酒店送给陈永超人民币1万元。

(3)2014年6月,上诉人文烈宏被张剑波向长沙市公安局经侦支队举报偷税漏税后,公安机关进行立案侦查。文烈宏为达到撤案的目的,向多人请托帮忙。2014年下半年,文烈宏约陈永超在长沙华雅国际大酒店见面后,在酒店前坪送给陈永超人民币40万元。同年11月,文烈宏邀请陈永超全家人到马来西亚旅游,并送给陈永超女儿价值9.27万元人民币的卡地亚女士镶钻手表一块。2015年4月,文烈宏在陈永超办公室送给陈永超人民币2万元。同年下半年,文烈宏在长沙市岳麓区坪塘镇陈永超老家,送给陈永超价值9.6万元人民币的紫薇盆景一棵。

(4)2015年下半年,上诉人文烈宏为达到使上诉人佘彬判处缓刑的目的,送给陈永超人民币1万元。2016年春节前,文烈宏在长沙市岳麓区含浦汀湘十里小区送给陈永超人民币19.4万元。

3. 2014年7月,上诉人文烈宏向长沙市中级人民法院起诉乐根成、凯达公司民间借贷纠纷一案,由长沙市中级人民法院民二庭负责审理。文烈宏为达到要凯达公司承担连带责任的目的,通过陈永超引荐,认识了长沙市中级人民法院原民二庭庭长胡冬华。文烈宏请胡冬华在案件审理时多加关照,胡冬华表示愿意帮忙。2014年9月,文烈宏通过陈永超约胡冬华及相关人员在长沙创莲酒店吃饭期间,送给胡冬华人民币1万元。2015年下半年,文烈宏诉乐根成、凯达公司民间借贷纠纷一案经长沙市中级人民法院民二庭一审后,判决支持了文烈宏的部分诉讼请求。文烈宏在长沙市中级人民法院胡冬华办公室送给胡冬华港币10万元。2016年春节前,文烈宏诉张剑波、德江南公司民间借贷纠纷一案,亦在长沙市中级人民法院民二庭进行审理。胡冬华作为庭长对财产保全的民事裁定书进行了审核,文烈宏在胡冬华办公室送给胡冬华港币20万元。

4. 2014年6月2日,上诉人文烈宏因张剑波举报其偷税漏税被长沙市公安局经侦支队立案调查,公安机关冻结、扣押了文烈宏名下及其相关公司的资产、财务资料等物品。文烈宏怕公安机关查出其他违法行为,向周文辉提供运作经费2000万元人民币和报酬200万元人民币,请周文辉帮忙运作从公安机关撤案。周文辉接受文烈宏请托后,先后送给长沙市委政法委原副书记谭学军人民币100万元、港币4万元及价值14.35万元人民币的江诗丹顿手表一块,请谭学军出面向公安机关相关人员打招呼撤案。后谭学军多次单独或当文烈宏、周文辉面打电话给长沙市公安局副局长张慧,请求关照文烈宏的案件。同年10月,长沙市公安局对文烈宏撤销立案调查。同年12月,谭学军得知文烈宏被公安机关再次立案调查,遂将100万元人民币和江诗丹顿手表退给周文辉。

5. 2014年6月,上诉人文烈宏被长沙市公安局以非法经营、逃税立案侦查后,由长沙市公安局经侦支队原情报大队副大队长黎华负责侦办。同年8月,周文辉为帮助文烈宏撤案及解除冻结、扣押资产,送给黎华一张充值5万元人民币的加油卡。同年9月底,黎华得知文烈宏、周文辉等人在境外游玩时,要周文辉帮其儿子购买一枚结婚钻戒。后周文辉在澳门购得一枚价值4万元人民币的卡地亚钻戒送给黎华。2015年6月,黎华得知文烈宏实名举报其索贿加油卡和钻戒后,将加油卡和钻戒退给周文辉。

(四)敲诈勒索事实

1. 2014年7月29日,上诉人文烈宏与张剑波达成债权债务总结清协议,约定张剑波因开发长沙骑龙大街项目向文烈宏借款3.655亿元所支付给文烈宏的本金和高额利息,文烈宏除收取本金及合法利息以外的部分退还给张剑波,张剑波与文烈宏之间以往的债权债务全部结清;文烈宏再借给张剑波6000万元,约定月息2分,借期4个月。借款逾期后,张剑波未能归还借款本金。此后,文烈宏指使上诉人龚浩带领周闻天、文思文等人先后将张剑波非法控制在长沙通程国际大酒店和长沙海天大酒店,恐吓、威逼张剑波还债,并借机实施敲诈。其中,2015年7月6日张剑波被非法控制在长沙通程国际大酒店4天以后,被迫同意文烈宏提出的将6000万元借款月息从2分提高到1角,并重新出具欠条。事后,文烈宏给龚浩1.5万元报酬,龚浩分给周闻天3000元、文思文1500元报酬。2015年7月24日张剑波被非法控制在长沙海天大酒店数天以后，被迫同意文烈宏提出的恢复认可双方已经协议结清的关于长沙骑龙大街项目的2.655亿元债务以及重新认可已经归还的5000万元债务，并于同月29日分别在文烈宏拟写的两份协议书上签字，以德江南公司对上述两笔债务承担连带责任。张剑波于2015年1月至2016年5月案发，共计支付给文烈宏8137.02万元。扣除本金6000万元及合法利息以外，文烈宏从张剑波处非法获取资金1800余万元。2016年7月，文烈宏向长沙中院提起民事诉讼，并申请长沙中院共计查封了张剑波为主要股东开发的常德德江南项目房产1768套。

此外，2015年10月，因龚浩向张剑波收账不力，文烈宏调换上诉人舒开带领陈剑林、周玉明等人继续控制张剑波的人身自由长达7个月。在此期间，舒开以计复息和违约金为名对张剑波实施敲诈，获赃款7.48万元。

（2.其他敲诈勒索事实略。）

（五）故意伤害事实

1. 2014年7月，上诉人文烈宏与张剑波签订债权债务总清结协议时，约定由文烈宏借款6000万元给张剑波，约定月息2分，借期4个月。同年11月，文烈宏因张剑波没有按约定归还该笔借款，还曾向公安机关举报其违法犯罪，对张剑波怀恨在心，起意报复。文烈宏指使上诉人佘彬砍断张剑波一条腿或一只手，并向佘彬提供了100万元的作案费用。佘彬即安排手下万钢负责实施，并将张剑波的个人信息、车辆信息和经常出入酒店提供给万钢，向万钢承诺事成之后付50万元。万钢根据佘彬提供的信息，开始驾车在长沙城区各酒店寻找、跟踪张剑波及其所乘车辆，伺机作案未成之后，纠集周冬林、周祺轩等一起作案。同年12月5日，佘彬发现张剑波的车停放在长沙市开福区天都汉子足浴店前，马上打电话通知万钢。万钢遂纠集周祺轩等3人携带作案工具驾车赶到天都大厦汉子足浴店，随后跟踪张剑波车辆至长沙市开福区世纪金源大酒店。万钢等人趁张剑波下车之机，戴着口罩持钢管冲上去打击张剑波腿部，因酒店保安及时制止，万钢等人才停止行凶仓皇驾车逃离。事后，万钢向佘彬汇报已将张剑波的腿打致骨折，佘彬即约见万钢并给了万钢50万元。佘彬将伤害张剑波的情况向文烈宏作汇报数天以后，文烈宏发现张剑波伤势不重，责令佘彬继续对张剑波实施伤害。万钢根据佘彬的指使，纠集周冬林、周祺轩等继续对张剑波实施跟踪，伺机再次对张剑波实施伤害未得逞。后佘彬又雇请余启仁伤害张剑波，并将张剑波的有关信息提供给余启仁，向余启仁承诺事成之后付二三十万元报酬。2015年1月31日下午2时许，文烈宏发现张剑波在长沙运达喜来登酒店，打电话告知佘彬，佘彬马上通知余启仁。余启仁即伪装成环卫工人携带杀猪刀赶到运达喜来登酒店蹲守。当晚11时许，当张剑波从酒店出来上车时，余启仁持刀冲上去朝张剑波手臂砍击，因张剑波及时关车门离开才未导致身体受到伤害。第三天下午，万钢带人发现张剑波的车停放在长沙华天大酒店总店，打电话报告佘彬，佘彬又马上通知余启仁。余启仁即携带杀猪刀赶到华天大酒店蹲守，发现张剑波时因现场保安较多，余启仁未敢动手。当晚6时许，余启仁、万钢根据佘彬的指使，分头赶到张剑波前往的长沙市芙蓉路明城国际大厦，伺机作案。当晚6时30分许，余启仁在明城国际大厦一楼大堂发现张剑波，持杀猪刀冲上去朝张剑波头面部砍击两刀后，被张剑波及其随行人员当场制服。万钢等人见状逃离现场。张剑波被余启仁砍伤头面致轻伤，到中南大学湘雅二医院住院治疗。文烈宏到医院假意探望张剑波，发现张剑波被伤害程度仍没有达到目的，再次责令佘彬继续对张剑波实施伤害，并将张剑波住院的病房具体位置告诉佘彬。佘彬遂指使万钢带人赶到医院，要求对张剑波重复实施伤害，因张剑波及时转移病房未成。2015年2月，佘彬因指使余启仁故意伤害张剑波被长沙市公安局芙蓉分局刑事拘留。文烈宏在姚跃的建议下，为佘彬聘请律师以打探案情，在得知佘彬未供出自己是幕后主使以后，提供150万元给周文辉，委托周文辉找关系为佘彬办理取保候审。后通过文烈宏的威胁和周文辉的斡旋，逼使张剑波与佘彬、余启仁签订了刑事和解协议，并据此帮助佘彬办理了取保候审。2015年下半年，文烈宏通过请长沙市中级人民法院原政治部主任陈永超出面打招呼，帮助佘彬、余启仁均获得缓刑判决。事后，文烈宏因佘彬没有供出自己，奖励佘彬600万元，并免除佘彬80万元债务。佘彬出资40余万元为余启仁购买了长沙市狮子山二片1栋308房。

（2.其他故意伤害事实略。）

（六）非法拘禁事实

1. 2011年1月19日，上诉人文烈宏以郭卓名义借给湖南景上置业发展有限公司法人代表石湘中300万元,约定月息8分,借期5个月。同年8月初,文烈宏因石湘中没有按约支付高利贷本息,指使上诉人佘彬带人对石湘中采取"看牛"手段以逼债。佘彬即带领刘初平和通过刘初平纠集的万钢等人,白天跟随石湘中筹钱,晚上将石湘中控制在长沙明城国际大酒店。同年8月7日,石湘中被迫找文烈宏借款400万元,先用于解除湖南凯丰新材料公司的股权质押,再将凯丰新材料公司的股权转让,用股权转让价款支付了文烈宏的高利贷本息。文烈宏在收到石湘中的借款本息以后,才通知佘彬带人撤离,至此石湘中被非法控制人身自由长达10余天。事后,佘彬从文烈宏处获得报酬30万元,给刘初平两三万元,刘初平给万钢数百元。

2. 2011年10月18日,上诉人文烈宏通过李绍光介绍借给长沙和能科技有限公司经理莫慧民60万元,约定月息6分,借期1个月。同年11月底的一天,文烈宏因莫慧民没有按约支付高利贷本息,指使上诉人龚浩带人对莫慧民采取"看牛"手段以逼债。龚浩即带领王峰等人白天跟随莫慧民外出筹钱,晚上将莫慧民控制在长沙湘荣酒店。后莫慧民被逼将龚浩所提供的月息1角的20万元算作支付给文烈宏的部分高利贷,并对欠文烈宏的余款承诺还款期限、对借龚浩的20万元高利贷由李绍光提供担保以后,才得以重获自由,至此莫慧民被非法控制人身自由约4天。

(其他非法拘禁事实略。)

(七)寻衅滋事事实

1. 2011年11月,上诉人文烈宏在长沙市望城区桥驿镇民福村修建通往自家别墅的道路时,因道路两侧预留的下田通道较窄,仅宽1.2米,妨碍了同村村民欧阳仕兵家使用的收割机下田作业,欧阳仕兵、贺利平夫妇向负责修路的易辉跃反映情况未果后,遂于2011年11月13日撬开下田通道处的路沿石。文烈宏得知后,认为欧阳仕兵的行为有损其威信,指使上诉人舒开教训欧阳仕兵夫妇。当晚6时许,舒开伙同李维(已死亡)窜至欧阳仕兵家,殴打欧阳仕兵致受轻微伤,贺利平上前阻止时被李维打伤鼻部致受轻微伤。舒开还持木棍将欧阳仕兵家的数块窗户玻璃砸碎。

2. 2011年12月的一天,上诉人文烈宏认为张岩平为其向胡正奇收账时背叛自己,遂指使上诉人佘彬教训张岩平,并承诺事成之后给佘彬报酬。佘彬随即安排刘初平带人教训张岩平，并向刘初平提供了张岩平的住址、车牌等信息和1万元作案经费。佘彬在刘初平带人蹲守张岩平数天未成以后，于同年12月31日下午通过魏尊宣以吃饭为名，将张岩平约到长沙椰士咖啡厅，向刘初平指认张岩平。当晚8时许，当张岩平饭后从咖啡厅出来时，刘初平上去箍住张岩平脖子将其摔倒，然后带领多名同伙对张岩平进行一阵围殴，其中还有人持铁棍击打张岩平。张岩平因头部受伤流血于当晚被送到医院接受缝针治疗。事后，佘彬给刘初平2万元报酬。

3. 2012年9月26日，上诉人文烈宏因万小娜拒绝承担其丈夫卢坚病亡以前对文烈宏的赌债和高利贷债务280余万元，指使上诉人龚浩带人教训万小娜，并向龚浩提供万小娜的居住小区、车牌等信息。9月27日，龚浩带领王峰到万小娜居住小区车库进行蹲守，因万小娜当天没有驾车而未成。第二天下午2时许，龚浩带领王峰驾车蹲守、跟踪万小娜至湖南省人民医院附近停车场，见万小娜下车，王峰戴着口罩、棒球帽冲上去，持棒球棍朝万小娜左腿部猛击两棍后逃离。事后，龚浩给王峰1000元报酬。

4. 2012年12月，上诉人文烈宏因亲戚曾桂常赌博遭到公安机关查处怀疑是金敏举报，遂指使上诉人龚浩带人教训金敏，并向龚浩提供了金敏居住的小区、车牌等信息。同月27日晚，龚浩带领王峰、汤宇、齐宁波到长沙市格蓝康都小区地下车库，指认金敏的车辆，要求王峰等3人进行蹲守并提供钢管和车辆。王峰等将金敏的车轮胎放气后，在车上蹲守至次日上午8时许，金敏开车行至长沙市广济桥下，下车检查轮胎时，驾车尾随至此的王峰、汤宇、齐宁波戴着口罩、帽子持钢管围拢金敏。金敏见势起身逃跑时摔倒在地，王峰等3人冲上去持钢管朝金敏的腿部、腰部一阵打击后，驾车逃离。金敏被打伤腿部、左手等处已构成轻伤。事后，文烈宏给龚浩一两万元报酬，龚浩给王峰1000元报酬。

5. 2014年12月30日，长沙市天都物业管理公司因上诉人文烈宏在长沙市开福区天都大厦经营的天鲜海鲜酒楼拒交水电费和物业管理费，停止向天鲜海鲜酒楼供电。当天上午8时许，易辉跃、罗德新和海鲜楼电工李新科到天都大厦配电室，易辉跃指使罗德新撬开配电室的门。罗德新拉通海鲜酒楼的供电开关，同时拉断天都大厦包括公用电梯在内的其他供电开关，造成多人被困电梯厢,酒店、银行等天都大厦的商业部门无法营业。天都物业立即派员赶到配电室,罗德新持角钢和易辉跃、李新科一起守在配电室门口,致使天都物业人员不敢进入配电室。当天9时许,长沙市公安局开福分局伍家岭派出所民警接警赶到现场,罗德新仍持角钢把守配电室门与民警对峙,直至增援警力到场强行将罗德新和李新科带离,天都大厦供电才得以恢复。当天下午4时许,罗德新、李新科在文烈宏、佘彬的帮助下被派出所释放后,罗德新回到天都大厦报复殴打天都物业经理熊烈,致熊烈受伤住院接受治疗。事后,罗德新赔偿给熊烈医药费等1.2万元。

6. 2015年11月至2016年1月间,上诉人龚浩受上诉人文烈宏的指使,为逼迫长沙盛记海鲜酒楼老板盛国平归还文烈宏的100万元赌债,先后3次带领文思文及文思文所纠集的人员,选择营业时间到盛记海鲜酒楼进行滋扰、张贴、聚集。其中,第一次是2015年11月的一天下午,龚浩带领文思文等多人到盛记海鲜酒楼,每人强占一个包厢、一张餐桌,致使酒楼无法营业直到当天下午5时后文烈宏才通知龚浩带人离开;第二次是2015年12月3日下午5时许,龚浩带领文思文等10余人到盛记海鲜酒楼,将盛国平出具的欠条复印件、印有“欠债还钱”内容的A4纸张贴在酒楼的玻璃门和窗户上;第三次是2016年1月26日上午11时许,龚浩带领文思文等10余人到盛记海鲜酒楼,霸占餐桌,起哄闹事,直到当天12时许被民警带离。事后,龚浩3次共给文思文报酬1万元左右。

(其他寻衅滋事事实略。)

(八)聚众斗殴事实

1. 2012年8月9日下午,上诉人文烈宏带上诉人龚浩到长沙华天大酒店总店26楼会所包厢找浏阳河酒业有限公司老板彭潮追讨高利贷债务。当晚10时许,彭潮公司员工李社平、胡国华等人因担心彭潮被文烈宏控制人身自由,带人持械赶到酒店26楼会所。文烈宏见势,发短信指使龚浩纠集人员,并打电话叫上诉人佘彬赶到酒店26楼会所。龚浩随即通知王峰纠集人员。王峰即带领汤宇、齐宁波、林伟聪赶到酒店,与龚浩会面。龚浩要求王峰纠集更多人员,并要求准备好打架工具。不久,王峰通过“德哈”纠集到20余人,携带管杀、砍刀赶到酒店26楼会所。龚浩带领王峰、汤宇、齐宁波等众多人员,每人手持一把管杀或砍刀,与彭潮公司员工进行对峙。次日凌晨2时许,长沙市公安局朝阳街派出所民警接到酒店保安报警到场,文烈宏、彭潮即令各自人员撤离。汤宇、齐宁波、林伟聪携带管杀、砍刀离开时被民警当场抓获,后均被处以行政拘留10日。事后,文烈宏给龚浩2万元,要求对汤宇等人进行安抚。

2. 2016年1月15日晚,上诉人文烈宏指使上诉人舒开安排张祥伟、周玉明在长沙海天大酒店跟随看守张剑波时,张剑波被其召集的德江南公司工作人员救走。文烈宏得知后,责令舒开寻找并企图重新控制张剑波。舒开得知张剑波在常德武陵天济喜来登酒店后,带领陈剑林、周玉明、黄泽孟、张祥伟、胡高生等人赶到该酒店守候,安排周玉明购买了匕首、杀猪刀等作案工具,同时雇请常德市无业人员郭思均、曾瑞凡等30余人赶到酒店准备与保护张剑波的公司员工斗殴。后因陈剑林、周玉明及时向张剑波通风报信,张剑波请蒋宗平出面调解,文烈宏才通知舒开等人撤离酒店。事后舒开付给郭思均等人2.5万元报酬。

(九)强迫交易事实

1. 2008年9月,上诉人文烈宏借给湖南鑫泰房地产开发有限公司法人代表胡正奇高利贷1000万元,约定月息8分。2009年9月,因胡正奇未能按时支付当月借款利息80万元,文烈宏指使其亲戚章军科选购了胡正奇在长沙县星沙镇开发的中央公馆楼盘2套商品房,以市场最低价抵扣80万元利息,胡正奇被迫同意。2010年9月,文烈宏见中央公馆楼盘停工烂尾,遂将胡正奇约至芙蓉国温德姆至尊豪廷大酒店茶楼包间控制胡正奇的人身自由,逼迫胡正奇以109万元的价格赎回章军科所购的2套房产。因胡正奇无钱赎回该房产,文烈宏便强迫胡正奇给虚假出借人上诉人龚浩出具了一张109万元的借条用于赎房。

(2.其他强迫交易事实略。)

(十)开设赌场事实

1. 2008年7月的一天,上诉人文烈宏邀乐根成、彭阳、周建军、盛国平到长沙高原红大酒店客房玩长沙麻将,文烈宏提供场地、资金,从中抽头渔利40多万元。

2. 2009年7月至2010年10月间,上诉人文烈宏多次在长沙运达喜来登酒店31楼会所开设赌场,并租用酒店3个保险柜提供赌资,组织乐根成、欧阳雪初、周建军、唐中山、彭阳、胡诗伟、周建军、高云安等人参赌,郭卓在赌场参与记账。文烈宏共计抽头渔利100多万元。

3. 2010年下半年的一天,上诉人文烈宏在长沙华天大酒店总店26楼会所开设赌场,组织乐根成、张剑波、欧阳雪初赌博,从中抽水渔利30多万元。

4. 2011年春节期间,上诉人文烈宏在长沙天都酒店开设赌场,组织张剑波、欧阳雪初、胡诗伟、周磊明、曾进、彭阳赌博,文烈宏三天三夜共抽头渔利1000多万元,参赌的欧阳雪初输了7000多万元。

(十一)赌博事实

1. 2009年12月和2010年1月,上诉人文烈宏先后2次打电话邀约唐中山到长沙运达喜来登酒店31楼会所玩2000元1底的长沙麻将赌博,文烈宏共计赢利30.6万元。

2. 2010年间,上诉人文烈宏先后2次邀约湖南华一汽车贸易有限公司法定代表范可风和薛伯清或者周符波分别到长沙运达喜来登酒店31楼会所和1207房玩港币5000元1张和港币1万元1张的跑得快赌博,其中第一次范可风赢得港币500余万元,第二次文烈宏赢利人民币1800余万元、港币200余万元。

(其他赌博事实略。)

(十二)破坏生产经营事实

2011年12月15日至2012年10月12日间,上诉人文烈宏共计借高利贷3.655亿元给张剑波,用于买地、注册正湘公司开发长沙市岳麓区骑龙大街项目。文烈宏为保证其高利贷资金安全,安排易辉跃、瞿凯其代持了正湘公司所有股份。截至2014年5月31日,张剑波因该笔高利贷已支付给文烈宏本息7.01亿元,但尚欠本金2.655亿元。2014年4月,文烈宏因发现张剑波利用骑龙大街项目在外融资,房屋销售款未归还高利贷,遂逼迫张剑波交出正湘公司房屋销售的网签U盾。同月3日,文烈宏安排女儿文雅和王友群重新申请具有管理员权限的网签U盾后,指使文雅将骑龙大街项目余下可销售的255套房产全部网签至文雅名下,致使正湘公司的房产销售业务被迫中断，资金链断裂，引发大规模群体性上访维权事件。同年7月29日，文烈宏与张剑波在长沙市高新区管委会的协调处理下达成债权债务总清结协议，文烈宏才指使文雅于同日解除网签。

（十三）妨害作证事实

2013年7月至8月间，刘伟（甲）通过李新球向上诉人舒开共计借高利贷22万元，约定月息1角，至2013年12月刘伟（甲）、李新球已经偿还舒开本金15万元、利息11万元。2014年6月，舒开逼迫李新球写下一张欠款25万元的欠条。2015年2月，舒开为逼取债务到李新球妻子张红经营的快乐惠超市内将李新球打伤。同年9月和11月，舒开先后2次指使周玉明等人打砸快乐惠超市。2016年2月3日，舒开将李新球非法拘禁在天都大厦3栋24楼对上诉人文烈宏所有的住房逼债，直至同月5日晚上7时许，舒开、周玉明、胡高生、张祥伟、黄泽孟等人打伤前来解救李新球的刘伟（甲）头部，致刘伟（甲）受轻伤二级后逃窜，李新球才获得人身自由。同年3月5日，长沙市公安局开福分局对刘伟（甲）被故意伤害案立案侦查，对李新球被非法拘禁案进行立案前调查。同年6月，舒开报告并请求上诉人文烈宏出面协调处理，文烈宏遂指使上诉人佘彬处理此事，并要求佘彬必须拿到刘伟（甲）的谅解书。同年6月至7月间，文烈宏、佘彬先后3次与刘伟（甲）、李新球私下协商，佘彬言语威胁刘伟（甲）要求出具谅解书，同时提出舒开将免除李新球的25万元债务作为对医药费的补偿。同年7月17日，刘伟（甲）在文烈宏、佘彬威逼利诱下，写下对舒开的殴打行为表示谅解的谅解书。文烈宏认为谅解书不符合其要求，要佘彬指使刘伟（甲）、李新球到公安机关进行虚假陈述，要刘伟（甲）声称头部受伤是其摔倒所致，要李新球声称是其自愿留在天都大厦3栋24楼。同月20日，刘伟（甲）按照佘彬的意图写下关于本人被殴打构成轻伤的说明后，到伍家岭派出所交给民警，并向民警表达想更改案件经过，被民警当场拒绝。同年8月5日，伍家岭派出所民警再次询问李新球时，李新球按照佘彬的要求更改了有关陈述，称其自愿留在天都大厦3栋24楼。同月9日，刘伟（甲）到伍家岭派出所签订了调解协议书，书写了谅解书及假称收到舒开25万元赔偿款的收条。同月10日，舒开主动到公安机关投案后，于当天被取保候审。后李新球被非法拘禁案未被公安机关立案侦查。

（脱逃、非法占用农用地、故意毁坏财物、非法持有枪支等犯罪事实及违法事实略；上述各起事实的相关证据略。）

本院认为：（一）上诉人文烈宏纠集上诉人舒开、佘彬、龚浩和另案被告人刘初平、姚跃等25人，以发放高利贷为主业攫取巨额经济利益，通过暴力、威胁、滋扰等手段，针对不能如期支付高利贷本息的人员动辄实施非法拘禁、寻衅滋事、故意伤害、聚众斗殴等违法犯罪活动，肆意欺压、残害群众；为获取非法利益，还有组织地实施诈骗、敲诈勒索、强迫交易、聚众赌博、开设赌场等违法犯罪活动，并通过行贿多名国家机关工作人员得以包庇、纵容其违法犯罪活动，形成非法势力及重大影响，严重破坏了长沙地区的经济、社会生活秩序，形成了黑社会性质组织。其中，文烈宏发展犯罪组织骨干成员舒开、佘彬、龚浩，并多次直接组织、指挥、参与有组织犯罪，系该黑社会性质组织的组织、领导者，其行为构成组织、领导黑社会性质组织罪；舒开、佘彬、龚浩直接听命于文烈宏指挥，均发展犯罪组织一般成员多名，并直接组织、指挥、参与组织犯罪，均系该黑社会性质组织的骨干成员，其行为均构成参加黑社会性质组织罪。

（二）上诉人文烈宏、舒开以非法占有为目的，用虚构事实或者隐瞒真相的方法，骗取数额特别巨大的他人财物，其行为均已经构成诈骗罪。其中文烈宏组织、指挥诈骗3750余万元；舒开为主诈骗3000余万元。在共同犯罪中，文烈宏提出犯意并组织、指挥舒开等人具体实施犯罪，文烈宏、舒开均起主要作用，均是主犯。原判认定舒开是从犯不当，依法应予以纠正。

（三）上诉人文烈宏为了谋取不正当利益，先后多次向多名国家司法机关工作人员行贿，数额特别巨大、情节特别严重，其行为已经构成行贿罪。文烈宏组织、指挥姚跃、周文辉向5名国家司法机关工作人员行贿人民币2376.62万元、港币270万元、美元2万元、伯爵手表一块。在共同犯罪中，文烈宏提出犯意并提供行贿资金，还直接实施部分行贿犯罪，起主要作用，是主犯。

（四）上诉人文烈宏、舒开以非法占有为目的，使用威胁或要挟的方法，强行索要他人财物，其行为均已经构成敲诈勒索罪。其中文烈宏组织、指挥敲诈3.335亿元;舒开为主敲诈27.48余万元。文烈宏向张剑波敲诈3.155亿元,因意志以外的原因而未得逞,系犯罪未遂,可以比照既遂犯从轻处罚。在共同犯罪中,文烈宏、舒开分别提出犯意并组织、指挥具体实施犯罪,文烈宏、舒开均起主要作用,是主犯。原判认定舒开是从犯不当,依法应予以纠正。

(五)上诉人文烈宏、舒开分别故意伤害他人身体,均致1人轻伤,其行为均已经构成故意伤害罪。其中文烈宏组织、指挥佘彬故意伤害1起,致1人轻伤;舒开故意伤害1起,致1人轻伤。在文烈宏、佘彬等共同故意伤害犯罪中,文烈宏提出犯意并指使佘彬组织人员具体实施犯罪,文烈宏起主要作用,是主犯。

(六)上诉人文烈宏、舒开、佘彬、龚浩长时间非法限制他人人身自由,其行为均已经构成非法拘禁罪。其中文烈宏组织、指挥非法拘禁6起,1起非法拘禁张剑波先后长达12个月;舒开为主非法拘禁2起,1起非法拘禁张剑波长达7个月;佘彬为主非法拘禁2起;龚浩为主非法拘禁2起,1起非法拘禁张剑波长达5个月。在共同犯罪中,文烈宏提出犯意并组织舒开、佘彬、龚浩分别组织人员具体实施犯罪,文烈宏、舒开、佘彬、龚浩均起主要作用,是主犯。

(七)上诉人文烈宏、舒开、佘彬、龚浩肆意殴打他人,起哄闹事,横行霸道,情节恶劣,其行为均已经构成寻衅滋事罪。其中文烈宏组织、指挥寻衅滋事7起;舒开单独或为主或组织、指挥寻衅滋事7起;佘彬为主寻衅滋事1起;龚浩为主寻衅滋事3起。在共同犯罪中,文烈宏、舒开、佘彬、龚浩均起主要作用,是主犯。

(八)上诉人文烈宏分别指使上诉人舒开、龚浩纠集人员持械斗殴,其行为均已经构成聚众斗殴罪,文烈宏、舒开、龚浩均系首要分子。其中文烈宏作为首要分子聚众斗殴2起;舒开、龚浩均作为首要分子各聚众斗殴1起。该2起聚众斗殴均分别因文烈宏、舒开、龚浩意志以外的原因而未得逞,均系犯罪未遂,可以比照既遂犯从轻处罚。

(九)上诉人文烈宏分别伙同上诉人佘彬、舒开、龚浩通过虚增债务和强立债权,以暴力、威胁手段强迫他人接受服务,情节特别严重与情节严重,其行为均已经构成强迫交易罪。其中文烈宏组织、指挥强迫交易4335万元;舒开为主强迫交易450万元;佘彬为主强迫交易1276万元;龚浩为主强迫交易109万元。在共同犯罪中,文烈宏提出犯意并组织舒开、佘彬、龚浩具体实施犯罪,文烈宏、舒开、佘彬、龚浩均起主要作用,是主犯。

(十)上诉人文烈宏以营利为目的,提供多处场所、巨额赌资组织多人参与赌博,其行为已经构成开设赌场罪,且情节严重。文烈宏组织、指挥开设赌场,共计抽头渔利1270多万元。在共同犯罪中,文烈宏提出犯意并直接实施犯罪,起主要作用,是主犯。

(十一)上诉人文烈宏多次聚众赌博,其行为已经构成赌博罪。文烈宏通过赌博共计获利人民币1910.6余万元、港币200余万元。

(十二)上诉人文烈宏为向张剑波索取高利贷债务,将张剑波开发的骑龙大街项目可销售房产全部网签至女儿文雅名下,致使骑龙大街项目资金链断裂,项目停工烂尾,其行为已经构成破坏生产经营罪。在共同犯罪中,文烈宏提出犯意并指使文雅具体实施犯罪,起主要作用,是主犯。

(十三)上诉人文烈宏、佘彬采取威胁方法指使他人作伪证,其行为均已经构成妨害作证罪。在共同犯罪中,文烈宏提出犯意并指使佘彬具体实施犯罪,文烈宏、佘彬均起主要作用,是主犯。

(十四)上诉人文烈宏因涉嫌犯罪被逮捕羁押至看守所后,为逃避羁押从看守所逃离,其行为已经构成脱逃罪。

(十五)上诉人文烈宏非法占有农用地9.3亩建设花园等,数量较大,造成农用地大量毁坏,其行为已经构成非法占用农用地罪。在共同犯罪中,文烈宏提出犯意并指使刘森林具体实施犯罪,起主要作用,是主犯。

(十六)上诉人佘彬故意毁坏他人财物价值19 930元,数额较大,其行为已经构成故意毁坏财物罪。在共同犯罪中,佘彬提出犯意并直接实施打砸财物行为,起主要作用,是主犯。

(十七)上诉人舒开违反枪支管理规定,非法持有以压缩气体为动力的非军用枪支3支,其行为已经构成非法持有枪支罪。

本案共同犯罪中的主犯,应当按照其参与或组织、指挥的全部犯罪处罚。

上诉人舒开曾因犯非法拘禁罪被判处有期徒刑以上刑罚，在刑罚执行完毕后5年以内再犯应当判处有期徒刑以上刑罚之罪，系累犯，应依法从重处罚。上诉人龚浩归案后主动交代了公安机关尚未掌握的龚浩在上诉人文烈宏指使下纠集人员持械斗殴的事实，故对其犯聚众斗殴罪认定有自首情节，可以从轻处罚。上诉人佘彬在缓刑考验期限内又犯新罪，应当撤销缓刑，对新罪作出判决，与前罪所判处的刑罚并罚。文烈宏、舒开、佘彬、龚浩均犯数罪，依法应当数罪并罚。

上诉人文烈宏上诉及其辩护人辩护提出“应全部排除非法获取的文烈宏口供，原判以非法证据定案违反法律规定；除脱逃罪以外，原判认定文烈宏的其他罪名事实错误、证据不足，均不构成犯罪；原判对脱逃罪量刑过重，请求对文烈宏公开判决”的理由和意见。经查，在一审法院主持召开的庭前会议上，检察机关鉴于对文烈宏的讯问场所不符合规定，已经主动排除了文烈宏在桃源县看守所、临澧县看守所羁押期间向公安侦查人员所作的供述，以及文烈宏在常德市看守所羁押期间向参与了桃源县看守所、临澧县看守所审讯的侦查人员所作的供述。对其他口供的取证合法性亦充分听取了控辩双方意见并播放了文烈宏选定的讯问同步录音录像，未发现非法取证的线索。一审判决据以认定事实的文烈宏口供及其他证据，已经过庭审质证、认证等法定调查程序查证属实，经本院审查对相关证据收集的合法性不持疑问。二审期间以相同理由再次提出应排除文烈宏的全部口供，本院不予支持。文烈宏为了收取其高利放贷、强迫交易、敲诈勒索等形成的非法债务，将舒开、佘彬、龚浩等人网罗在自己身边进行支配，舒开、佘彬、龚浩又带领有众多马仔，已经形成以文烈宏为组织、领导者，以舒开、佘彬、龚浩为骨干成员，参与人数众多的犯罪组织。该犯罪组织通过有组织地实施诈骗、行贿、敲诈勒索、故意伤害、非法拘禁、寻衅滋事、聚众斗殴、开设赌场、赌博等违法犯罪活动，攫取巨额经济利益，其中部分收入用于组织发展；由于该犯罪组织长时间非法拘禁长沙骑龙大街项目负责人及常德德江南项目主要股东张剑波，逼迫张剑波偿还巨额高利贷并以德江南项目作抵押，导致两处项目资金链断裂，引发人数众多的多次大规模上访，社会影响极坏；该犯罪组织向多名国家司法机关工作人员行贿，使其犯罪行为得以包庇、纵容，严重损害了公平正义和司法公信力,文烈宏的行为已经构成组织、领导黑社会性质组织罪。文烈宏组织、领导该犯罪组织成员实施有组织犯罪多达35起以上,其中诈骗3750余万元,数额特别巨大;行贿人民币2376.62万元、港币270万元、美元2万元及其他财物,情节特别严重;敲诈3.335亿元,数额特别巨大、情节特别严重;故意伤害致1人轻伤;非法拘禁6起;寻衅滋事7起;聚众斗殴2起;强迫交易4335万元,情节特别严重;开设赌场,共计抽头渔利1270多万元,情节严重;聚众赌博,共计获利人民币1910.6余万元、港币200余万元;破坏生产经营1起;妨害作证1起,其行为又分别符合诈骗罪、行贿罪、敲诈勒索罪、故意伤害罪、非法拘禁罪、寻衅滋事罪、聚众斗殴罪、强迫交易罪、开设赌场罪、赌博罪、破坏生产经营罪、妨害作证罪的法定构成要件。文烈宏还指使刘森林非法占有基本农田9.3亩用于修建别墅花园等,造成耕地质量损毁程度特别严重,其行为又符合非法占用农用地罪的构成要件。原判认定文烈宏的行为分别构成上述14种罪名的事实清楚,证据确实、充分,二审予以维持。文烈宏作为黑社会性质组织的首要分子,在临澧县看守所看管人员刘胜利的帮助下,成功从羁押场所脱逃并潜逃至冷水江市,长达50余小时以后才被抓获,原判根据其逃跑手段、逃跑时间等情节,对其判处有期徒刑三年,量刑适当。综上,原判根据文烈宏的所有犯罪事实、性质、社会危害性以及量刑情节,对其数罪并罚判处无期徒刑,量刑并无不当。故该上诉理由和辩护意见均不能成立。

(对其他上诉理由、辩护意见的评判内容略。)

原审判决认定的犯罪事实清楚,证据确实、充分,定罪准确,量刑适当,对4被告人被查封、扣押、冻结的财产予以判决追缴或者没收适用法律正确,全案审判程序合法。依照《中华人民共和国刑法》第二百九十四条第一款、第四款、第五款,第二百六十六条,第三百八十九条第一款,第三百九十条第一款,第二百七十四条,第二百三十四条第一款,第二百三十八条第一款、第三款,第二百九十三条第一款第(一)项、第(四)项和第二款,第二百九十二条第一款第(二)项、第(四)项,第二百二十六条第(一)项、第(二)项,第三百零三条第一款、第二款,第二百七十六条,第三百零七条第一款,第三百一十六条第一款,第三百四十二条,第二百七十五条,第一百二十八条第一款,

第二十六条，第二十三条，第七十七条，第六十五条第一款，第六十七条第二款，第五十六条，第五十七条第一款，第五十二条，第五十九条，第六十四条，第六十九条和《中华人民共和国刑事诉讼法》第二百三十六条第一款第（一）项之规定，裁定如下：

驳回上诉人文烈宏、舒开、佘彬、龚浩的上诉，全案维持原判。

本裁定为终审裁定。

审　判　长　李功胜

审　判　员　李小弟

审　判　员　方　薇

二〇一九年三月二十二日

法官助理　夏志华

书　记　员　曾慧敏

REFERENCE TO CRIMINAL TRIAL

CONTENTS

图书在版编目(CIP)数据

刑事审判参考．总第123集／中华人民共和国最高人民法院刑事审判第一、二、三、四、五庭主办．－－北京：法律出版社，2020

ISBN 978－7－5197－4858－6

Ⅰ．①刑…　Ⅱ．①中…　Ⅲ．①刑事诉讼－审判－中国－丛刊　Ⅳ．①D925.218.4

中国版本图书馆CIP数据核字(2020)第150718号

刑事审判参考(总第123集)
XINGSHI SHENPAN CANKAO
(ZONG DI－123 JI)

中华人民共和国
最高人民法院刑事审判
第一、二、三、四、五庭　主办

责任编辑　许　睿　连晓敏
装帧设计　李　瞻

编辑统筹　司法实务出版分社

出版　法律出版社
总发行　中国法律图书有限公司
经销　新华书店
印刷　固安华明印业有限公司
责任印制　胡晓雅

开本　710毫米×1000毫米　1/16
印张　17.75
字数　291千
版本　2020年10月第1版
印次　2020年10月第1次印刷

法律出版社／北京市丰台区莲花池西里7号(100073)
网址／www.lawpress.com.cn
投稿邮箱／info@lawpress.com.cn
举报维权邮箱／jbwq@lawpress.com.cn
销售热线／400－660－8393
咨询电话／010－63939796

中国法律图书有限公司／北京市丰台区莲花池西里7号(100073)
全国各地中法图分、子公司销售电话：
统一销售客服／400－660－8393/6393
第一法律书店／010－83938432/8433　西安分公司／029－85330678　重庆分公司／023－67453036
上海分公司／021－62071639/1636　深圳分公司／0755－83072995

书号：ISBN 978－7－5197－4858－6　**定价**：38.00元
(如有缺页或倒装，中国法律图书有限公司负责退换)

征稿启事

《刑事审判参考》是最高人民法院刑事审判第一、二、三、四、五庭共同主办、法律出版社出版、面向国内外公开发行的刑事司法业务指导和研究性出版物。

为能够以最前沿的视野、最权威的高度和最贴近刑事司法实践的方式编辑本书,欢迎各位同仁向本书以下栏目提供稿件:

1. 指导案例。在认定事实、采信证据和适用法律、司法解释定罪量刑方面具有研究价值和指导意义的典型、疑难案件,并附一审、二审裁判文书。

2. 理论前沿。对刑事司法的前沿理论问题进行深入研讨的论文。

3. 域外司法。评介域外的刑事立法及司法制度、实务问题和典型案件的文章。

4. 经验交流。地方司法机关制定的刑事司法规范性文件及其背景说明,地方人民法院院领导在刑事审判工作会议上的讲话,等等。

5. 实务探讨。对某一类刑事实务问题提出的解决方案。

6. 裁判文书。具有较强说理性、充分体现法官裁判思维和判案智慧的优秀裁判文书。

7. 编辑部答疑。读者在刑事司法实践中遇到的法律适用方面的疑难、复杂问题。

8. 疑案争鸣。针对刊登的疑难案例争议问题进行分析、发表观点,等等。

稿件应有问题意识,观点明确,语言平实,不晦涩。

来稿请注明作者的联系方式(包括地址、邮编和电话)。来稿一经采用,将按著作权的规定支付报酬。

来稿可向以下任何一位执行编辑投递：

北京市东城区北花市大街9号最高人民法院刑一庭　赵俊甫

zhaojunfu81@163.com

北京市东城区北花市大街9号最高人民法院刑二庭　段　凰

cankaodh@163.com

北京市东城区北花市大街9号最高人民法院刑三庭　周　川

xingsanting@sohu.com

北京市东城区北花市大街9号最高人民法院刑四庭　陆建红

Lu_Lu_jianhong@126.com

北京市东城区北花市大街9号最高人民法院刑五庭　方文军

fwjzgf@sina.com

邮编：100062

特别提示：为避免各庭之间采稿重复，来稿不可同时投递。

最高人民法院刑事审判第一、二、三、四、五庭